JN294693

地域における
ソーシャル・
エクスクルージョン

沖縄からの移住者コミュニティをめぐる地域福祉の課題

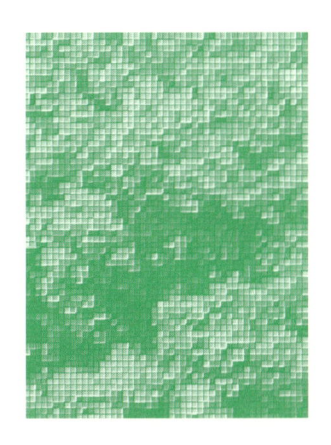

加山 弾 著

有斐閣

はじめに

　集落において孤立状態にあったと見られる人が，他の住民とトラブルの末に痛ましい犯罪を起こしてしまったという事件が，近年報じられた。いかなる理由があれ，犯罪が許されることはない。しかし一方で，そもそも不均衡な社会関係が形成されなければ，特定の人物や集団が追いつめられ，また過重なストレスに苛まれるようなことは避けられるのではないか，とも思わずにはいられない。

　子ども同士のSNS上のコミュニティで，いじめに遭った子どもが悩みを抱え，自ら命を絶ってしまうことが繰り返されている。外国籍住民が，否定的な烙印を押され，町内の集まりにも誘われないということがある。職場における不当な雇用やパワー・ハラスメントによって，社会に出られなくなるほど傷つけられる人，自殺に追い込まれる人も後を絶たない。

　原発事故による県外避難者が避難先で謂れのない誹謗中傷に遭い，二重，三重の苦しみに直面している。家庭や仕事，慣れ親しんだ故郷，将来の夢を瞬時に奪われた犠牲者その人が，学校では「放射能」と呼ばれ，大人の社会でも傷つけられている。原発が経済を下支えするための国策として是認されてきたという意味からいえば，高度経済成長期の公害被害が長年黙認されてきた地域も，これと類する状況に置かれている。過酷な環境下で被害を受けた犠牲者の苦悩は，半世紀を経た今も消えることはない。

　日本の社会に根ざした，イビツな関係性を挙げてもきりがないほどである。それは，街角や教室の中で起きるものから，マクロ経済やグローバリゼーションのうねりの中で，弱者が踏み台にされるものまで多種多様である。後者のうち，非正規労働者，ニートやフリーター，外国人との共生をめぐる問題が比較的新しいタイプだとすると，オールドレジデンツの移民や被差別地域に関する問題などは古くから持続する問題といえる。

　新たな問題が浮上するとき，政策的対応が個別的に発動され，また住民個々の善意がボランティアや寄付として結集し，大きな力となる。しかしその半面，上から網をかける方式の対応では漏れ落ちてしまう少なからぬ人が必ずいて，そのまま社会に埋没する恐れがあることも忘れてはいけない。むしろ，当事者

の語りに耳を澄ませ，問題の状況を読み取ることで，いわば下から問題を掘り起こしていく作業が不可欠である。

　その点で，ソーシャル・インクルージョン（社会的包摂）は，一面では今日の社会福祉政策の主流として期待されるものの，別の面では，経済的困窮者に対し政策化の可能な領域以外の問題を捨象し，「網の目」から落としてしまうという限界性を有しているのではないか。一方，ソーシャル・エクスクルージョン（社会的排除）は，本来，ソーシャル・インクルージョンと対の概念であるが，社会関係における諸問題の支援を対象として定義する上では，より正確に実態をとらえ，また批判的に問題を構造化する点ですぐれている。関連して，文化人類学などの分野においては「ポストコロニアリズム」（植民地政策後の植民地主義）のような批判理論が用いられ，弱者の受ける不平等な待遇の解題が試みられている。

　そのような概念で読み解かれ，告発される「人びとの生きづらさ」に対して，社会福祉はどのような実践をデザインできるだろうか。移民集住地区，被差別地域，公害被害地域などのきわめて深刻な課題をもつエリアの当該市区町村では，地域固有の問題に対してどのような地域福祉を考え，応答していかなければならないのか。本書は，そのような問題設定を起点としている。

　本書は，2013年3月に関西学院大学大学院人間福祉研究科に提出した博士学位請求論文『地域福祉におけるソーシャル・エクスクルージョンに関する研究――沖縄からの移住者のコミュニティへの文化的排除をめぐって』をもとに，加筆修正したものである。事例として，関西の工業都市A市B区に形成された沖縄からの移住者のコミュニティを選び，周囲の住民や行政などとの関係を取り上げている。地域固有の問題状況でもあり，かつ，沖縄が歴史的に背負ってきた問題とも不可分に形成された，つまり地域課題でありながらマクロ・レベルの要因とも切り離すことのできない点が特徴的である。

　B区において，「沖縄人」たちは生きづらさを表明している。しかし社会福祉をはじめとする公的施策は打ち出されていない。移住の始まった20世紀初頭より同郷性に基づくコミュニティがつくられ，辛い思いを抱えた沖縄人はコミュニティ拠点に非公式に相談を持ち込んできた。コミュニティ拠点は，かつての不当解雇には労働争議をもって抵抗し，今日も研究，出版，祭りや映画な

どの手段を通じて自らの問題を表明しつづけている。しかし，時代が進むとともにコミュニティも紐帯としての機能を薄れさせており，新たな危機に瀕している。

筆者は大学院在学期間中の 2004 年度から 2 年間，継続的に当地においてフィールドワークを行った。依然，地域福祉実践についての糸口はつかみきれていないが，当事者の苦悩が癒えないかぎり，放置してよいわけがないということだけはかえって明白になった。地域福祉実践としてのフォーメーションが成立している事例というわけではないので，「実践」研究として見れば，研究として不十分なのだと思う。しかし，研究を進めるにつれ，実践や研究の届いていない問題領域が想像以上に膨大であることも知らされた。当事者は，生きづらさを語っている。数世代におよぶ歳月の上に形成された地域の問題を，そこで生活を営む当事者の思いにじっくりと向き合い，因果関係を構造化し，実践の糸口を手繰ることもまた，地域福祉研究に課せられた役割であろう。

本書がわずかなりとも問題提起となり，さまざまな排除の問題についての実践・研究を喚起する契機となれば幸いである。

最後に，本書の意図を理解し，刊行の機会を与えてくださった有斐閣の皆様，とくに書籍編集第 2 部の松井智恵子氏には深く感謝したい。

目　次

はじめに ———————————————— i

序　章　地域福祉研究とソーシャル・エクスクルージョン ——— 1
 1.　研究の背景および目的 ……………………………………… 1
  (1) 地域福祉の閉塞状況とソーシャル・エクスクルージョン　1
  (2) ディアスポラをめぐる文化的排除　2
  (3) 沖縄からの移住者に対する排除　4
  (4) ディアスポラへの視角　6
  (5) 当事者自身の語りからフレーミングする　9
 2.　研究対象に関わる用語の規定 ……………………………… 10
  (1) ディアスポラ　10
  (2) ポストコロニアリズム　12
 3.　研　究　方　法 ……………………………………………… 15
  (1) 理論研究　15
  (2) 事例研究　17
 4.　本書の構成 …………………………………………………… 19
  (1) 第Ⅰ部 理論編：文化的排除に対する援助のアプローチ　19
  (2) 第Ⅱ部 事例編：A市B区における沖縄人コミュニティの形成と排除　20

第Ⅰ部　《理　論　編》
文化的排除に対する援助のアプローチ

第1章　地域福祉研究における問題分析型立論 ——————— 27
　　　　ソーシャル・インクルージョン志向の視座
 1.　社会福祉の対象としての社会的孤立・排除 ……………… 29

(1) 生活リスクの多様化　29
　　　(2) 地域福祉と生活問題　31
　　　(3) 今日的問題群への対抗理論：ガバナンスとインクルージョ
　　　　ン　32
　2. サブ・カルチャーと地域福祉 …………………………………… 34
　　　(1) 「2つの拡張」の限界性　34
　　　(2) 沖縄人のポストコロニアリズムと「文化的排除」　35
　3. 問題分析を中心とする立論 ……………………………………… 37
　　　(1) 立論の根拠　37
　　　(2) 問題分析型立論の特徴　39
　4. 小　括 ……………………………………………………………… 40

第2章　地域福祉課題としてのソーシャル・エクスクルージョン ── 43
　1. 地域社会で起きるソーシャル・エクスクルージョン ………… 44
　　　(1) 福祉国家の機能不全　44
　　　(2) 文化的排除を中心としたソーシャル・エクスクルージョン
　　　　の定義　46
　2. ソーシャル・エクスクルージョンをとらえる5つの側面 …… 57
　　　(1) 「参加」の欠如　58
　　　(2) 複合的な不利　58
　　　(3) 排除のプロセス　59
　　　(4) 空間的排除　59
　　　(5) 福祉国家の制度との関係　60
　3. 包摂的概念のリスク ……………………………………………… 62
　　　(1) 包摂の逆機能　63
　　　(2) 沖縄に対するネガティヴな包摂：「排除しつつ取り込む」
　　　　64
　　　(3) グローバリゼーションにおける危機　65
　　　(4) 包摂への批判に向き合うこと　67
　4. 小　括 ……………………………………………………………… 68

第3章　多文化共生を通じたソーシャル・インクルージョン ── 71
　　　　多文化主義的な援助の萌芽的実践から
　1. 日本における国際化・多文化化 ………………………………… 73

        (1) 経済政策と外国人労働者の増加　73
        (2) 外国人の地域生活と日本人の意識　75
        (3) 移民政策をめぐる課題　77

   2. 社会福祉実践における多文化主義 …………………………………… 80
        (1) 多文化ソーシャルワークの見解　80
        (2) 多文化化の「機会」と「リスク」　80
        (3) 福祉社会における多文化主義的な援助　82
        (4) 多文化主義的な援助のデザイン　84

   3. 多文化主義的な援助の事例 …………………………………………… 86
        (1) 3事例の概要　86
        (2) 事例1：行政施策と直接的援助（川崎市川崎区）　87
        (3) 事例2：地域福祉計画への外国人参加（大阪市生野区）
            94
        (4) 事例3：市社協による外国人支援の計画化（鈴鹿市）　97

   4. 小　　括 ……………………………………………………………… 99

             第II部　《事 例 編》
           A市B区における沖縄人コミュニティの形成と排除

第4章　沖縄の移民コミュニティ形成史 (1) ───────── 105
        経済的困窮・社会主義思想・同化教育

   1. 大正〜昭和初期の沖縄における経済的困窮 ………………………… 106
        (1) 糖価暴落と過重な租税による沖縄経済の逼迫　106
        (2) 糖価暴落と"そてつ地獄"　107
        (3) 主幹産業の本土支配　108
        (4) 過剰人口による経済圧迫　109

   2. 移民・出稼ぎの急増 ………………………………………………… 110
        (1) 国内外の労働力需要を求めて　110
        (2) 「沖縄的労働市場」の形成　111
        (3) 沖縄人労働者の「従順性」と朝鮮人労働者との異同　115

   3. 沖縄の思想・宗教的基盤：社会主義思想の隆盛と弾圧 ……… 116

(1) 差別撤廃運動，同郷人結合の母体となるイデオロギー
　　　　　116
　　　(2) 新里・大城による論究　117
　　　(3) 冨山による論究　118
　　　(4) 磁場としての思想：抵抗力と危うさ　120

　4. 政策主導の同化教育 …………………………………………… 122
　　　(1) ゆがめられた「他府県なみ」志向　122
　　　(2) 生活改善運動と同化（皇民化）教育　123
　　　(3) 標準語励行：「方言札」に象徴された方言撲滅運動　124
　　　(4) 標準語論争　126

　5. 小　　括 ……………………………………………………… 128

第5章　沖縄の移民コミュニティ形成史（2） ──────── 133
　　　渡航から就労，定着へ

　1. 移民政策による国外出移民の展開 …………………………… 134
　　　(1) 黎明期の移民政策　134
　　　(2) 海外移住先の分布・変遷　137
　　　(3) 開拓移民の実態　138

　2. 国内への渡航パターンと就労 ………………………………… 144
　　　(1) 国内移住先の分布　144
　　　(2) 分析フレームと沖縄移民の特性　144
　　　(3) 流出時期と職業選択の男女差　148
　　　(4) 労働市場と定住・帰還のパターン　151
　　　(5) 親戚，同郷人による居住・職の確保　154

　3. 過酷な労働環境下での堅忍と逃亡 …………………………… 154
　　　(1) 『女工哀史』に綴られた紡績女工の労働　156
　　　(2) 男性労働者の実態　157
　　　(3) 当事者の語りから　158

　4. 移民集住地区の形成と苦難 …………………………………… 163
　　　(1) 移民社会の形成　163
　　　(2) 同化志向による適応　166

　5. 結集軸としての同郷性 ………………………………………… 167
　　　(1) 同郷集団の組織化　167

（2）「同郷人的結合」の機能と政治的変遷　168

　6. 人間が展示された「人類館事件」………………………………… 169
　　　（1）事件のあらまし　169
　　　（2）露呈された本土・沖縄双方の問題性　170

　7. 小　　括 ……………………………………………………………… 171

第6章　近年までの沖縄人移住者コミュニティの展開と排除 (1) ── 175
　　　ポストコロニアル状況における隔絶と排除

　1. 高度経済成長期の労働環境 ………………………………………… 178
　　　（1）沖縄人移民の戦後　178
　　　（2）好奇の眼差しとUターン　178

　2. B区の二世によるコミュニティ活動 ……………………………… 181
　　　（1）エイサー祭りに込めた思い　181
　　　（2）当事者組織で強められる紐帯　183
　　　（3）関係性における隔絶の表出　184

　3. 今日の地域福祉的課題 ……………………………………………… 186
　　　（1）集住地区住民との接点で表出する問題　186
　　　（2）移民の上にものしかかる米軍基地と沖縄経済　187

　4. 沖縄人の集団心性：沖縄人気質とアイデンティティ喪失 ……… 190
　　　（1）沖縄人気質（従順性）　190
　　　（2）アイデンティティ喪失の危機　192

　5. 沖縄人をめぐるポストコロニアル状況 …………………………… 194
　　　（1）基地押しつけという植民地主義　194
　　　（2）移民コミュニティにおけるポストコロニアル状況　197

　6. 小　　括 ……………………………………………………………… 197

第7章　近年までの沖縄人移住者コミュニティの展開と排除 (2) ── 201
　　　A市B区地域福祉計画策定期間における質的調査から

　1. 地域特性および地域福祉 …………………………………………… 202
　　　（1）B区の地域特性　202
　　　（2）B区における地域福祉　203

　2. 調査結果：コミュニティ形成の諸要因 …………………………… 206

(1) 13の要因　206
　　　(2) 内的・意志的要因　206
　　　(3) 外的・環境的要因　210
　3. 小　　括 …………………………………………………… 213

第8章　ローカル・ガバナンスと問題解決力の醸成 ──── 217
　　　　「琉球の自治」論をめぐって

　1. 「琉球の自治」論の背景：B区との関係において ………… 218
　　　(1) 経済的自立と「自分で決める」ということ　218
　　　(2) 主体多元化によるローカル・ガバナンスの推進　218
　　　(3) 地域福祉計画における当事者参加　220
　2. 自治に向けた沖縄の取組み ………………………………… 223
　　　(1) 地域を単位とする互助と政治的意思　223
　　　(2) 「琉球自治制」に向けたシナリオ　224
　3. B区のコミュニティ組織・活動に見られるガバナンス …… 226
　4. 小　　括 …………………………………………………… 227

終　章　ディアスポラへの援助デザイン ──────── 229

　1. B区における援助のシミュレーション ……………………… 229
　2. ディアスポラへの認識フレーム …………………………… 231
　　　(1) 「歴史性」への着目　231
　　　(2) 「相対性」への着目　232
　3. インクルーシヴな地域へ …………………………………… 233

《資　料》調査・分析の方法 ──────── 237
おわりに ──────── 247
文　　献 ──────── 251
索　　引 ──────── 264

本書のコピー，スキャン，デジタル化等の無断複製は著作権法上での例外を除き禁じられています。本書を代行業者等の第三者に依頼してスキャンやデジタル化することは，たとえ個人や家庭内での利用でも著作権法違反です。

序 章
地域福祉研究とソーシャル・エクスクルージョン

1. 研究の背景および目的
(1) 地域福祉の閉塞状況とソーシャル・エクスクルージョン

　近年の地域福祉の研究動向として，その推進主体や推進方法，政策の検証が趨勢といえよう。地域福祉の実践・研究が今日の姿にいたるまでには，戦後の日本の社会・経済的なニーズの量的・質的変動を受け止めつつ，「時々に必要とされる地域福祉」として変遷してきたわけであるが（第1章を参照），その過程においては，社会問題そのものに切り込んでいく視点，ひいては社会がもつ構造的矛盾を批判的にとらえ，変革を促すという機能を薄れさせてきているという面もあるのではないか。折しも，地域社会で生起する問題の多様化・個別化・不可視化の進行を前にして，地域福祉を支えてきた人材，財源，方法などのいずれもが壁に直面しているといってよいであろう。

　在宅高齢者や子育て世帯への支援などのような，いわば普遍的な福祉ニーズはたしかに膨大である。相当量のサービスを以て対応すべきそれらの性質からすれば，政策的に高い優先度が与えられなければならない。しかしその傍らで，社会的な孤立・排除に関わる問題群の深刻化に，手を回しきれていないのも事実であろう。不安定就労者，障害者，ホームレスなどに対しては，雇用政策や住宅政策などを軸として対応が進められつつあるものの，そのような政策的な枠でとらえきれない問題も実際には多様に存在している。また，地域福祉の要である住民主体の活動や援助職者による間接援助がその範疇にとらえていない

問題領域，つまり援助職者が感知せず，住民も対応を忌避しがちな対象群は，地域福祉の射程からは完全に外されていることが多い。たとえばその典型として「ディアスポラ」（diaspora，離散者）と呼ばれる人びとや被差別部落の住民，公害病や難病の患者，性的マイノリティなどが抱える生活上の問題が挙げられる。そのような当事者のコミュニティが地域でつくられていても，表だって知られていないことも多いのが実情である。それらの背景には政治的な力の偏在があるのが常であり，その権力構造を理解しなければ問題性を読み解くことができない。

　ソーシャル・エクスクルージョン（社会的排除）は，このような問題の構造を浮き彫りにする。また同時に，実践者・研究者がもつ課題をも導出させる。この概念には，福祉国家における既存のサービス供給システムではカバーできない問題に焦点を当て，孤立下にある人びとの痛みに対する認識フレームをもち，その根源となる社会構造の矛盾を解消させようという含意がある。もし，既存の政策・制度の枠を通して，またそれに基づく主体・方法によって規定される「対象者」だけを援助職者が見ようとするのであれば，その枠外にいる被排除者・孤立者はいつまでも放置されることになる。今の地域福祉の閉塞状況は，こうした射程範囲の狭さに一因があるのではないか。従来の福祉国家体制が前提としてきた統一性（平均的労働者モデル）が崩れつつあるなか，地域性や問題の特性をより個別的にアセスメントする視点が必要なのであり，そのゴールとしてのソーシャル・インクルージョン（社会的包摂）やローカル・ガバナンスが模索されるようになっているのであろう。地域福祉には，支援を要する人の漏れのない参加や，当事者による意思決定の受け皿となり，それと同時に，これからの福祉サービスやその体制のありようを提起していくことが要請されるのではないか。

(2) ディアスポラをめぐる文化的排除

　よく知られているように，政策としてのソーシャル・インクルージョンは，フランスやイギリスにおいて移民・難民やホームレス，薬物中毒者などの生活問題や社会不適応に対する雇用や居住などの面での包摂政策を軸に発展してきており，EU加盟国の間でも共通目標とされている。古川孝順によれば，ソーシャル・インクルージョンは「既存の社会政策のもつ構造や機能を見直し，さ

まざまな社会問題，なかでも生活障害をかかえている人びとを地域社会の一員としてうけいれる」ことであり，そのため「包摂的社会政策」へと政策の重点を移していくことが必要であるという。そのターゲットが誰なのかが重要なのだが，古川は「社会的バルネラビリティ」[1]という概念を用いて，いじめ，青少年のひきこもり，ニート，フリーター，ワーキングプア，配偶者に対する家庭内暴力，高齢者や障害者の社会的孤立，外国人労働者，資格外滞在外国人，災害被災者，犯罪被害者など「新たな容貌」をもつ生活問題の存在を指摘し，従来の問題群とともに今日的な社会福祉の対象としてとらえる必要性を示唆している（古川 2012: 28-29）。

いうまでもなく，ソーシャル・インクルージョンはそのような「バルネラブルな」人びとに対するソーシャル・エクスクルージョンを克服するための政策的対応や理念として用いられている。しかし，繰り返しとなるが，それらは必ずしも政策的にカバーされるものばかりではなく，むしろ所属するコミュニティ（この場合，国家から地域社会まで広く想定すべきだが）からのアイデンティティの承認を得られないことや社会関係の欠如・欠損も含めて問題となっているのである。

他地域からの移住者の集団やコミュニティ，すなわち（日本社会でいうと）在日外国人や日系人などの移民，沖縄からの移住者（かつて経済的困窮を背景に移民となった）[2]，自然災害からの避難者，難民などは，ディアスポラの概念によって説明される。彼らは，移住先社会（ホスト社会）に内在する排外主義によって精神的にも経済的にも追い詰められ，多大な不利益を受けがちである。このようなディアスポラが置かれた状況についての社会学的な知見は集積されているにもかかわらず，社会福祉においてこれまで論じられてきたソーシャル・エクスクルージョンの概念では十分な説明ができない。

本書では，このような排除を「文化的排除」と規定し，地域福祉の立場から分析しようとしている。ソーシャル・エクスクルージョンは一般的に，「政治的側面」（参政権，公務就任権など），「経済的側面」（雇用，公的扶助など），「文化的側面」（社会関係，コミュニティなど）の3側面におけるアクセシビリティの制約から構成されるといわれており[3]，それでいえば第3の側面に着目しようとするものである。これを議論しようとするのは，単にそのタイプの研究蓄積が少ないからというだけでなく，地域社会におけるインフォーマルな課題と

して看過すべきではないからにほかならず，また3つの側面がそれぞれ相関関係にあるという前提にも立つからである。つまり，文化・アイデンティティの非承認や関係性の欠如（本書では文化的排除として総称している）は，雇用機会の限定や再分配の縮小，政治的権利の剥奪といった深刻な結果を（制度それ自体さえ）もたらしうることへの問題意識も含めている[4]。

(3) 沖縄からの移住者に対する排除

そのような問題の背後には，例外なく多数者（マジョリティ）と少数者（マイノリティ）の間の非対称な権力関係がある[5]。マイノリティがもつ固有性（アイデンティティや文化的様相）は，マジョリティによって〈差異〉として定義され，マジョリティを利するためにコントロールされるのが特徴である。とくに植民地政策の影響が尾を引いている沖縄のような例では，植民地政策そのものが失効した後も，権力構造だけはいつまでも維持されるという特異な事情をもっている。この点で沖縄は一般的に，アイヌ，外国人，障害者などと並んで人権問題の対象に位置づけられており[6]，また外国人の移民社会と同様，「ポストコロニアル[7]」な状況下に置かれつづけていることが告発されるのである。本書の第Ⅱ部で詳しく取り上げることになるが，沖縄の場合，施政権が奪われた後の政治的・経済的抑圧，戦時下・戦後の甚大な犠牲については広く知られているものの，そのことが今日の基地負担や低所得問題，差別事象などと本質的に「同じもの」であると認識しているのはほとんど当事者である沖縄人のみといってよいだろう。つまり，「抑圧政策は終わった」と考えるのはマジョリティ側の解釈であり，対する被抑圧側の言い分は「今でも相変わらず搾取が続いているではないか」というものであって，「ポストコロニアリズム」（postcolonialism，植民地政策後の，つまり終わらない植民地主義）をいつまでも批判しなければならない実情がある（資料序-1）。

また，この問題は国家レベルに限ったものではなく，同じ構図のまま地域社会に持ち込まれている。本土で最大の沖縄人集住地区をもつ関西のA市B区の例でも，全住民の約4分の1を占めるといわれる沖縄出身者およびその子孫とホスト社会の関係は，国と沖縄県の関係の縮図といえるものである。B区は関西でも屈指の工業都市で，街中を歩けば沖縄の食材を扱う店や料理店をよく見かけ，住宅地でも「シーサー」を門柱に掲げる家が珍しくないなど沖縄文

資料序-1　2つの沖縄問題の"今"を伝える記事

安全性が疑問視されるオスプレイの配備（基地関連負担の偏り）と，それが「一顧だにされない」現実（他都道府県の無関与・無関心）という二面に，現在の沖縄の直面する問題が凝縮している。植民地"関係"は，このように持続されるというのが被支配側の主張であり，日本において具象化するポストコロニアリズムである。

(出典)　Yahoo! Japan ニュース（http://headlines.yahoo.co.jp/hl?a=20130128-00000008-asahik-soci/ 2013.1.28.）。朝日新聞2013年1月28日。

化が色濃く受け継がれてきた地域である。歴史的には沖縄人は劣悪な生活や労働を余儀なくされたのであるが，それらが随分解消された現在にあっても，当事者である沖縄人の主張（今も差別行為や蔑視が払拭されないこと，それを「日本人」側が理解しないこと，しかもブームに乗じて自分たちの精神世界に無神経に踏み込んでくること）と，マジョリティがそれを一向に意に介さないという温度差がある。

　筆者の行った質的調査に限ってであるが，今日，行政や社会福祉協議会のような援助側は，「一般的な社会制度から沖縄人を排除していない」というレトリックで「特段の便宜や援助を要しない」と結論づけているように思われた。しかし，それだと上記の当事者の訴えとは論理的に整合しないことになる。むしろ，そのような状況で「沖縄は日本である（配慮は必要ない）」という体制サイドに沖縄人は支配的なニュアンスを見出しているのであり，現にそのような

マジョリティのことを「ヤマト」とか「日本人」と呼び，自分たちを「ウチナー」と呼び分けて境界線を引く。当の沖縄人側が「この地域で暮らしづらさを感じる」と表明するのに対し，周囲が「そんなことはない」という態度をとるという構図が固定化しているのである。いうまでもないことだが，「ニーズの有無」を決定するのは援助側であるべきではなく，基本的に当事者であるべきであろう。

    ＊　ただし，調査時から約10年を経て，公選制の導入による新区長の体制となった現在では，行政対応にポジティヴな変化が明らかに見られる。区による将来ビジョンに沖縄文化との交流などが盛り込まれ，推進されるようになっているのである。詳細は後述するが，対策の内実化が進むことに期待がもてる。

　このようなことは，当事者にとっての問題の深さにもかかわらず，これまで議論されてきたソーシャル・エクスクルージョン／インクルージョンの概念では説明が困難であり，社会福祉の対象としても実質的に捨象されてきたものである。しかし，「ヤマト，日本人」という呼称に込められた周囲への憤り，警戒心，屈辱感，そして理解されないことへの挫折感を見るとき，意識や文化の次元で，もしくは社会関係上のソーシャル・エクスクルージョンが存在することは明らかである。これらのことを記述し，構造を明らかにして，実践を見据えた新しい概念を提起することは，社会福祉研究に本質的に求められる機能ではないか。

　このようなタイプの問題に対し，社会福祉は政策・実践・研究のいずれにおいても十分なパースペクティヴをもってこなかったわけであるが，とりわけメゾレベルとしての生活空間で生起する問題群に対し，地域福祉には応答責任があるだろう。このことへの問題関心から，本書ではB区における沖縄人コミュニティをめぐる状況を地域福祉の立場に立って調査，分析し，文化的排除という枠組みから課題を抽出しようと試みる。

(4) ディアスポラへの視角

　沖縄人コミュニティをめぐるソーシャル・エクスクルージョンを研究する上での別の論点として，彼らのディアスポラとしての経験を分析することの今日的意味の大きさがある。ディアスポラが直面してきたポストコロニアル状況を批判的にとらえる視点において社会福祉学が他の学問領域と決定的に異なるの

は，マジョリティとマイノリティの間で第三者的立場からの援助介入の可能性を議論できることであろう。

　沖縄人がディアスポラとして直面してきた問題を簡略に述べると次のようなものである。官約移民時代の19世紀末，糖価暴落などによる深刻な経済不況下にあった沖縄は，ハワイや南米などに入植したほか，重工業や軍需産業をpull要因（移民を呼び寄せる需要）とする国内各地の大都市へも移住した。海外への移民の場合，ステファン・カースルズとマーク・J. ミラー（Castles and Miller 1993=1996: 26-27）が示す定着モデルによると，①一時的な労働移民／母国への帰国志向，②新環境での互助の必要性／社会的ネットワークへの発展，③家族呼び寄せ／長期定住／エスニック・コミュニティ（協会，店，飲食店，代理店，専門職）の出現，④永住の段階（市民権の獲得または社会的排除，社会経済的に周辺に追いやられる），というプロセスを辿るのだが，このプロセスは，国内移住した沖縄人の「一世世代」にもほぼそのままあてはまる。

　B区においての彼らは，「沖縄スラム」と呼ばれる不衛生な住環境で生活し，あてにしていた工場街では雇用拒否（「朝鮮人・琉球人お断り」というビラが出る）に遭い，あるいは雇用されても不当解雇や不平等な労務管理下（賃金体系，労働時間，寮の待遇などの差別化）に置かれて，大都市の労働市場で最下層にはめ込まれていた。身を守るために本籍変更や改姓，方言を隠すなどの手立てを講じる人は多く，自殺，逃亡，犯罪に追い込まれる人もいた。「一世」の世代がこのような状況に晒されたのは20世紀初頭から半ばにかけてであるが，沖縄の本土返還に沸くオイルショック前後の時期においてさえ，就職先や周囲の住民からの差別に耐えきれずに自殺する「二世」はいた。21世紀に入り，「沖縄ブーム」によって一方的な「癒しの島」イメージが喧伝される傍らで，差別的発言や落書きなどの事象はまだ人目につきにくいところで続いている。このような「ディアスポラとホスト社会」としての経験は，外国人との共生社会化の道を進みつつある日本で，今後の展開を見通していくための一つのシミュレーションととらえてよいのではないか。

　また折しも，東日本大震災後の日本の社会福祉は，福島第一原発の事故などによって全国各地へと避難を余儀なくされた人びとの深刻な生活問題に向き合いつつ，彼らの地域生活の安定化に努めなければならない。いつか地元に帰還したいがいつ帰れるか（本当に帰れるか）わからないという思いと，このまま

避難先に定住したい[8]，というジレンマを抱えながら不安な日々を過ごす避難者に対し，地域生活だけを取り上げてみても，①地元（出身地）との関係維持，②避難先での同郷のつながり，③避難先の近隣住民やコミュニティとの関係づくり，④（帰還の場合）帰還先でのコミュニティの再生，という4つのフェーズは少なくとも設定する必要がある。こうした難しい状況に加え，避難者に対する謂れのない誹謗中傷などへの対処の課題もある[9]。在日コリアンのディアスポラをテーマとして論壇に立ちつづける徐京植（2012）は，原発事故後の福島を訪れ，「ディアスポラの眼」を通した論考を発表している。彼はこの問題を植民地支配と「同一平面に並べて相対化」することが妥当であると述べている[10]。また同時に，人間が他者の苦難を想像することの難しさ（証言の不可能性）から，過去にホロコーストや原爆の証人が失意のうちに死へと追いやられたようなことが，福島で起きた問題で繰り返されてはならないと，つまり他者に対する我々の〈想像力〉が問われることを強調している。

　ディシプリンを跨いで告発されるこのような当事者の痛みに対し，援助という実践的な枠組みの開発は急務といえる状況である。その際，ディアスポラを客体としてとらえるだけでなく，その主体性に着目する必要があるのではないか。一般的にいって，当事者組織は彼らを代表するソーシャル・キャピタルであり，問題解決や自治を考える上での鍵を握っていると考えられるからである。

　なお，ソーシャル・キャピタルの有用性については補足が必要だろう[11]。失業率・犯罪率の低下や健康へのポジティヴな影響などに現れるととらえられることから，地域福祉の議論においても適用されている。たとえば，野口定久（2008）は，地縁型組織や市民活動の活性化，準市場の形成とそれらの結合によって豊かな公を実現できることを論じている。

　この概念に関しては，1990年代のR. D. パットナム以降，「信頼・規範・ネットワーク」の3要素を内実とする定義がよく知られている。だが，それとは異なる用法，たとえばミクロ（個人の合理的行為）とマクロ（個人の集合以上となる上位システム）を接合する概念としてのJ. S. コールマン，ネットワークがもつ影響力のある資源としての実利的な側面を強調するW. ベイカーやN. リンなどによる定義もまた，住民組織，当事者組織などを問題解決資源としてとらえ，その活力や結束力が貧困，虐待，犯罪，災害などの諸困難に対処する地域の力を説明する上で用いられる[12]。

(5) 当事者自身の語りからフレーミングする

　B区の沖縄人は，渡航当初より「県人会」など複数の同郷集団を組織し，それを結集軸として周囲からの圧力に対して互助機能を強めてきた。一世世代は自らに同化路線を課して沖縄文化を隠すというアプローチを取ったのに対し，二世世代はアイデンティティを取り戻し，対外的に表現しようとする正反対のアプローチであった。時代性を受けたこのような違いは見られるにせよ，彼らのコミュニティ活動は1世紀にわたって受け継がれたものであり，その間，一貫して仲間を守る紐帯でありつづけた。こうした同郷人結合は，さまざまなディアスポラに共通して見られるものである。沖縄人のコミュニティ活動や組織がなぜ長年持続しえたか，またそれらが何を成しえたかを検証することは，他のディアスポラに対する応用可能性を含むものともなろう。

　B区の事例の場合，なぜ，この当事者組織が援助サイドからソーシャル・キャピタルとして注目されてこなかったのだろうか。（実態としての不平等性を脇に置いたままで）「沖縄人は日本人だ」という論理に疑念が抱かれず，それが社会通念化していることもあるだろうが，それ以外にも，既存の福祉制度のフレームを通して見える「対象者」のみをとらえようとする援助サイドの視野の狭さがあったのではないか。既存の社会福祉の制度や主体，実践システムが発見できない問題があるということの一つの証左がB区の沖縄人の事例である。援助者がもつ認識フレームではとらえきれない問題（当事者のみが規定する問題）があるのであれば，当事者自身のフレームに基づいて実践の対象範囲を広げることが援助者に求められるのは当然である。またソーシャル・インクルージョンの提唱者には，経済や政治の面での不利益とは異なるフェーズで起きる文化的な排除，関係性に現れる排除を概念化し，援助実践をデザインするためのモデルを示すことが要求されよう。

　したがって，本書の検討においては，既存の主体やシステムにできることから出発するのでなく，問題や当事者を起点とするオルタナティブの研究アプローチとして「問題分析型立論」を提起し，文化的排除の概念によってB区の沖縄人コミュニティをめぐるソーシャル・エクスクルージョンを分析しようとするものである。また，目的概念としてのソーシャル・インクルージョンや多文化主義との関係で実践課題を導出するために，在日外国人に対する支援事例

も参考にしながら論じていくことにしたい。

2. 研究対象に関わる用語の規定

(1) ディアスポラ

① ディアスポラの一般理論

　ディアスポラの語源は旧約聖書の申命記におけるユダヤ人の離散，分散にある。その後パレスチナの地を追われたユダヤ人の民族離散状況を表す言葉として一般化し，今日では戦争や植民地化に際して「母国を離れることを余儀なくされたグループ」を指す概念へと派生している。概念的には「旅」「避難民」「トランスナショナリズム」「移民」と重複するものと理解されている[13]。

　日本固有の状況としては，「ジャパニーズ・ディアスポラ」や「コリアン・ディアスポラ」が典型である。前者は，国外で他国民として暮らす日系人，海外で労働や生活をする日本人，日本に戻る日系人などに，沖縄からの移民も含められる。後者は日本で暮らす韓国・朝鮮人を指す[14]。

　当事者の意に反し，稀有な運命を押しつけられるディアスポラは一般に，自衛手段として独自のコミュニティを形成する。足立伸子（足立編 2008）によれば，そのコミュニティはメンバーの共有体験を通して形成され，3つの構成要素，すなわち歴史的要素，外的要素，内的要素から成り立つのが特性である。歴史的要素は，外部からもたらされる政治的・経済的なプレッシャーによって不況，飢饉，戦争，抑留などの状況に置かれることであって，通常はこの状況についての解釈が外部者と内部者とで次のように異なっている。内的要素は集団心理や個々人の心理的状態などであり，「初期の移民世代の目」を通して内側から見る世界である。外的要素は，通常，「主流であり，多数派である外部者が作り出したランドスケープ（社会的視界）」が「歴史的出来事に特定の権威的な見方や物語を付与する」ことによって，ディアスポラのコミュニティが構築されることである。足立は，この3つには不動の部分と動的な部分があるのがディアスポラの特徴であり，3要素が重なりあった部分（共有経験）が絶えず流動するのだと説明している（図序-1）。B区の沖縄人コミュニティも，自らを取り巻く経済や政治状況に応じた流動的なものであったことは，本書で明らかとされる。

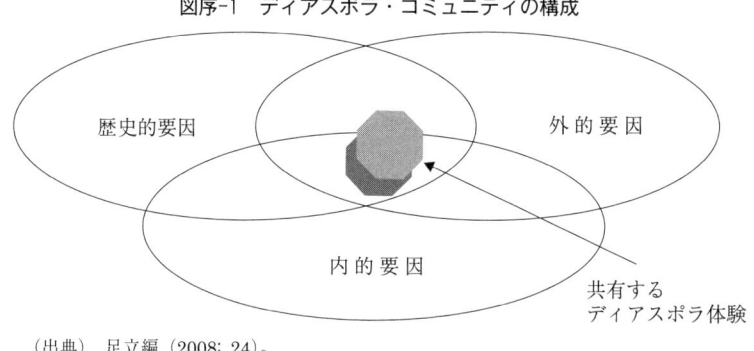

図序-1　ディアスポラ・コミュニティの構成

（歴史的要因）　（外的要因）

（内的要因）

共有する
ディアスポラ体験

（出典）　足立編（2008: 24）。

　歴史性に関して付言すると，ディアスポラとホスト社会の関係は出身母体（本国）の政治状況によって規定されることが指摘されている。[15]したがってその構造を読み解こうとする場合，「渡航先での」「現在の」状態のみに着目したところで本質に辿り着くことはできないのであって，出身母体とディアスポラの間の関係を中心に，移住先での政治的，経済的，精神的な状況の理解に努める必要がある。

　本来，一つの属性であるはずの「移民」が，実態として「不利な立場の移民」となるのは，「障害者」や「女性」などと同様，政治的に優勢なドミナント・グループ（移民に対してはホスト社会）がそれを当為とするからにほかならない。ディアスポラを周縁化するこのような構造は，ポストコロニアルにおいて批判の中心点である。社会福祉（地域福祉）は，このような命題に対する実践的な修正機能を果たさなければいけないのではないか。

② 「沖縄人」の用法

　沖縄県在住者やB区などへの移住者のように，沖縄に民族的アイデンティティを有する人びとのことを本書では「沖縄人」と称している。「沖縄県人（県民）」「沖縄出身者」「沖縄移民」などの類する呼称もあるが，いずれも部分的にしか対象を表さないからである。つまり，B区の場合は，沖縄移民一世は沖縄「出身者」であり「移民」であるが，二世以降になると沖縄「出身者」や「移民」（高度成長期の集団就職者など）ばかりではなく，移住先で生まれ育った人もいるし，婚姻・出産によって関係が複雑になっている。また，「県民」というと県外から沖縄に住民票を移した人も含まれる。したがってここでは，エスニシティに特化して「沖縄人」という呼称を充てるのがもっとも妥当と考え

る。

「沖縄人」という語に差別的な意味を見出す向きもいるが，本書でそれを使用するのは，学術用語として頻繁に用いられていること，そして何より当事者が用いることに倣っている。「沖縄人」という表現を自ら使うB区のコミュニティ・リーダーの見解によれば，対等に認め合う関係性があるかどうかこそが重要なのであって，それがあるのであれば第三者が使用するかどうかは問題ではないという。

③「外国人」に関連する用語

本書では沖縄人との比較軸として「外国人」への支援について議論する。基本的に日本国内で生活，就労する外国人のことを指すのだが，入管行政上の身分や生活者・労働者としての面など，どこに焦点化するかによって，次のように関連する語を使い分けることにする。

「在住（在日）外国人」は，日本に居住，滞在する外国人を指す。「外国人登録者」は，いうまでもなく外国人登録法による手続きを経た外国人であり，観光客のような短期滞在者や登録が免除される外交官などのほか，不法滞在者もここには含まない。「永住者」は，永住権を取得した人（協定永住者，特例永住者を含む）を表す。「外国籍住民」は主に外国人の（地域）生活者・住民としての側面を，「外国人労働者」は就労の側面に着目したいときに，それぞれ用いる。「日系人」は，官約移民時代に海外に渡った移民やその子孫で，1989年の入管法改正によって在留資格を得た入国者を主に表す。

これらを総称する場合に「外国人」の語を用いているが，日本国籍をもたない人，日本以外のアイデンティティを有する人を包括的にとらえようとする意図で用いる。

(2) ポストコロニアリズム

一般に，ポストコロニアリズムは政治的・社会的に周縁化されるエスニック・グループなどを説明する概念であって，植民地主義が"終わった"という意味ではない。独立後の植民地において支配の影響がどう残るかの探究に端を発しているのだが，ヨーロッパがその支配力を弱めた後も，かつての植民地において経済，言語，教育，その他多様な結合様式においてその影響力が持続していることが背景にある。[16]

序章　地域福祉研究とソーシャル・エクスクルージョン

　ポストコロニアリズムの理論的基盤の形成において多大な貢献をしたエドワード・W. サイード（Said 1993a=1998, 1993b=2001）は，この概念のことを，帝国主義文化に内在する規範への批判，あるいはネイティヴィズムを越えたより寛容・多元的な自己規定を，宗主国側・植民地側双方に提示するものであるとしている。このことの含意には，日本人の多くがおそらく感覚を薄れさせているであろう，さまざまな構造的断絶の中に自らも所属していることを意識しなおすこと，さらにはそのことへの批判的視点を個々人が養うとともに，市民としての自らの行動指針をもつことの必要性がある。姜尚中（姜編 2001: 2-4）は次のように述べる。「ポストコロニアリズムはまさしくこうした地政文化的な分割にもとづく『文明』と『野蛮』，『植民者』と『被植民者』，『西欧』と『西欧以外の世界』（中略）のなかから新たな共同性を立ち上げようとする知的実践である」。また，「ポストコロニアリズムは，あらゆる形態の暴力に反対する。と同時にポストコロニアリズムは，『グローバル・コロニアリズム』と言っていいような，世界的な不平等の構造とそれを支える文化的支配のコードを批判的に読み解き，その圧倒的な不均衡の世界をミクロ的・マクロ的に固定化し，『自然化』してしまうあらゆる言説に挑戦を挑むのである」。

　沖縄に関してはどのように批評されているであろうか。「沖縄学」の祖である思想家の伊波普猷はかつて，琉球処分以降，本土から翻弄されつづける沖縄を「自分の運命を自分で決定することのできない境遇」と言い表しているのだが，今日でも構図は基本的に変わらないことを金城正樹や新原道信などの論説に窺うことができる。金城正樹（2007: 381）によれば，沖縄のポストコロニアル状況は「脱植民地化の可能性がもはや不可能に近いこの時代状況において，植民地権力と比して劣勢の位置を生きることを強いられている」時代性であるという。新原道信（2003: 408）の記述はさらにこの問題の恣意性を突いている。「『南島』は，『辺境』『少数派』『異質性』『異物』といった形で『発見』され（中略）分類の対象となることで，『庇護』され『承認』されると同時に，その実質は見落とされる。そしてこの『発見』の後も，境界線は繰り返し引かれ直され『再承認』されていく」というものである。

　たとえば北アイルランドをめぐるケルト人とアングロサクソン人の角逐を見ると，宗教対立を根にもち，強大な支配勢力への抵抗・紛争や公民権の要求活動が繰り返され，また北部の議会が設置されることにより分立した統治体制が

敷かれたのだが、これらの点に比して、沖縄を取り巻く状況は、独特の見えにくさをその特徴としていることがわかる。

したがってB区における問題性は、大別して2つ挙げることができよう。第1は、ホスト社会から今も受ける直接的な差別である。かつてのように就労や生活水準に悪影響をおよぼすことはなくなったものの、かえって見えにくくなった差別によって対等な関係が築かれないという問題である。筆者の行った質的調査においても、当事者から数例の差別事象が示された（第7章）。多数者との壁はなくならず、結果として沖縄人は「ヤマト、日本人」「ウチナー」という区分で相手を遠ざけるのである。

第2は、そのような圧倒的なパワーの差にホスト社会が無頓着なこと、あるいは抑圧に気づいても、自らの利権を保持するために「見て見ぬフリ」を装うことである。沖縄のポストコロニアル批判の尖鋭である野村浩也（2005a）は、その状態を「権力的沈黙」と名づけた。権力をもつ側は、もたない相手との間にある矛盾に気づいても黙ってやりすごすことができる。ところが、権力をもたない側は自身の立場から目をそらすことができない。

沖縄人が大なり小なり辛い思いをしていても、「沖縄は（コロン＝植民地だから）仕方ない」ととらえてしまうのがホスト社会に属する大方の人びとの姿勢である。移民となり故郷から離れて暮らしていても気持ちは一心同体で、基地政策に翻弄される故郷の姿には心が痛む。そのような心情にマジョリティは理解を示さず、たとえば滋賀県にある沖縄の情報発信拠点（民芸品も扱う）に三線を買いに来た"沖縄贔屓"の客が、手渡された基地反対運動のチラシは置いて帰る（京都新聞2006年5月13日）ということがよくある。マジョリティだけがもつ抗しがたいパワーは、そのような姿で日々具象化するのである。

対象が沖縄人以外であったとしても、類似の矛盾はそこかしこに埋設されているだろう。これも地域の問題である。ソーシャル・エクスクルージョンの一つの様相として、ディアスポラやポストコロニアリズムという概念を通じて、問題を批判的に構造化する必要がある。社会福祉学のこれまでの枠組みのみでは解題できなかった問題群やそれに対する実践課題を、これらの概念では読み解くことができるからである。

3. 研 究 方 法

(1) 理 論 研 究

① ソーシャル・エクスクルージョンおよび関連概念の福祉的研究

　本書は，理論研究と事例研究で構成している。前者では，地域福祉の理論的立場から，ソーシャル・エクスクルージョンについて，目的概念としてのソーシャル・インクルージョンや多文化主義との関係で考察する。多文化主義的な枠組みによる援助実践は，石河久美子（2003, 2012）や日本社会福祉士会（2012）によって「多文化ソーシャルワーク」として整理されている。これらは外国人への援助を想定するものだが，アイヌや沖縄人のような，いわば「内なる多文化性」を有する人びとにも一定の応用可能性をもつと考えられるため，本研究のメタ・レベルの課題として位置づけて参照する。

　理論研究では文献や資料に基づく考察が主になるが，議論をより実践的なものとするため，多文化ソーシャルワークの実践モデルというべき川崎市川崎区，大阪市生野区，三重県鈴鹿市における事例を取り上げる。これらの検討にあたり，以下の2つの軸を分析の枠組みとする。第1の軸は，異なる文化圏に属する人びとに〈固有の課題〉，たとえば在留資格に関する相談，通訳・翻訳，日本人との共生，差別の解消などと，〈普遍的課題〉としての福祉サービスの多文化化，たとえば相談援助，介護，保育などに多文化性を要素として盛り込むなど。第2の軸は，相談，介護，保育などの〈直接的援助〉と，当事者組織化支援，ネットワークづくり，調査，計画，政策立案，普及・啓発，訴訟，集団行動，政策・制度的な条件整備や改善への要求・運動などの〈間接的援助〉というものである。

② 理論に関する先行研究

　前述の野口は，現代の地域コミュニティが抱える新しい福祉問題群の一つとして「差別・排除や異文化の問題」があると指摘する。[17]　その差別や排除，換言すればソーシャル・エクスクルージョンは，貧困とオーバーラップする面（労働市場や社会的サービスからの排除など）もあるものの，柴田謙治（2011）によると，所得や資源の欠如を必ずしも最優先の考察対象とせずに社会的統合をターゲットとすること，また社会参加や社会関係に着目すること，という特徴に

おいて，貧困とは区別される[18]。だとすれば，就労・所得などの施策がカバーしない問題の当事者にも目を向け，その所属する地域において参加や関係性の向上を促進することが，地域福祉の課題となるであろう。このことから，社会福祉（地域福祉）研究に関する先行研究では，第1の視点として地域の問題をどのように規定するかについて参照した[19]。

また，排除について検討する場合に，地域福祉がとらえる当事者像や住民像は，受動的にサービスを待つ存在ではなく，右田紀久恵の論じる「生存主体認識」，すなわち「疎外に抗しつつ主体的にその本来的な生活を営もうとする存在」に立ったものである[20]。このような自治やガバナンスによる問題解決を志向することを第2の視点としてもちながら，既往の研究を考察した[21]。今日の地方自治の政策動向にしても，中央主導の地方分権やローカル・ガバナンスによって地域の個別的な事情や当事者の生活感覚が考慮されることなしに，上からコントロールされてしまうようであれば本末転倒である。右田はこう記している。「現状をこえようとする主体者の内発性を，サービスネットワークが関与（intervention）や援助（support）の方法を通して，展開させることができる」「サービスの利用者が単なる受け手ではなく，同時にサービスの担い手であり創造者であるとするのも，このような認識の展開である」[22]。すなわち，官製の分権やガバナンスでなく，むしろ生活者の視点，当事者の個別事情や彼らのもつ解決力が地域福祉の起点であり解決資源となるということを，本書の前提としている。

他方，社会的排除の理論については，既往研究から以下の論点で整理し，問題設定をした。第1に，EUの分類に代表されるように，排除概念・事象が何によって構成されるかを明らかにすること[23]。第2に，「差別」（discrimination），「貧困」（poverty），「不平等」（unequal, inequality）といった関連概念との異同によって排除を特徴づけること[24]。第3に，排除概念のもつ〈動態性（それと関連して，歴史性）〉と〈相対性〉を明らかにすること[25]。第4に，既存の社会政策との関係，とりわけ社会福祉制度の限界との関係で排除を構造化すること[26]。第5に，日本人がもつ「単一民族志向」と排外主義の関係について明らかにすること[27]。第6に，それらが現代社会でどのような層に，どのような様相で実体化するのかを把握すること[28]。第7に，ソーシャル・インクルージョンやグローバリゼーションなどの「包摂的」な目的概念のもつリスク（逆機能

や排除性）について点検することで，あるべきインクルージョンの姿を際立たせること。[29]

　ただし，上のような社会的排除研究はいずれもディアスポラの直面する問題（ポストコロニアルな状況）に特化して，切り口を提供するものでない。このことから，ディアスポラやポストコロニアリズムに関しては，以下のように参照した。ディアスポラの概念や移民論については，一般理論[30]，ならびに沖縄に関するディアスポラの議論[31]を手がかりとした。また，マイノリティ論や人権に関する知見[32]，なかでも在日外国人関係の論述のほか，第Ⅰ部の事例として取り上げた川崎市，生野区，鈴鹿市の各種報告・計画類[33]を参考にした。さらに，ポストコロニアリズムの一般理論[34]，また沖縄に関するポストコロニアル批判[35]を主に参考にしている。

　しかし当然であるが，ディアスポラやポストコロニアルに関連する議論はほとんど社会学的な問題関心に基づいて論究されたものである。そこに端緒を開き，他のディシプリンによって問題性が告発されながらも，社会福祉学として射程にとらえてこなかった領域に福祉実践的視点をもちこむというのが，本研究の立ち位置となる。実践的な視点を得る上では，北米のソーシャルワークのマクロ・プラクティスやコミュニティワーク諸理論[36]，日本における多文化ソーシャルワーク論[37]，そして上述した国内の３事例などが大いに示唆的であった。

（２）事例研究

① Ｂ区をフィールドとする調査の概要

　事例研究においては，Ｂ区の沖縄人コミュニティにおける質的調査によるデータ収集と分析，同コミュニティに関する文献・資料の研究を行っている（加山 2005a，2006）。

　調査としては，筆者が2004，2005年度に現地に通ってフィールドワークを実施した際のテキスト・データを元に記述する。具体的にはアクション・リサーチ[38]を中心に，インタビュー，ヒアリング，参与観察などを適宜行った。問題のデリケートさ，根深さから，インフォーマントと一定期間をともに過ごし，なるべく近い目線をもてるよう，エスノグラフィックな研究手法を用いた[39]（調査，分析の内容については，巻末資料で詳述する）。

　フィールド参入[40]は，沖縄人コミュニティ側とマジョリティ側双方に行った。

17

前者には，当事者組織において「ボランティア」というポジションが与えられ，事務作業や日常の諸活動，行事の準備・運営などへの参加が認められた。後者には，区行政と区社会福祉協議会による地域福祉計画策定における「アドバイザー」としての契約がもちかけられ，参入することができた。無論どちらにも，調査設計の段階からアクション・リサーチとして現場の実践活動に協働的に関与しつつ，調査や提言を行うという同意に基づいている。

分析は，毎回の調査時にフィールドノーツに記録化したものをロー・データとし，一次コーディング（オープン・コーディング），二次コーディング（選択的コーディング）を行った[41]。また分析の客観性，妥当性の担保のためトライアンギュレーションを行った[43]。

文献・資料の研究については，調査地で入手したものをはじめ，琉球大学移民研究センター・同大学附属図書館に所収のものなどを参照した。分析視点としてとくに重視したのは，ソーシャル・エクスクルージョンの〈歴史性〉と〈相対性〉である。同様の視点を多くの論者がもつのであるが，問題がどのような経過で構築されてきたのか，そして「強者と弱者」という非対称な関係，「出身地と移住先地域」の相互作用などの政治的，経済的な文脈を紐解くことなしに排除を論じようとしても，表面的になってしまうからである。

なお倫理的配慮として，調査先との合意にしたがい，A市B区に関係する地名，団体名，個人（インフォーマント）名はアルファベット表記にしている。他の事例などにおいて地名や団体名，歴史上の人物名で匿名化していないものは，許可を得ているものと，出版物からの引用である。

② 事例研究に関する先行研究

事例に関係する文献を大別すると，次のように整理できる。第1は，沖縄県の政治・経済・戦争の歴史について記録されたもの[44]，第2は，沖縄の差別批判との関係で沖縄の移民・出稼ぎの経緯をとらえた知見[45]，第3は，沖縄から海外への移民とコミュニティ形成に関するもの[46]，第4は，国内への出稼ぎ，ならびに近年にいたるまでのコミュニティ形成について[47]，そして第5に，近年の地方分権改革を機に隆盛を見せる沖縄の自治の涵養・自治制に関する議論[48]。

これらはいずれも，実証的かつ資料価値に富む論考であるが，いうまでもなく社会福祉の視点で書かれたものではない。本書で述べるように，沖縄人の問題は，社会福祉援助として（もしくは人権問題として）解決すべき固有の問題

と，一般サービスに多文化的要素を盛り込むべき問題とで構成されているのだが，管見によるかぎり，それを研究した知見をこれまで見ることはできなかった。これを固有の研究課題とするのが本研究である。

なお，調査フィールドであるA市B区の地域福祉の展開については，歴史的にはA市社会福祉協議会の記念誌（40年史，50年史）や事業報告類，B区区史などを元に整理した。調査時点での活動状況は現地調査や諸資料（ホームページを含む）を通して情報を得た。

また，質的調査と分析の方法に関しては，エスノグラフィやフィールドワークの諸方法に関するもの[49]，アクション・リサーチの方法論[50]，分析法やトライアンギュレーションに関するもの[51]を手がかりとしている。

4. 本書の構成

以上に基づき，本書は序章，第Ⅰ部（理論編：第1章～第3章），第Ⅱ部（事例編：第4章～第8章），終章から構成している。各章の概要は以下のとおりである。

(1) 第Ⅰ部 理論編：文化的排除に対する援助のアプローチ

第1章においては，今日の社会福祉の課題としてクローズアップされている社会的孤立・排除をふまえ，地域課題として「普遍的」な問題への対応よりも「個別的」な問題を重視すべきこと，さらにはゴールとしてのソーシャル・インクルージョンやローカル・ガバナンス（参加と決定）を確認する。また，地域においてサブカルチャー（下位文化としてのマイノリティ）の拡大に比して，文化的排除への対応がなされていないことを指摘し，地域福祉の既存資源やサービス供給システムから問題設定することの限界を克服するため，「問題分析型」の研究アプローチを提起している。

第2章では，地域福祉におけるソーシャル・エクスクルージョンとは何かについて検討するとともに，文化的排除の定義を試みる。また，一見矛盾するようだが，今日志向される包摂概念やグローバリゼーションの進行などのインクルーシヴな概念自体が本質的に価値対立や排除性を含有しうるものであることから，あらかじめリスクを確認しておくことによって，これらの概念を無批

判に標榜することを回避することを企図している。

第3章は，そうした問題に対する社会福祉援助のあり方を検討する。日本における国際化・多文化化の現状をふまえ，多文化主義に依拠した援助（直接的・間接的なソーシャルワーク）の枠組みの提示と，それに対応する実践モデルとしての3つの事例を論究する。

(2) 第Ⅱ部 事例編：A市B区における沖縄人コミュニティの形成と排除

第Ⅱ部では沖縄人が移民として国内外に渡航し，定着する経過について，B区の事例を軸にして概ね時系列に説明する。前半（第4・5章）は一世世代，後半（第6・7・8章）は二世世代を中心に，それ以降の世代を含めて論じる。

第4章では，移民送出の主因である沖縄の経済的窮状を概説し，工場労働者たちを冷遇した「沖縄的労働市場」（冨山 1990）の形成，"寄る辺"としての思想的基盤（社会主義思想）の確立とそれに基づく同郷人結合のあらまし，さらには自ら同化を志向して沖縄人としてのアイデンティティと別離し，ホスト社会に適応しようとした様子を説明する。

それに続く第5章では，ブラジルやハワイなど国外への渡航，コミュニティ形成と国内のそれをマクロ・メゾ視点で説明するとともに，大阪での苦難に満ちた就労や生活の状況を，当事者による手記などの歴史的資料をもとにミクロ視点で紐解いていく。

第6章では，高度成長期までの二世たちの労働環境や彼らが新たなコミュニティ活動を開始するにいたった経緯を概説する。また，今日彼らが抱える地域生活上の問題が，ポストコロニアル状況下においてどのようにもたらされているかを考察する。

第7章は，今日のB区の文化的排除の問題性について，「B区地域福祉計画」の策定というガバナンス装置を通して指摘するもので，筆者が行った調査に基づいている。結論として，ジェフリー・C.アレクサンダー（Alexander 1996）による分析枠組みにしたがい，マイノリティ側，マジョリティ側双方がもつソーシャル・インクルージョンの13要因（推進要因・阻害要因）を抽出している。

第8章では，上の調査結果から，本書の観点から好ましいと思われるローカル・ガバナンスの実態が見られなかったことをふまえ，当為のガバナンス像

に向けた実践的示唆を導こうと試みる。本章においては，近年活発になっている「琉球の自治」論を切り口に，自治に向けた沖縄の取組みやB区の沖縄人コミュニティによる当事者運動を考察し，主体多元化や地域福祉計画のような分権システムとの交点を探求する。

なお終章では，第Ⅰ部において提示される理論枠組みによって第Ⅱ部の事例を分析した結果，導かれる実践課題について論じている。

◆ 注
1) 古川（2007: 3-4）は，生存，健康，生活，尊厳，つながり，シティズンシップ，環境が脅かされる（おそれのある）状態だと規定している。
2) 足立らは，日系人や沖縄人移民などを「ジャパニーズ・ディアスポラ」と規定する。足立編（2008）。また西・原らは「ディアスポラとしての沖縄」の諸相を多様な角度から記述している。西・原編（2003）。
3) Bhalla and Lapeyre（2004=2005），萩原（2005）。
4) Fraser and Honneth（2003=2012）。
5) 必ずしも数量的な多寡ではなく，政治的・権力的に優勢（ドミナント）かどうかで関係が規定されることが指摘されている（第2章参照）。
6) 上田編（2000）が設定する「国際化のなかの人権問題」は，難民，アイヌ，<u>沖縄</u>，外国人（新来・定住），同和問題，障害者，高齢者，女性，子ども，性，エイズ，受刑者など（下線筆者）。また，アファーマティブ・アクションにおいても沖縄を含む例は見ることができる。朝日新聞は，四国学院大学の「アファーマティブ・アクション入試」を取り上げている。同大学の「特別推薦入試」では，身体障害者，被差別部落出身者，在日コリアン，沖縄出身者，アイヌなどの優先枠が設けられている（朝日新聞2013年1月28日朝刊）。
7) 関連文献は多数あるが，理論的基盤を与えるものとしてSaid（1993b=2001），沖縄人自らによるポストコロニアル批判として野村編（2007）を例示しておく。詳細は第2章を参照のこと。
8) 震災から約1年後の複数の自治体による調査は，約4割の避難者が地元への帰還を断念し，避難先への定住を希望することを伝えている。東京都による都内避難者への調査では37.2%が都内定住を希望，福島県大熊町の調査では約40%が戻らないと回答した（前者は東京都総務局復興支援対策部2012，後者は朝日新聞2012年7月3日朝刊）。
9) 苦しい状況下において，さらに風評被害をはじめとする問題が追い討ちをかける。避難先地域においても，避難者の子どもが悪質ないじめを受けたり（避難先の学校で福島出身の児童が「放射能」と呼ばれるなどの問題が起きている），福島ナンバーの車に傷がつけられるなど陰湿な仕打ちを受けている。
10) 朝日新聞はこの問題について，「東北を『植民地化』するな」と題した東北復興取材センター長の論説を発表している。「植民地」だとする根拠について，①原発被災地が切り捨てられていること，②過疎地だからこそ期待される「創造的復興」が進行しないこと，③プレハブ仮設住民が約10万人いることがニュースにならないこと（風化）が挙げられた（朝日新聞2014年3月11日朝刊）。

11) 日本語では「社会関係資本」などと呼ばれている。社会における人間関係のネットワークに内在する力を資本ととらえ，(個人資産ではなく) 社会で共有されるものとする概念である。
12) 川島 (2011: 52-53) は，パットナムやフクヤマなどの立場を「信頼概念研究」と，またアメリカのビジネス・スクールを舞台とするグラノヴェター，リン，ベイカーなどの立場を「戦略的経営論」だとしている。
13) 姜編 (2001: 174)，足立編 (2008: 16-17)，Caliendo and McIlwain eds. (2011: 130-131)。
14) Elliot ed. (2010: 143-144)，足立編 (2008)，Ryang (2005)。
15) Ryang (2005: 15)。
16) Loomba (2005: 13), Caliendo and McIlwain eds. (2011: 194-195)。
17) 野口 (2008: 23-24)。
18) 柴田 (2011: 368-369)。
19) 岡村 (1974)，牧里 (1983, 1984a, 1984b)，高田 (2003a)，古川 (2007, 2012)，野口 (2008) など。
20) 右田編 (1993: 14)。
21) 右田編 (1993)，右田 (2005)，高田 (2003b)，武川 (2006)，平野 (2008)，野口 (2008) など。
22) 右田編 (1993: 15)。
23) Burchardt et al. (2002a, 2002b)，阿部 (2002)，萩原 (2005)，岩田 (2008)。
24) Memmi (1994=1996), Russell (1995), 福原編 (2007), Centeno (2010), Marron et al. (2011), Caliendo and McIlwain eds. (2011)。
25) Burchardt et al. (2002a, 2002b)，岩田 (2008), Bhalla and Lapeyre (2004 =2005)，福原編 (2007)。
26) Fraser and Honneth (2003)，古川 (2005, 2007, 2012)，福原編 (2007)，岩田 (2008)。
27) 我妻・米山 (1967)，マーフィー重松 (1994)，小熊 (1995)。
28) 日本ソーシャル・インクルージョン推進会議編 (2007)，園田・西村編 (2008) など。
29) 鄭 (1996)，野口・柏木編 (2003)，カナダソーシャルワーカー協会編 (2003)，秋葉 (2005)，日本ソーシャル・インクルージョン推進会議編 (2007) など。
30) 足立編 (2008), Castles and Miller (1993=1996), Local Government Association (2007), Ryang (2005)，徐 (2012) など。
31) 西・原編 (2003)，足立編 (2008)。
32) Alexander (1996)，今野 (2002)，田嶋 (2003)，上田編 (2000) など。
33) 星野 (2005)，岩村 (1972)，田中 (1995)，二階堂 (2007)。
34) Said (1993a, 1993b), Elliot ed. (2010)，姜編 (2001), Loomba (2005) など。
35) 森口 (1987)，野村 (2005a, 2005b)，野村編 (2007)，知念 (2005) など。
36) 主に次の文献を中心とした。Ross and Lappin (1967)，高森ほか (1989)，上野谷 (1990), Netting et al. (1998)，山口 (2010), Burghardt (2011)。
37) 主なものは次のとおり。石河 (2003, 2012), Thompson (2010)，日本社会福祉士会編 (2012)。
38) 主に参考にしたのは次のとおり。Richards and Lockhart (1994), Wallace

(1998), Burns (1999), 佐野 (2000), 中谷 (2001)。
39) Jackson (1987) は, フィールドワークにおいて一定期間を調査者がメンバーとともに過ごし, ラポールを築いた上で, 互恵の関係を構築することでデータ収集が可能になることを示している。
40) 主に参考にしたのは, 佐藤 (2002)。
41) 佐藤 (2002), Emerson et al. (1995=1998), Flick (1995=2002), 佐野 (2000) などを参照した。
42) Emerson et al. (1995=1998), Flick (1995=2002) などを参照。
43) Flick (1995=2002)。
44) 宮城 (1968), 新里・大城 (1972), 新里ほか (1972), 新田ほか (1994)。
45) 比嘉ほか (1963), 日本民芸協会編 (1972), 島袋 (2003), 演劇「人類館」上演を実現させたい会編 (2005), 猿田 (2007) など。
46) 比嘉編 (1974), 金城ほか編 (1980), 石川 (1994, 1997), 具志堅 (1998), 名護市史編さん委員会編 (2008) など。
47) 細井 (1925), 平良 (1971), 横山 1985〔原著は 1949〕), 谷 (1989), 冨山 (1990), 仲村 (1997), 産経新聞大阪本社人権問題取材班編 (1998), 村上 (1999), 金城正樹 (2001, 2007), 原尻 (2003), 金城馨 (2003, 2010), 北谷町史編集委員会編 (2006) など。
48) 金城実 (2003), 琉球自治州の会 (2005), 松島 (2006d), 宮里ほか編 (2009), 若林 (2009), 大田ほか (2013)。
49) 佐藤 (1992, 2002), Emerson et al. (1995=1998), 好井・桜井編 (2000), 小田 (2010), Flick (1995=2002), Merriam (1998=2004)。
50) Richards and Lockhart (1996), Wallace (1998), Burns (1999), 佐野 (2000), 矢守 (2010)。
51) Flick (1995=2002) など。

第Ⅰ部

《理 論 編》

文化的排除に対する
援助のアプローチ

第1章

地域福祉研究における問題分析型立論
ソーシャル・インクルージョン志向の視座

社会福祉基礎構造改革期以降の地域福祉は，武川正吾（2006）によれば2つの方向への「拡張」が見られるとされる。第1の拡張は自治型地域福祉の概念の上に展開するもので，第2の拡張は契約時代における利用者の主体性やエンパワメント（主体化）に関するものだというのが，ここでの議論である。しかし，近年の社会的孤立・排除などの問題群をめぐる状況の難しさを考えるとき，2つの拡張は，ともに限界性を含んでいることにも注意を払わなければならない。すなわち，前者ではたとえば活動者層が固定化・高年齢化し，また自治体の財政も疲弊する中で，「新たな貧困」や「関係性の欠如」などと称される今日的な問題の把握や対応が困難になりつつある。後者ではセーフティ・ネットの目から漏れ落ち，個人レベルに埋没した人びとの問題が未発見，未着手になりがちである。現時点までに地域ごとに築き上げてきた地域福祉の枠組みをさらに広げていかなければ，こうした状況への対応は早晩，大きな壁を迎えることになろう。

地域福祉が対象としてとらえてきた問題の性質としては，大別すると，住民全般に共通する問題と特定の要援護者が個別的にもつ問題とがあるが，とりわけ丁寧に向き合うべきは後者だといわれる（岡村1974，高田2003a）。今日，住民の間に個人主義や新自由主義的な価値形成が進む中で懸念されることは，孤立・排除に直面する社会的弱者の個別的なニーズに周囲からの関心が向けられないまま，あるいは自ら声を上げることができないまま，かき消されてしまうことである。今改めて，個別的に状況をつかむ視点を地域の隅々にまで向ける必要性が高まってきているのではないだろうか。

その一つとして，外国籍住民や沖縄からの本土移住者などのように，エスニシティに関わる固有の状況をもつ集団が直面する排除の問題がある。このような集団は，周囲のマジョリティ（多数者）との間で関係性が構築されていないとか，されていたとしても対等でない，あるいは抑圧を受けるといった問題が起きている。ことに在関西の沖縄人コミュニティの場合は，外国人と違って社会的諸権利の行使において何らの不利がないため，マジョリティ側の行政や住民から「移民時代の就職差別はともかく，現代では何の問題もない」と認識されている。しかし当の沖縄人はそのようなマジョリティの認識に対して一貫して否定しつづけているのであり，本書で明らかにされるように，両者の主張する内容には大きな隔たりがある。いきおい，A市B区において見られるように，沖縄人は自己のコミュニティを組織して対抗せざるをえないのであるが，地域福祉の立場として，当区の固有の状況を実践や研究の対象として把握してこなかったこと，あるいは沖縄人の当事者組織やネットワークを解決資源ととらえてこなかったことの問題性は小さくない。

　第Ⅰ部では，このような背景から，ソーシャル・インクルージョン（社会的包摂）を標榜する地域福祉の援助のありようを提起することを目的とする。具体的には，事例であるB区の沖縄人が直面しているような地域の福祉課題を分析するための理論枠組みを検討する。本章ではまず，社会・経済情勢の変化を受けて浮上するソーシャル・エクスクルージョン（社会的排除）を取り上げ，これまで研究蓄積の進んでいない文化の否定（アイデンティティの承認拒否）や関係性の欠如という側面について「文化的排除」という概念を用いて検討する。さらに，その側面を対象視するために「問題分析型アプローチ」という研究手法の提起を試みる。続く第2章では，ソーシャル・エクスクルージョンを地域福祉の立場でどう概念的にとらえるべきか，文化的排除を中心に論じる。第3章では，エスニシティをめぐる排除の克服に向け，多文化主義（multiculturalism）に基づくソーシャルワーク実践について検討する。それにあたっては，先進的な取組みを行う社会福祉法人や自治体，社会福祉協議会（以下，社協）の事例を分析し，推進要因や課題を導出する。

1. 社会福祉の対象としての社会的孤立・排除

(1) 生活リスクの多様化

　既存の社会福祉制度体系ではカバーしきれない問題群を「新たな貧困」とし，社会福祉の対象としてとらえるよう提起したのは，厚生省（当時）社会・援護局の『「社会的な援護を要する人々に対する社会福祉のあり方に関する検討会」報告書』であった。改正社会福祉法が成立した2000年のことである。報告書では，「心身の障害・不安」「社会的排除や摩擦」「社会的孤立や孤独」といった新たな問題の発生やその重複化・複合化をふまえて，「今日的な『つながり』の再構築」に向けた複眼的な取組みがゴールとして設定されたのであったが，フランスやイギリスに倣って日本でもソーシャル・インクルージョンを政策的なメルクマールとした点で，社会福祉改革の一つの着地点を示す報告となった。

　2008年の厚生労働省による『「これからの地域福祉のあり方に関する研究会」報告書』においては，ニーズの多様化に伴い，「制度の谷間」にあって，あるいはニーズが複合的であって公的サービスの届かない問題，そして社会的排除が地域で発生していることが指摘された。具体的には，孤独死のように身近にいる人でなければ発見の難しい問題，日常の軽微な手助けなど制度外のニーズの不充足，ホームレス，外国人，刑務所出所者などの社会的排除を受けやすい人びと，低所得者などの事象が地域福祉の問題だとされている。また，地域を単位とする「新たな支え合い」（共助）として，ボランティア，NPOや住民団体などの民間団体が，市場，行政セクターとの連携をこれまで以上に強めていく必要性が示された。

　こうした問題について，野口定久（2008: 23-24）は，バブル崩壊後の長期不況，地域経済衰退化やグローバリゼーションを境として今日の多様な福祉問題が惹起していることを指摘する。そして現代のコミュニティが抱える福祉問題として，①家族の変化（単身家族・高齢者世帯の増加，共働き世帯の一般化に伴う介護や子育て・保育ニーズの多様化），②児童発達をめぐる問題（少年非行の粗暴化・凶悪化，児童虐待，子どものアイデンティティ形成の問題），③差別・排除や異文化の問題（在日外国人の居住権に関する「もう一つの国際化」，障害者問題，ホームレスなど貧困や人権の問題），④災害被災者問題（国際的な環境問題，中山

間地域の自然破壊とも関連する）を，野口は挙げるのである。

　いうまでもなく，このような「地域福祉の対象」は不変のものではなく，時代に合わせ，経済や政治のマクロな情勢に呼応して問題設定がなされてきた。野口の論考にしたがえば，一連のコミュニティ行政による「定住構想」が提唱された「1970年代」，在宅福祉やノーマライゼーションが推進された「1980年代」，分権・自治が重んじられ，NPO法が制定された「1990年代」という区分においても，それぞれの年代を背負って登場した地域福祉論の理論化過程には明確な特徴が表れている（野口 2008: 49）。1970年代に生成されたのは「コミュニティ重視志向」（主唱者：岡村重夫，阿部志郎），ならびに「政策制度志向」（右田紀久惠，井岡勉，真田是）の地域福祉論である。1980年代を代表するものは「在宅福祉志向」（永田幹夫，三浦文夫），「住民の主体形成と参加志向」（大橋謙策，渡辺武男）の地域福祉論，そして1990年代は「自治型地域福祉論」（右田紀久惠）とされる。

　2000年代以降の地域福祉論も，やはりこの延長線上に位置づけられるべきであろう。高齢社会化に伴うさまざまな生活リスクを筆頭に，地方の衰退，都市のストレス社会化・無縁社会化，失業や低所得の保障，孤立化・排除される人びとの擁護，少年犯罪・非行の防止，災害の被災者や犯罪被害者の生活権保持など，日本全体を襲う逼迫した状況に向きあい，ことに地域生活上の問題群を克服する理論として成熟させることが要請される。したがって，今までの理論をベースに，今日の問題に対抗する地域福祉論をここでは仮に「ソーシャル・インクルージョン志向の地域福祉論」と呼ぶことにしたい。その証左としては，NPOやコミュニティ・ビジネスなど公共領域の新たな主体の飛躍，地域を基盤とする公私のネットワークを柔軟に駆使して個別的な問題に対処し当事者を支援するコミュニティ・ソーシャルワークの方法論の開発，地域包括支援センターを代表とするソーシャルワーク拠点の整備，権利擁護システムを担保とする利用者主体の制度化，そしてそれらを対象とする実証的な研究の動向に，旗手の足取りをすでに見ることができ，これらが作用し合うことでソーシャル・インクルージョンを推進できると考えるからである。依然として地域福祉論の行く末ははっきりとしないが，大きなベクトルとしてソーシャル・インクルージョンを標榜することは了解されたととらえて差し支えないだろう。

(2) 地域福祉と生活問題

　地域福祉の概念化が進む1970年代までは，社会事業家による慈善事業やCOS (charity organization society)，セツルメント運動，社協による地域組織化活動などを中心として実践が展開される時代であった。すなわち，福祉施設建設を大きな柱としつつも，傍流では地域課題への対策が重要課題であって，地域福祉に連なる系譜として継承・発展の道を辿っていく。この時期のことを，牧里毎治（1983: 362-363）は次のように記している。「戦後から1950年代末までにかけては，地域福祉といっても，そこでの地域とはスラムや未解放部落などでのセツルメント運動，隣保館活動が中心であったというべきであろう」「一般的に地域福祉が意識されたのではなく，貧困地域への総合的対策として地域福祉が考えられていたと思われるのである」。ところが地域開発政策が進み，日本が高度経済成長を遂げるにしたがい，人口の都市集中および流動化，核家族化と生活様式の都市化など急激な社会変動が公害問題，交通災害や各種の地域問題を表出させ，在宅福祉ニーズの拡大やコミュニティ・ケアへの要請と相俟って，今日の地域福祉の輪郭が徐々にはっきりとしたものになっていくのである。

　このように，いつの時代でも地域福祉の中心にあり，地域福祉を存立させているのは生活問題の当事者にほかならない。その「生活問題」は，高田眞治（2003a: 71-72）の類型によれば，ハードな側面のもの（物理的・制度的な面や自然環境・生活環境など）とソフトな側面のもの（地域住民の社会意識や人間関係など），そして地域共通の問題（住民全体に共通して起こる問題）と個別的な問題（高齢者，児童，障害者など社会的に弱い存在の人に起こる問題）とに整理できる（図1-1）。新自由主義的な行政対応においては，ともすれば「公平性」（ここでは，機会の公平性を指す）を根拠として，住民に共通の普遍的な地域課題が優先されやすいが，優先的に権利保障をされるべきなのはむしろ不利益を受けがちな生活弱者である（結果の公平性），という示唆を我々はここから得る必要があるだろう。岡村重夫（1974: 9）が，（福祉国家において）めざすべき「福祉」の意味について，「万人に共通する平等の権利というだけでは，まだ『福祉』にはならない」「真の『福祉』であるためには，個人の主体的にしてかつ個別的な要求（needs）が充足されなくてはならない」と論ずるとおり，地域

図1-1　生活問題の類型

```
                物理的・制度的背景
                    (ハード)
                問
                題
  地域福祉問題    の        地域社会問題
                背
                景
                         問題の領域
個別問題 ─────────────┼───────────── 共通問題

  コミュニティ不在         福 祉 文 化

                心理的・共同的背景
                    (ソフト)
```

(出典)　高田（2003a: 72）。

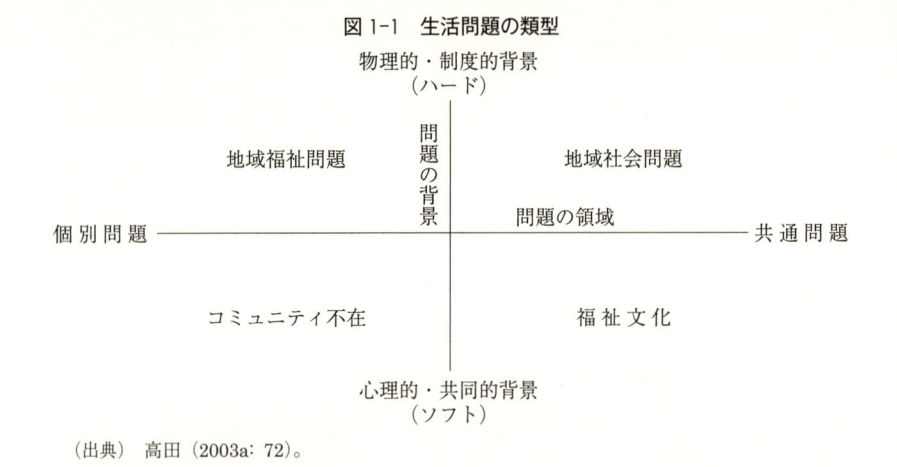

福祉はこの視点に立脚しなければならない。

　今日，ソーシャル・インクルージョンの必要が浮上する理由には，その対極にあまりにも膨大で多面的なソーシャル・エクスクルージョンの脅威があることはいうまでもない。例外なく，排除される対象は障害者，外国人，ホームレス，ひきこもりやニートなどのようなマイノリティ（少数者）である。そして，マイノリティはいかなる場合もマジョリティとの相対的な権力関係において不利な立場に置かれる存在である。地域福祉が地域生活上の普遍的（共通）課題への対応に着手するのは当然の使命だとしても，だからといって「多数者のための地域福祉」に陥ってしまっては本末転倒であり，つまり少数者の個別的なニーズがかき消されるような状況を許しては，地域福祉が社会からの負託に応えることを自ら放棄するに等しいのではないか。

(3) 今日的問題群への対抗理論：ガバナンスとインクルージョン

　ところで，岡村理論における人間観には，基本的要求をもつと同時に，主体性を発揮する存在としての視座がある。そのためには，援助を要する人が社会福祉の制度・施策の立案・実施・運営の決定過程に参加し，自らの意思を反映できることが要件になる[1]。岡村は次のように述べている。「個別的処遇，すなわち援助の対象者のもつ主体的要求と個別的条件に即した取扱いは，いかにして可能であるか。（中略）援助の対象者を援助の過程に参加させることによっ

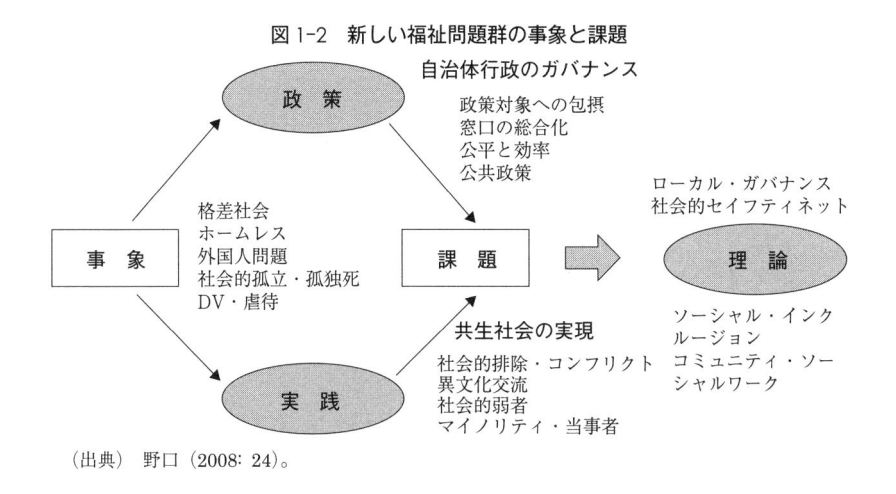

図 1-2 新しい福祉問題群の事象と課題

```
                    自治体行政のガバナンス
         政 策      政策対象への包摂
                   窓口の総合化
                   公平と効率
                   公共政策
                                        ローカル・ガバナンス
         格差社会                        社会的セイフティネット
         ホームレス
事 象    外国人問題   課 題  ⇒   理 論
         社会的孤立・孤独死
         DV・虐待                       ソーシャル・インク
                   共生社会の実現          ルージョン
                                        コミュニティ・ソー
         実 践     社会的排除・コンフリクト   シャルワーク
                   異文化交流
                   社会的弱者
                   マイノリティ・当事者
```

（出典）野口（2008: 24）。

て，対象者の個別的要求に即する援助が可能となるといわねばならない」「援助対象者の参加，すなわち主体性の援助を含まない社会福祉的援助はありえないといわねばならない」。さらにこの議論は，対象を地域レベルに引き上げたときにも同様に保障されることが求められる。「『地域社会』といわれるものは，単なる行政区画としての地域ではなく，住民の全員参加を可能にし，住民生活の主体性が尊重されるような条件をそなえた地域社会でなくてはならない」。なぜなら，「社会福祉はその本質上，住民ないし援助対象者と同じ立場に立つものであるから，住民参加を援助するのに最もふさわしい地位にある。そして真に民主的な住民参加を可能にする地域社会こそ，社会福祉の最大の関心事である」（岡村 1974: 9-11）からである。

この〈参加〉と〈決定〉の理論を今日の文脈で読み解き，これから地域福祉がどのような方向へ舵を切っていくべきかを模索する上で，野口による図1-2が示唆的である。すなわち，今日的な問題事象に対して政策・実践レベルでの課題を導出し，向かう先に当為概念としての「ローカル・ガバナンス」や「ソーシャル・インクルージョン」が，またその方法としての「社会的セイフティネット」（政策）と「コミュニティ・ソーシャルワーク」（実践）が，それぞれ位置づけられるというものである。

2. サブ・カルチャーと地域福祉

(1)「2つの拡張」の限界性

　戦後の地域福祉論は，日本固有の地域の成り立ちに沿って独自に生成されてきたのであるが，それと同時に，コミュニティ・オーガニゼーション，コミュニティ・ケアという概念の移入によって，「地域組織化」「在宅福祉」という2つを混合させながら理論化が図られてきた。冒頭の武川の議論では，右田紀久惠（右田編 1993，右田 2005）による「自治型地域福祉」の提唱を境に，それ以前の「初期の地域福祉概念」からの2方向への展開があったことが述べられている。その第1は，右田の「自治型地域福祉」による拡張である。地方自治と地域福祉の不可分性を前提に，単に自治体による施策としてでなく，住民運動や住民参加型福祉を含みつつ内発的に運営される地域福祉を概念化するのがこれである。第2は，「利用者主体性」による拡張である。これは，介護保険制度下での準市場の採用に代表されるように，社会福祉基礎構造改革におけるコンシューマリズム（消費者重視）の導入による「契約主体」という側面と，消費者としての主権を発揮しえない人びとに対する担保としての「エンパワメント（主体化）」という2側面がここには含められる。

　ソーシャル・エクスクルージョンの問題に対峙するとき，地域福祉研究の蓄積が，どこまで実践的な応答をしえたかについての検証は十分とはいえないのではないか。孤立化・排除される当事者の問題の解消・解決が質量ともに緊急性を増す傍らで，皮肉にも人員不足（活動者・後継者不足），資金不足（行政からの補助金や住民からの資金拠出の縮小など），情報不足（個人情報保護による情報共有の壁など）といった，地域福祉実践の阻害要因はむしろ拡大している。

　とりわけ，日本に在住する外国人や日系人，沖縄からの本土移住者などは，一般住民にとっての普遍的ニーズとは質的に異なる，彼らのエスニシティに由来するニーズを独自に有しているため，サブ・カルチャー（下位文化）として位置づけて考える必要があるのではないか。社会学的にはクロード・S. フィッシャーの下位文化理論やバリー・ウェルマンによる「コミュニティ喪失論・存続論・解放論」が知られている。移民コミュニティのような質的に異なる要素をもつ集団間の相互作用が「都市」のありようを規定する（コミュニティの

存亡さえ左右しうる)とする説である(松本 1999)。

　在留資格や人権施策などの政策的な側面だけではなく，地域レベルで日常的に生じる問題，とくにマジョリティとの関係性における隔絶が見られること，そして文化的な側面において排除があること(自らのアイデンティティが承認されずにいやがらせを受ける，差別の対象となるため文化の表出が制限されるなど)は，外国籍住民や沖縄人移住者コミュニティを対象として行った筆者の研究でも確認されている(加山 2005a, 2006, 2007, 2008, 2009)。しかしながら，これまでの地域福祉のメタ理論[2]，あるいは社会福祉におけるソーシャル・インクルージョンの知見において，これらについてはほとんど触れられていないか，問題群の一つとして列挙されるにとどまっており，十分なパースペクティヴをもちあわせてこなかったといわざるをえない。実践的な枠組みの開発は急務といえよう。

(2) 沖縄人のポストコロニアリズムと「文化的排除」

　本土に移住した沖縄人をめぐる現在のポストコロニアル状況[3]に関しては，同じ移民でも外国人や日系人と問題の質が共通する面，異なる面の両方がある。異なる面の一つは，沖縄県(県民)全体がマジョリティ(日本政府・国民)との関係において直面する問題とオーバーラップしていることである。「日本人」(周囲のマジョリティに対し，沖縄人はこの呼称を使う)からの途切れることのない抑圧に対して沖縄人が批判を表明しつづけたのに対し，「日本人」がそれをまったく意に介さないという構図に，文化の本質を否定する態度や関係性の欠如(表面的で都合のよい付き合い方しか求めない関係)などの問題性が凝縮している。

　沖縄人の向ける批判の矛先は，「沖縄人は日本人だ」という発言に内在する「日本人」のロジックであり，これは当事者にとって支配的なニュアンスを感じずにはいられないものである。現実としては，虐げられてきた歴史，現代の基地問題，経済格差など，彼らにとってはとうてい容認できないものばかりであり，「他の 46 都道府県民と同じだというのなら，なぜ等分負担しようとしないのか」という怒りが滲んでいる。よく「日本人」は，「パスポート時代の話でもあるまいし」といって受け流すが，当事者にとってみれば，国家レベルでも地域レベルでも，常に体制サイドにある者が主導権を握り，沖縄人にセル

フ・コントロールすることを許さずにきたということであり，「琉球処分」から不変の構図なのである。ある地域をいったん植民地化すると，植民地政策そのものが失効したとしても，いつまでも宗主国側の優位性だけが残ってしまう。「ポストコロニアリズム」という批判理論がターゲットにするのは，そうした権力関係の歪みである。通常，支配側は快適な地位や利得に慣れ，客観性を鈍らせてしまうため，被支配側が延々と異議を唱えざるをえないのである。

　在関西の沖縄人コミュニティはこうした問題の縮図であって，「同じ日本人であり，制度上も同条件なので対策にはおよばない」という考えにマジョリティ側は疑念を抱かない。しかし沖縄人たちが訴えているのは制度的な便宜ではなく，今も自分たちへの差別行動や劣等視が地域に根づいていることであって，双方の立場には大きな隔たりがある。持っている住民票は「日本人」と同じはずなのに，互いの間には冷ややかな関係性があるのである。今日一般的に用いられるソーシャル・エクスクルージョンの概念では，このような状況を射程にとらえきれていないのではないか。

　今一度，この構図を整理しておきたい。たしかに現在の関西の沖縄人は，数十年前までとは異なり，就労をはじめとする社会的な諸権利へのアクセシビリティを剥奪されることは皆無に等しい。この点が在住外国人との歴然とした差異であり，マジョリティが「沖縄出身であることに関わる問題はない」とする論拠である。しかし，沖縄人はこの点ではなく，マジョリティが自分たちの背負わされているものにまったく目を向けず，時には上辺だけの「沖縄贔屓」を語って近づき，問題をなきがごときものにしてしまうことを非難する。

　従来の福祉国家の枠組みではこの状況をターゲットとすることは困難であろうが，ここで「文化的排除」という分析概念を提示し，それを通して問題をとらえることを試みたい。文化的排除というのは（次章で詳しく取り上げるが），その集団のアイデンティティの承認を拒否し，文化を抑制することを指しているのだが，それに付随してマジョリティとの対等な関係性が構築されないこと（欠如しているか，非対称な権力関係でしかない）も問題視するものと，暫定的にとらえておきたい。タニア・バーカードら（Burchardt et al. 2002b: 34）はソーシャル・エクスクルージョンの次元の一つとして「社会的相互作用」（social interaction）を挙げている（第2章を参照）のだが，ここでいう文化的排除と共通する考えであろう。

福祉実践において，既存の社会制度やサービス供給システム，資源のみを前提とするとこうした問題を見逃してしまうのであり，当該地域のサブ・カルチャーおよび問題性を中心に据えて援助のあり方を模索することが必要である。

3. 問題分析を中心とする立論

(1) 立論の根拠

文化的排除に軸足をおいて解決への手立てを検討するのであれば，「どのような問題が事象化しているのか」「問題を構成する背景に何があるか」といった各要素を当事者の立場で理解することがまずは重要になる。したがって，問題分析型の立論，すなわち，既存の枠組みで認識されないようなものも含めて，問題や当事者の状況に焦点化することからスタートする議論が必要であろう。

このような問題設定から援助へと展開させる実践的な理論は，アメリカのソーシャルワーク研究におけるマクロ・プラクティスの領域における知見が示唆的である。たとえばエレン・ネッティングら（Netting et al. 1998: 68-100）は，「問題やターゲットとなる住民に対する理解」として一連の枠組みを提示している。また，スティーヴ・バーグハード（Burghardt 2011: 97-132）の所説，「コミュニティで生じるイシューのフレーミング」もまた実践的示唆に富んでいる。これらをここで参照しておきたい。

① ネッティングらの議論

論者による関心は，「コミュニティや組織に対するマクロ・レベルの介入は，問題を特定することから始まる[4]」という記述に集約されている。問題の指摘と解決方法の提示に向けて6つのタスクが指摘されているのであるが，概ね次のようなものである。(i)コミュニティ（組織）の状態の特定，(ii)状態，問題，機会を把握するための資料や情報の入手，(iii)役立つデータの収集（公的なセンサスやレポートなど），(iv)問題発生に関わる経緯や出来事などの歴史の特定，(v)問題解決の障壁となるものの特定，(vi)地域の状態が問題と断定できるかどうかの判断を下す，というものである。

なお，ここでの問題認識は，先述した高田による〈共通問題－個別問題〉の分析枠組みと同様に〈ジェネラル－スペシフィック〉で検討される。図1-3は，その例として示されたものである。

図1-3 問題の状態に関するステートメントの例

ジェネラル（普遍的問題）

　　　　ティーンエージャーの自殺の増加

　　　　プレストンカントリーのティーンエージャーの自殺の増加

　　　　プレストンカントリーの低所得世帯におけるティーンエージャーの自殺の増加

　　　　プレストンカントリー，とくにワシントンとリンカーンハイスクール校区の低所得世帯におけるティーンエージャーの自殺の増加

スペシフィック（個別的問題）

（出典）　Netting et al.（1998: 75）.

② バーグハードの議論

　ここでは，マクロ・プラクティスにおける「コミュニティで生じるイシューのフレーミング」として，次のような問題ケースへの介入のチャートが提示される。

□問題の定義：

①コミュニティ・アセスメントを通して社会問題を定義する → ②問題を分類し，実践可能なイシューへと置き換える（具体化・特定化・行動）

□関係する人びととの協働：

①問題の特定→具体的なタスクの検討（タスクa，タスクb，タスクc）→ ②取組みのプロセスにおいて，人びととどれだけ協働できるか？→ ③どのようにすれば関係性を向上させ，よい支援にすることができるか？

□行動に移す：

①解決すべきイシューをアセスメントし，「好ましい行動」「好ましくない行動」に分類する → ②「好ましくない行動」に対し，自分にできること・他者の力を借りてできることを通し，改善につなげる

　この議論では，地域で起きる問題にプライオリティを与え，現実的な課題へと置き換えていくプロセスが示されており（この流れは，野口による図1-2の議論にも見られた），その過程でより多くのアクターとの密な協働や，好ましい状態・好ましくない状態の双方について吟味することの有用性が示唆されている。

バーグハードはまた，地域における問題や解決方法，戦略的目標を分析するための「コミュニティ・ツールボックス」として7点，つまり(ⅰ)問題解決方法の紹介，(ⅱ)批判的な思考，(ⅲ)問題を定義し分析する，(ⅳ)問題の根本を分析する（"But Why?"テクニック），(ⅴ)保健や（社会）開発に関して決定されたことを広く知らせる，(ⅵ)解決方法を挙げ，選択する，(ⅶ)選択された解決方法を実践する，を挙げて実践に移す手段を提示する。

③ 文化的排除への援用

上の2つの議論に共通していたのは，問題を分析し，枠組みを与えるところから実践をデザインするところである。このように問題から出発する場合，「当事者からの求め」に応じてアクターや方法を動員することに比重が置かれることになるため，政策や支援体制から対象規定する場合と比べて，資源の調達においても自ずとより広い視点でリクルートすることにつながるであろう[5]。また当事者にとってのアウトカム（援助効果）の測定への比重を高めることにもなる。サービス供給システムを分析するタイプの研究手法とはいわば逆方向の立論であり，（社会福祉が本来的に問題解決を目的としていることからすれば）語義矛盾的でもあるのだが，あえてこれを強調するのは，既成のシステムから問題を規定することの限界性を克服するねらいがある。

近年，地域を基盤とするソーシャルワーク（コミュニティ・ソーシャルワーク）が強調される背景には，制度外，あるいは複数の制度にまたがるような問題状況に対して，ソーシャル・サポート・ネットワークによってメゾ・レベルで支援する必要性が高まっていることがあったのだが，もしそれが既存の主体や方法のみを前提とする実践なのであれば，「従来のフレームではとらえにくい問題」を援助者がアセスメントの段階で見逃し，放置してしまいかねない。すなわち，認知する対象範囲や解決資源が限定的になることが危惧されるのであり，そのリスクを払拭する必要がある。

(2) 問題分析型立論の特徴

このように問題のフレーミングを優先させることのねらいは，既存のサービス供給システムを基盤としつつも，それまでつながりの弱かった主体や方法の発掘・開発につなげやすいという実践上の利点にあるのであり，それを通じて対象に漏れのない利用者主体（武川による第2の拡張）となることを企図して

表1-1　問題分析型立論の要件

要　件	備　考
①問題の当事者*に対する調査や意見聴取を行い，問題状況を把握すること	*現行制度のサービス利用者，または制度外であってもニーズをもつ人びとなど
②問題構造*を解明し，それに対応する対策を練ること	*経済・社会・文化的構造や歴史的・政治的背景と孤立化・排除の因果，地域性，権力構造など
③問題当事者（当該集団または地域）が有するストレングスに着目し*，それに見合う解決資源・システムを組み立てること	*当事者，支援者の参加と意思決定を担保すること
④資源開発・調達において，既存の枠を発展させる要素*があること	*NPO，地元大学，地元企業・商店街などとの連携など
⑤アウトカム（援助効果）としての問題解決の程度や当事者自身の満足度*を評価すること	*当事者参加による評価など

いる。

　ここまで検討したことをふまえ，この立論をより明確に特徴づけ，実効性のあるアプローチとするため，次の5点を要件として仮説的に挙げておく。①支援の届いていないものも含め，問題の当事者に対する調査や意見聴取を行い，問題状況を把握すること，②問題の構造を解明し，それに対応する対策を練ること，③問題当事者（当該集団または地域）が有するストレングスに着目し，それに見合う解決資源・システムを組み立てること，④資源開発・調達において，既存の枠を発展させる要素があること，⑤アウトカム（援助効果）としての問題解決の程度や当事者の満足度を評価すること（表1-1）。

　ただし，アウトカムの評価といっても即時的なものから中長期的なもの（年度単位で考えるべきものなど）まで，また定量的なものも定性的なものも，広くとらえる必要がある。いわゆるコミュニティワークの3つのゴール（タスク・ゴール，プロセス・ゴール，リレーションシップ・ゴール）が基本的な評価視点となるだろう[6]。

4.　小　括

　本章での検討を通じて，文化的な側面にまつわる排除は，参政権や就労などの問題（政治・経済的排除）に結びつきうること以外にも，関係性の欠如の誘因となりうることが導かれた。このような問題が近年深刻化しているのだが，

これは戦後の福祉国家モデルでは想定しないニーズの増幅の現れであり，また貧困問題に対する政策化を軸とした近年のソーシャル・エクスクルージョンの概念でもとらえきれない性質のものでもあり，それゆえに問題認識の枠を広げていかないかぎり，対応が困難だということも，明らかとなった。

このような状況に対する分析概念として，本章では「文化的排除」という概念を規定し，さらにそれを研究対象として実践的示唆を導くために問題分析型の研究アプローチを提示した。こうした問題に対する実践的な枠組みを確立させることがそのねらいである。

問題分析型研究アプローチは，「どのような問題があるか，当事者にとって何が問題なのかの解明」に軸足をおいて立論するものであり，社会福祉研究としての原点に立とうとするのと同時に，いわば近年の地域福祉研究が力を入れてきたサービス主体や政策・方法論を起点とする研究アプローチとは逆方向の立論だと考えている。しかしまた，両アプローチは，喩えれば基礎医学，ことに病理学と臨床医学の関係にあたるのであり，本来的に不可分のものとして，最終的には地域福祉の研究体系に統合されるべきものである。

◆ 注
1) 岡村（1974: 9-11, 1983）。
2) たとえば野口（2008）や平野（2008）など。
3) 彼ら自身，他の移民コミュニティとの共通性から，自らの置かれた境遇をこう呼んでいる。第Ⅱ部参照。
4) Netting et al.（1998: 85）。
5) なお，ネッティングらやバーグハードも問題分析だけを論じているのでは決してなく，主体・システム論や方法論などと同様にマクロ・プラクティスの構成要素の一つとして位置づけているに過ぎないのである。
6) 高森ほか（1989: 43）。

第2章
地域福祉課題としてのソーシャル・エクスクルージョン

　今日のソーシャル・エクスクルージョン（社会的排除）は，大別すると次のような側面におけるアクセシビリティの制約としてとらえられる。非正規雇用に見られるような経済的側面の排除，在住外国人の参政権や公務就任権を典型とする政治的側面における排除，そして心理・意識的なつながりや関係性の喪失，アイデンティティの否定までを含めた文化的側面での排除，である。[1]

　社会福祉研究においてこのテーマは，岩田正美（2008）の業績に代表されるように，ホームレスや「ネットカフェ難民」などの貧困問題に対する政策的な議論を中心として扱われてきたのであるが，前章で取り上げた厚生労働省の報告（厚生省社会・援護局 2000, 厚生労働省 2008）を見てもその対象は際限なく拡大しているといえる。用いられるキーワードも「参加の欠如・不確かな帰属」（岩田 2008），「格差社会」（日本ソーシャル・インクルージョン推進会議編 2007），「新しい〈つながり〉」（園田・西村編 2008）と，問題（状態）を指すものから望ましい状態（の欠如）を指すものまで幅広い。岩田自身，この概念の「ある種の曖昧さ」が解釈の幅を広くし，「障害者，女性，外国人移住者，被差別部落，いじめや不登校，虐待，多重債務問題，犯罪の加害者／被害者，災害など」さまざまな社会問題との関係でとらえる必要性を指摘している。

　タニア・バーカードら（Burchardt et al. 2002b）はまた，ソーシャル・エクスクルージョンの指標として，①消費，②生産，③政治的参加，④社会的相互作用を掲げるのであるが，ここでいう④のように社会関係の側面における排除は，それが既存の政策の範囲内であるか否かを問わず，地域福祉が対象としてとらえなければいけないものであろう。「再配分」と「承認」をめぐってナン

シー・フレイザーとアクセル・ホネットの間で交わされた議論（後述）に見られるように，社会的な承認の不足が，社会保険上での条件を制約するようなことも起こりうるからである。

本章では，このようなソーシャル・エクスクルージョンの社会関係や文化の側面に着目し，援助の視点を模索する。まずは地域福祉の問題として生みだされる構造をふまえて文化的排除を定義し（第1節），次に対象をとらえる視点について，岩田が提示した枠組みにしたがって議論する（第2節）。通常，この対極にはソーシャル・インクルージョン（社会的包摂）が理念として設定されるのだが，この「包摂」自体，実は排除性を内包させていたり，それを隠匿したりするような逆機能をもちうる概念である。したがって「包摂」がもつリスクもまた，排除の一側面として検討しておく（第3節）。

1. 地域社会で起きるソーシャル・エクスクルージョン

(1) 福祉国家の機能不全

ソーシャル・エクスクルージョンが現代社会の問題として浮上した背景には，グローバリゼーションやポスト工業化による構造的な歪みが表出し始めたことがある（岩田 2008，野口 2008）。第二次産業を柱に，終身雇用制を前提とする企業が戦後の日本経済を底上げする役割を果たしたものの，経済成長の鈍化と同時に国際化や情報技術革新の波，ソフト産業の拡大の波に押され，それらはしだいにフレキシブルで多様な構造をもつ産業や雇用形態に主役の座を奪われていくこととなった。岩田は，この結果としての「分裂」がさまざまな形で顕在化していると指摘する（たとえば1980年代以降の労働市場における非正規化・失業，移民・難民の流入による国民の分裂，男女の分裂，健常者と障害者の分裂など）。そして，福祉国家がこの変化の渦の中で機能不全に陥り，結果として「制度からの排除」を起こしてきたのだと分析し，次のように述べている（岩田 2008: 36）。

　　福祉国家は，工業社会の労働者家族をそのモデルとしており，この労働者家族の共通リスクを国家がコントロールすることが可能であるとの認識を前提として形成されてきている。だがグローバリゼーションとポスト工業社会は，そうした共通リスクのコントロールでは把握できない諸問題を

出現させ,「まったく新しい」経験を福祉国家に突きつけている。

　社会的排除防止の政策化（といっても明確に括ることは困難だが）に関しては，フランスやイギリスが辿った過程と異なり，日本では個別・分野別の展開にとどまるものといえる。従来からの対象者別立法とは別に，「配偶者からの暴力の防止及び被害者の保護に関する法律」（DV防止法），「ホームレスの自立の支援等に関する特別措置法」（ホームレス自立支援法），「犯罪被害者等基本法」「自殺対策基本法」「生活困窮者自立支援法」というように政策テーマ別の法整備が進められてきた。包括的にソーシャル・エクスクルージョンをとらえ，対策を打ち出すという点で，日本は遅れをとっているといわざるをえない。

　外国人の滞在・定住化に関しても，日本の政策的な立ち遅れは厳しく非難されている。山脇啓造（2005: 8）は，日本の外国人政策が「出入国政策」ばかりであって，「社会統合政策」（在住外国人の受け入れに関する政策）という側面が欠けているとして，「外国人（特に旧植民地出身者とその子孫）をもっぱら管理の対象とみなし，日本社会の構成員とは認めず，外国人の定住化を前提とした政策をとってこなかった」「出入国や在留を『管理』する官庁（法務省）はあっても，外国人の人権を擁護し，生活を支援することによって，社会統合を推進する官庁はない」と述べている。

　もちろん，日本でソーシャル・インクルージョンの総合的な政策化に向けて進展がなかったわけではない。分野横断的な取組みの一つとして，建設省・厚生省（当時）の合同による「シルバーハウジング・プロジェクト」のような例を挙げることができる。「居住」という政策単位の連携とはいえ，省庁同士が協力することで従来以上に総合的な対応が可能になる。山本美香（2001, 2009）は，従来の住宅供給中心の「住宅政策」に代わる概念として，公営住宅の入居基準や生活弱者対策などから排除されがちなマイノリティ（ホームレス，一人暮らし高齢者，障害者，母子家庭，外国人など）の社会的ネットワークやアイデンティティの保持を重視した「居住政策」を提起しており，「シルバーハウジング・プロジェクト」のような行政の垣根を越えた横断的対策や，住宅政策と福祉・保健・医療政策の連携，官民パートナーシップの重要性を主張している。「行政のタテ割り機構の弊害をなくし，総合性をもってニーズに応ずる」べきことは，すでに言い古されたフレーズではあるが，実現への道のりは長い。機能的なプラットホームや触媒を模索し，実績を重ねていくことが必要だろう。

（2）文化的排除を中心としたソーシャル・エクスクルージョンの定義

　一方，政策対象となりにくい排除事象に関して，上のような政策レベルの議論では依然としてターゲットとしてみなされない可能性が払拭されない。古川孝順（2005: 107）は，インテグレーション（統合化）やノーマライゼーション（常態化）と同様に，ソーシャル・インクルージョンが社会福祉のもつ社会参加・統合促進の機能であるとして，「社会から分離され排除（イクスクルージョン）されやすい人びとを積極的に社会の一員として包摂し，その自立生活と自己実現を支援すること」と定義している。排除された人びとが社会に参加・統合するアクセス・ルートが多局面にまたがることを鑑みれば，政策体系からのみ排除事象を規定するというやり方はきわめてミスリーディングなのであり，むしろ根源にある排除がどのように構成されているかをまずは把握し，対策を講じなければならない。このような観点から，以下では文化や関係性の問題を中心に，地域福祉研究においてソーシャル・エクスクルージョンをどのように定義できるかについての検討作業を進めていきたい。

① ソーシャル・エクスクルージョンと類似概念の関係

　社会階層や特定集団（個人の能力や特性とは関わりなく属性で括られるマイノリティ・グループ）と排除や貧困は概ね相関関係にあり，密接不可分のものと理解されている。しかしその排除と，類する概念の関係については，必ずしも見解の一致があるわけではない。

a）貧困・剝奪と社会的排除

　福原宏幸（福原編 2007: 14-17）は，「貧困」「剝奪」「社会的排除」を比較し，社会的排除の動態性，多次元性（所得という1次元の要因だけでないこと），社会的な参加・つながりの欠如（分配の問題だけでなく関係の面を含むこと），コミュニティや社会を対象とするなどの固有の特質を挙げている（表2-1）。

　福原は政策志向であることを社会的排除の前提としているのだが，ここでの議論から地域社会のインフォーマルな問題として受け止めるべきものも多い。とりわけ次の3点は地域福祉が対峙すべき課題として留意したい。第1に，質的な次元に着目すべきことである。すなわち，雇用，住宅，医療，教育のような基本的権利へのアクセスの有無以外にも，当事者をめぐる社会関係の有無やその性質（関係性）までを問う必要がある。

表 2-1 貧困, 剥奪, 社会的排除, それぞれの概念的特性の比較

	貧　困	剥　奪	社会的排除
要因とその特徴	・生存のための基礎的なニーズの欠如	・生存のための基礎的なニーズの欠如 ・標準的な生活のための物的資源の剥奪（物質的剥奪と社会的剥奪）	・生存のための基礎的なニーズの欠如 ・標準的な生活のための物的資源の剥奪（物質的剥奪と社会的剥奪） ・社会的な参加・つながりの欠如
	・1次元の要因	・多次元の要因	・多次元の要因
	・分配の側面	・分配の側面	・分配の側面 ・関係の側面
分析の観点	・静態的	・静態的	・動態的
対　象	・個人, 世帯	・個人, 世帯	・個人, 世帯 ・コミュニティ, 社会

（出典）　福原編（2007: 15）。

第2に，排除は長期にわたる過程である可能性が高く，将来にわたって回避できる見通しを立てなければならないことである。いわゆる「差別の再生産」ということだが，ここでも「当事者だけでなくその子のケイパビリティや参入に向けた機会をも奪ってしまいかねない」こと，「排除との闘いすなわち包摂への取組みには，長期の時間と資源を必要とする」ことが論じられる。

そして第3に，排除が相対的な概念として理解されるべきことである。問題の重篤さや緊急度はある程度まで当事者の主観に委ねられることといえるが，コミュニティや社会との関わりでとらえる上では，「それがどの程度の意味をもつのか」には客観的な基準の適用が必要になる。福原は「所与の社会における人びとが『標準的』な生活に必須の要素とみなしうる財やサービス，社会的なつながりの度合い」がそれであると述べている。

排除を受ける当事者とそうでない人びとが（後者は概念上，直接・間接の排除者，無関与者，理解者に分けられるだろう），生活の場としての地域を共有していることを鑑みれば，両者の接合面において，当事者の思惑とは裏腹に周囲との壁（関係性・交流の欠如など）や抑圧状況に直面することは，地域福祉にとって深刻な問題である。

b）差別・不平等と社会的排除

障害者のグループホームなどの建設の際に住民が反対運動を起こしたり圧力をかけるようなことや，外国籍住民に町内会の回覧板を回さない，行事にも誘

わないといったことがよく指摘される。このような状況を見ると，社会的排除の背景に，差別（discrimination）や不平等（inequality）と共通する構造が潜んでいるといえる。まずはアルベール・メンミ（Memmi 1994=1996）による人種差別の定義を参照しておきたい。

  人種差別とは，現実の，あるいは架空の差異に，一般的，決定的な価値づけをすることであり，この価値づけは，告発者が自分の攻撃を正当化するために，被害者を犠牲にして，自分の利益のために行うものである。

排除と差別が共通してもつ問題の普遍性について，ミゲル・エンゼル・センテノ（Centeno 2010: 10-22）は，次のように指摘している。すなわち，グローバル化の進展とともに差別や排除が各地に広がり，「社会によって異なるカテゴリー」で，かつ「同じメカニズムをもって」拡大し，「アウトカムにおける差異」をもたらしているのである。

またステファン・M. カリエンドとチャールトン・D. マックイルウェン（Caliendo and McIlwain eds. 2011: 133）によるターミノロジーでは，差別は「個人やグループに対する不公平な扱いのことで，その根拠を民族性，バックグラウンド，ジェンダー，年齢，生まれもった階層などの本質主義的な帰属要因とするものである。差別の実行には，他者が得られる機会から個人やグループメンバーを排除・拒絶するという結果を伴う」と定義される。

不平等に関しても同様の構図でとらえられる。ドンカ・マロンら（Marron et al. 2011: 28）は，機能主義との関係で「不平等が必要とされる」論拠を批判的に解説するのだが，これについては第3節で改めて取り上げることにしたい。

総じて，ソーシャル・エクスクルージョンは差別や不平等と同じように，権力側の便益によって規定され，搾取されるものだと認識する必要があることがわかる。正規の仕事に就けないとか，社会保障の枠に当てはまらないなど，多様な形態をもつ経済的困窮はたしかに「深刻な帰結」の一つとして現出することが多いが，顕在化したものだけでは全貌のつかめない問題性が，地域のインフォーマルなレベルに潜伏していることはたしかである。

c）逸脱と周縁化（社会的排除）

横田雅弘（1994）は，ノーマライゼーションとの関係で「逸脱（人）」という概念を用いる論者である。すなわち少数民族，移民，貧困層の人びとなどが

社会から「逸脱している」とみなされてきたのであるが,「どのような逸脱であるかを問わず」に「脅威の対象として,憐れみの対象として,ちょう笑の対象として,あるいは畏怖の対象として周囲から認知される」のだと横田は述べている。

ソーシャル・エクスクルージョンを「周縁化」（marginalization）と同義的に扱う論者は少なくないが,逸脱もまた周縁に追いやられることといえ,基本的な権力構造の点では違いは認められない。ジェリー・ロジャーズらは,ソーシャル・エクスクルージョンを「周縁化」（経済的周縁化,社会的周縁化,政治的周縁化）と規定し,この諸側面で社会に参加し影響を与える権利を失効させる行為であるとしている（萩原 2005: 4）。これらの議論でもやはり,マイノリティが一般市民として対等な地位で受け入れられないことの異常性を,正当な理由なく「逸脱人」だととらえる社会の責に帰す考え方という点で通底するのである。

② 関係性における排除

差別や不平等などと同様,ソーシャル・エクスクルージョンは,強者（マジョリティ）と弱者（マイノリティ）の相対的な関係性におけるパワー（権力）の差において生じる。それが目立ちにくいレベルにある場合は,「関係を結ばない」（メンバーシップから除外する,会合や行事に誘わないなど）という形をとるであろうし,より強硬なレベルにあっては「排撃する,傷つける,搾取する」といった形状となる。

マイノリティが受ける就労・収入などの面での制約は,繰り返しとなるが,この構図がもたらす一つの形態ととらえられる。外国人に対し公務就任権を認めない,もしくはそれを覆すための選挙権を付与しないとか,障害者や母子家庭の母親への就労の道を個人の能力でなく属性によって閉ざすような対応は,〈差異〉を根拠とする不平等だといわなければならない。したがってこの問題がどのように構成されているかについて,以下 6 つの議論をもとに検討を進めることにしたい。

a）マイノリティの相対性：誰が,誰に対してマイノリティなのか

今野敏彦（2002）はマイノリティ（minority, minorities）を「その社会にあって,『はじきだされている』」そして同時に「自らも除外されていると自認している」人びとや集団であると定義し,それらは〈政治的抑圧〉〈経済的搾取〉

〈社会的差別〉などを総合し，婉曲的に用いられてきたと述べている。具体的には，女性，子ども，障害者，高齢者，部落住民・部落出身者，アイヌ民族，在日韓国・朝鮮人をはじめとする外国人，病気を抱えた人びと（HIV 感染者，ハンセン病患者など），ホームレス，新興宗教信者，スラム街の住民，ドヤ街の住民，混血児，貧困層の人びと，左右を問わず急進（ラディカル）なイデオロギーを保持する人びと，ゲイ，レズビアンなどが含められると，今野は論じている。

いうまでもなく，マイノリティとマジョリティ（majority）は対であって，各々が単体では存在しえない。マイノリティは一般に「少数派」と訳され，本来は議会の少数党や少数民族のように，人口の少ない集団を意味するものだが，植民地支配で見られるように，単に人数の多寡によってとらえきれない側面がある。つまり，「数量的に少数派（マイノリティ）」であっても「政治的・経済的に支配的（ドミナント）」であればマジョリティとなるためである。

いいかえると，一つの社会の中で高い社会的地位と特権を握る「優勢な一群（ドミナント・グループ）」があり，そのためマイノリティが「特別な存在」とみなされるのである。両者の権力関係は〈非対称〉であり〈垂直〉に構成されることが特徴である[2]。

これらをふまえて，マイノリティをとらえる視角について今野は次のように示唆する。①マイノリティを統計的な「数量」のみでとらえてはいけない，②マイノリティが社会からどのような「除外」を受けているかに注目しなければならない，③マジョリティとの関係を支配する社会秩序の性質を知る，である。

また，秋元美世ほか編（2003: 437）によれば，マイノリティへの差別，排除を批判的に解読し，それらを解体することは，市民としての権利をマイノリティに取り戻すだけでなく，マジョリティを「差別すること」から解放することでもあるという。

b）再配分と承認

「再配分」（redistribution）と「承認」（recognition）をめぐるナンシー・フレイザーとの論争においてアクセル・ホネット（Fraser and Honneth 2003=2012）は，リベラリズム的平等志向にねざした再配分によって承認が従属させられているに過ぎない（つまり，承認原理は，配分をめぐる闘争において文化的解釈に照らして用いられうる）という立論によって相手との違いを表明する。なお

承認とは、一方のフレイザーの定義では、「差異を肯定的に扱う世界、すなわち、対等な敬意を受ける代償としてマジョリティや支配的文化規範への同化がもはや求められることのないような世界」を目標にするのであり、「ジェンダーの差異のみならず民族的マイノリティ・『人種』的マイノリティ・性的マイノリティに特有なパースペクティヴの承認への要求」である。ちなみにフレイザー自身の理論的仮説は、再配分と承認を二元的にとらえ、最終的には両者を統合させようとするものであり、この立場においてホネットと対立する。この観点からすれば、先のメンミはホネットと同じ立場で差別を批判する論者だと理解できる。

解説をさらに噛み砕いたものにするために、田嶋淳子（2003）の論説を参考にしよう。田嶋は、移民社会や植民地などに対する強制的同化によって、旧住民との権力構造の間に非対称な関係が生み出されるのは、利権を握る側による意図的な政策傾向であると指摘している。すなわち、「差異が存するかどうか」ではなく、「差異を作り出そうする」社会的認識、つまり差別そのものに内在する「政治的機能」のゆえに政府や大衆によって生み出されるものであり、またそのために差別は抑制しがたい。ただし田嶋の論及には、異民族間の婚姻が進行、複雑化することによって文化的多様性をもつ家族が形成されていることを証左に、マイノリティ自身によってこの図式を塗り替えていく可能性があるという期待が込められており、決して悲観に終始しているわけではない。

これらの文脈で読み解いていけば、マイノリティの文化やアイデンティティに対する承認拒否や「関係性の欠如」が人為的につくりあげられたソーシャル・エクスクルージョンの一つのフェーズであることは明らかといえる。

c）ソーシャル・エクスクルージョンの多面性

冒頭でも述べたように、ソーシャル・エクスクルージョンを構成するものには、主に政治的、経済的、社会（文化）的な側面があると考えられている。EUが「経済」「教育」「雇用」「医療」「住宅」「社会参加」を指標として掲げ[3]、バーカードら（Burchardt et al. 2002b: 30-34）が「消費」「生産」「政治的参加」「社会的相互作用」の4つの指標から排除が構成されることを提示するように（表2-2）、諸説はあるもののいずれも見解が大きく異なるものではない。これらのうち、マイノリティが周囲（ホスト社会）との関係性の欠如や文化・アイデンティティの承認拒否に晒される状態は、バーカードらの議論でいえば

表 2-2 ソーシャル・エクスクルージョンの指標

次 元	指標および範囲
1 消 費	基本的な財に投じるための収入が平均の半分以下である
2 生 産	就労、教育・訓練についていないか、家族の疾病、障害、所得などの問題を抱えている
3 政治的参加	投票、政党・政治的な団体への関与などがない
4 社会的相互作用	「話を聞いてもらっている」「快適に過ごせる」「危機から救出される」「安心できる」「自尊心をもてる」のいずれかが欠けている、もしくは支援者がいない

(出典) Burchardt et al. (2002b: 34).

「社会的相互作用」における問題と理解できるであろう。

　なお、バーカードらは、作業定義として「個人が、彼／彼女の暮らす社会において主要な活動に参加していないとき、社会的に排除されているといえる」と整理するとともに、規定条件として2つ挙げている。

　Ⅰ．個人が、彼／彼女のコントロールのおよばない理由によって、参加を果たしていないこと

　Ⅱ．彼／彼女は、参加したいと思っていること

　秋葉武（2005）はこの議論をふまえ、ケイパビリティやアクセシビリティの向上に向けて「財やサービスを購入できる能力（消費）」「経済的・社会的に価値のある活動への参加（生産）」「地方・国家レベルでの意思決定への関与（政治的参加）」「家族、友人、コミュニティ（社会的相互作用）」という各々の対応する課題を挙げている。

d）政策的なイデオロギーと排除論理

　先述の福原はソーシャル・エクスクルージョンを定義するにあたり、ヒラリー・シルバーやルース・レヴィタスなどの提示した排除のパラダイムを比較し、その特徴を鮮明にしている（福原編 2007: 21-28）。表2-3・2-4に見られるように、シルバーからはフランス型共和主義にねざした「連帯パラダイム」、自由主義的な「特殊化パラダイム」、社会民主主義的な「独占パラダイム」の3つ、レヴィタスからは社会民主主義的な「再分配主義言説」、保守主義・自由主義的な「道徳的アンダークラス言説」、そしてアンソニー・ギデンズによる〈第三の道〉に基づく「社会統合主義言説」を加えた3つがまとめられている。

　この議論によれば、〈独占パラダイムと再分配主義言説〉は貧困や不平等をターゲットとし、所得再分配政策を重視するなどの共通点からセットとしてと

第 2 章　地域福祉課題としてのソーシャル・エクスクルージョン

表 2-3　シルバーによる社会的排除の 3 つのパラダイム

	連帯パラダイム	特殊化パラダイム	独占パラダイム
統合をめぐる概念	社会的連帯	特殊化／交換による相互依存	独占／社会的閉鎖
統合の要因	モラルに基づく統合	交換	シティズンシップの諸権利
イデオロギー	共和主義	自由主義	社会民主主義
言説	排除	アンダークラス	新しい貧困／不平等
思想的起源	ルソー／デュルケーム	ロック／功利主義	ウェーバー／マーシャル
排除の基底的問題	社会的紐帯の断絶	個人の逸脱した価値観	シティズンシップの独占
排除の範囲	狭い／広い	狭い	狭い／広い
政策	参入支援／統合／普遍主義的な権利・義務	選別された個人とコミュニティへの支援	シティズンシップの簒奪／再分配主義
議論がなされた国	フランス	イギリス，アメリカ	多くの福祉国家

（出典）　福原編（2007：22）。

表 2-4　レヴィタスによる社会的排除の 3 つのパラダイム

	再分配主義言説	道徳的アンダークラス言説	社会統合主義言説
包摂の要因	権力と富の再分配／受動的シティズンシップ	道徳的・文化的態度の変更	就労／能動的シティズンシップ
イデオロギー	社会民主主義	保守主義／自由主義	第三の道（政府・市場・市民秩序のバランス）
排除の基底的問題	貧困／不平等	個人の逸脱した価値観／アンダークラス／福祉依存者	雇用機会の不平等／労働市場に参加できない状態
排除の範囲	広い	狭い	狭い／広い
政策	所得再配分／貧困者に対する現金や現物の資源供給	選別された個人とコミュニティへの支援／個人に対する集中的ソーシャルワーク	所得の再分配から機会の再分配へ／自立のための人的資本投資

（出典）　福原編（2007：25）。

らえられ，「人種や民族，外国人／外国籍（者）だけでなくジェンダーをめぐる社会的排除の議論もこのパラダイムにおいて説明させる」ものだと述べている。

　それに対して〈特殊化パラダイムと道徳的アンダークラス言説〉のセットは，「個人の逸脱行動をアンダークラスに特有な貧困者の文化から説明しようと」する（保守主義），もしくは「逸脱行動を社会構造上の制約と個々人の機会へ

の応答」(自由主義)だとする。したがって，個人とコミュニティの支援は「福祉依存者」に対する選別的・集中的なものとなる。

〈連帯パラダイムと社会統合主義言説〉では，一方がフランスの連帯主義，もう一方がイギリスにおける経済主体として責任を全うすべき個人(ブレア政権下での「福祉から就労へ」という政策基調)という対立を含むものの，就労への支援策を拡張する点で共通する。

これらの比較によって尖鋭化されたのは，リベラリズムの政策における限定的な再分配がもたらす排除と，社会民主主義におけるマイノリティの包摂，そして連帯主義的な参入支援や平等，自由，弱者保護，多元主義に価値を置く「第三の道」[4]という異なる政策志向同士の関係であった。地域福祉の理論的課題としては，これらのイデオロギーがさまざまな問題群に対してどう作用するのか，とりわけ地域レベルで何が問題になるのかを，次に検討する必要がある。

e) 地域で生じる排除Ⅰ：自由主義的言説に関する仮説

経済性を至上とするコンテクストにおいて，マイノリティに対する承認拒否，あるいは承認の質や程度が下げられることは，これまでの検討から明確であった。ホネット(Fraser and Honneth 2003＝2012: 177-179)はそのことの雇用の場への現れについて，次のように説明する。「この圏域の限界内で職業編成あるいは報酬規定が変更される場合はすべて効率性が考慮されるのだが，この種の考慮は社会的世界を文化的にどのように理解するのかということと区別できない仕方で融合しているのである」。さらに，そのような「承認の原理が制度化されたものが，不当にもその主体や集団の能力や特性といった素質を適切には反映していない」という不平等な扱いを，当該の主体や集団が受けるのだとしている。

このことは地域生活上，住民同士，住民集団同士のインフォーマルな関係性においても，さまざまな排除や確執の誘因となっているものと考えられる。地域住民の大半を占める〈企業人〉のマスとしての思考は，当然ながら企業文化の中で価値形成され，新自由主義的思考に基礎を置くものであり，自ずと弱者に対して排他的なベクトルに向かう性質のものであろう。さらには，都市化に伴って趨勢になりつつある個人主義や，近年一人歩きを始めたように思える「自己責任論」は，弱者をコミュニティから外部化し，〈無関係者〉へと仕立て上げるのには好都合な理屈である。2012年に噴出した生活保護費切り下げの

世論も，このような再分配嫌悪が財政縮小論と結びついて具象化したものととらえられる。本来，プライバシー漏洩に対して適用されるはずの個人情報保護も，この「関わりたくない」風潮の延長線上で「他人の事情を知らずに済む権利」として濫用される可能性をおおいに孕んでいるといえよう。

この状況を端的に説明しているのが，広井良典（2009）による議論である。日本の地域社会を従来の「農村型コミュニティ」と「都市型コミュニティ」との対比によって広井は分析しているのだが，前者が結合型（bonding）のソーシャル・キャピタルを特徴としたのに対し，後者のそれは独立した個人同士の規範的な結びつきによる橋渡し型（bridging）だとされる[5]。弱者に対してというより，まず住民同士の付き合いも薄く，効率的なもの（最小限の近所付き合いはする，用事があれば関わるが，それ以上の付き合いはしない）となる都市型コミュニティでは，公共意識も細分化され，選択的なものとなり，NPOなどのテーマ性の活動に支持が集まる一方[6]，いわゆる「旧住民と新住民」[7]や「地縁型組織とテーマ型組織」[8]の対立が起きている。まして都市化された〈企業人〉の社会的弱者に対する反応は，自らの公共心が感知すればボランティアや寄付に応じるが，そうでなければ「自己責任」に帰すのが一般的であろう。

日本の地域福祉，ことに社協活動においては黎明期よりマレー・G.ロスの理論を指針としてきたが，そのロス自身はリバタリアンとしてコミュニティ・オーガニゼーションを主張する立場であった。市場原理の負の作用に対する保障や責任として，住民の主体性の発揮やその組織的活用法の有用性にロスは着目したのであった[9]。翻って，現在の日本では所得や資産が二極化するとともに，多種多様な生活リスクが，あらゆる人に対して起こりうる状況となっている。経済的な「勝ち組」にとっても他人事とはいえない状態なのであって，〈for others/ ourselves〉，すなわち「他者／私たちのために」という能動的な地域への関与が仮に望めない場合でも，災害や犯罪のように自らの身を脅かしかねないリスクに備えるために参加するコミュニティ活動，つまり〈for myself〉の動機づけが奏功することもあろう。ロスの思想やアプローチに，改めて学ぶことも少なくないはずである。

f）地域で生じる排除Ⅱ：共同体主義的言説に関する仮説

一方，広井の議論において，従来型とされた「農村型コミュニティ」は，同心円を広げたつながり，共同体への一体化，同質性・凝集性などがその特徴と

される。その原理による結びつきを堅持してきたのが，日本固有の住民組織である町内会・自治会であろう。

　熊田博喜（2008: 31）は，コミュニタリアニズムにおける「コミュニティ」の重要性について，リベラリズムの福祉国家において生み出される排除（それを阻止すべき職業紹介や社会的ネットワークなど中間団体の弱体化を含む）との対比において，コミュニティの役割を改めて見直すことが必要であることを述べている。しかしその際，全戸加入に象徴される町内会・自治会の組織原則の前近代性・非民主性が敬遠されがちであることや，活動メニューと住民ニーズとの乖離，加入率の低下や役員の後継者不足などが近年よく指摘されることからすれば，純粋なコミュニティ回帰路線を追求するだけでは，そのような現代人の「地域離れ」に歯止めがかけられないであろう[10]。

　こうした批判に対し，広井は町内会・自治会が有する「自生的秩序」としての機能のゆえに「一概に否定されるべきものではない」と述べている。これらが本来的な行政補完，住民統括という機能で唯一無二の役割を担いつづけてきていることは自明である。しかし，こうした伝統的なつながり方がもつ同質性追求は，昨今の住民の行動形態の多様化の傾向には本質的に相容れないベクトルのものでもある[11]。現にNPO活動者から，地縁型活動者と自分たちの対立の主因がこのベクトルの違いであるという声や，社協のボランティア・コーディネーターが人材発掘のために企画したボランティア講座を，地縁型の有力者の強硬な反対にあって（いわゆる，自らの地縁活動に「屋上屋を架すのか」という抗議によって）実現できなくなったという声など，実践者の不平や嘆きは尽きない。

　また，ニート，ひきこもり，自殺念慮者，外国人や性的マイノリティへの排除など，共同体への一体性や凝集性とは距離を置いたところで問題が発生する場合，対応に手を回すことは容易でない。だからこそ，町内会・自治会のもつ「地域の目」としての網羅性や行政とのパイプという土台の上に，各分野の専門機関やNPOなどからなるソーシャル・サポート・ネットワークによる支援を重ね合わせ，これらの問題群に対して実効性ある手立てを講じていくことが求められる。

③「文化的排除」の定義

　社会福祉援助において地域というメゾの物理的空間は，専門職の行動単位と

しても，また住民が日常生活を営み，諸活動を展開するフィールドとしても，もっとも基礎的な機能を有するものである。住民同士の関係性が希薄化する中で，周囲に気づかれないところでリスクを抱えている人を見つけ，継続的に支援するためには，メゾ空間で展開するソーシャル・サポート・ネットワークが鍵を握っているといってよい。[12]

今日の問題事象が見えにくくなる状況に対し，援助者のネットワークが十分な感受性をもってアプローチしていくことを見据え，本節で検討したことをふまえて，地域福祉の課題としてのソーシャル・エクスクルージョン，とりわけ関係性の欠如を含む「文化的排除」を，以下の4点をもって定義しておきたい。(i)制度のカバーしない領域，あるいは住民同士のレベルにおいて特定の個人や集団が排除されることであり，保持されるべき基本的な諸権利，社会活動への参加の道筋が閉ざされている状態である。(ii)その排除は，権力者と排除される当事者の非対称な関係に基づいており，後者の文化（個や集団としての尊厳やアイデンティティ，価値観など）に関する承認拒否，権力者のイデオロギーや既得権の保持・拡大を優先させるためにつくりあげられた〈差異〉を根拠とする直接・間接的な差別や抑圧が含まれる。(iii)「承認」の問題に規定されて経済的な機会や政治的アクセシビリティの制限に帰結しうる。(iv)両者の関係性は縦型の支配構造にあり，仮に制度上対等であっても実質的に支配関係が存在する可能性があり，その場合排除の発見が難しい。

このような複雑な構造をもつ排除は，社会的なネットワークから孤立した住民に対し，さまざまな形態で問題化するものである。フォーマル，インフォーマルな主体からなるサポート・ネットワークは，このような人びととのニーズを柔軟にキャッチし，孤立無援状態にしないことが必要とされる。

2. ソーシャル・エクスクルージョンをとらえる5つの側面

地域への援助をデザインする際，コミュニティ・アセスメントの初期段階で問題のフレーミングを行うことがいかに重要であるかは，前章で取り上げたいくつかの理論でも強調されていたことであった。そのうち，スティーブ・バーグハード（Burghardt 2011）は，社会問題を「取り扱いのできるイシュー」（具体化，特定化，アクション）へと分解することを提起している。バーカード

ら (Burchardt et al. 2002a) はまた, ソーシャル・エクスクルージョンを分析する上で空間軸・時間軸による把握が必要だと論じている。

こうした議論をふまえ, 以下では岩田 (2008: 22-32) が提示したソーシャル・エクスクルージョンの5つの特徴を順に確認しながら, 地域福祉の実践課題としてのソーシャル・エクスクルージョンのとらえ方を検討する。

(1) 「参加」の欠如

社会的排除は本来的に社会的諸活動への「参加」の欠如を意味しているのであって, ある人が当然保持すべき社会関係が危うくなっている, あるいは断絶しているという状態のことをいう。ただし岩田は,「関係者」にもグレードがあり, 単に関係が保たれているとか, 団体に加入しているだけでは十分とはいえないこと, つまり関係の欠如には「パワーの欠落」という要素が含まれることを論じている。

この議論には, ソーシャル・インクルージョンに対するきわめて重要な反論が含まれている。結論を先取りしていえば, 基本的な権力構造が変化しないかぎり, 形式的なメンバーシップや制度へのアクセス・ルートを用意しただけの「参加」では, 本質的な権力構造の変化は望めない。

被抑圧的状況にある人びと, 孤立下にある人びとの「声やパワーの発揮が不可能であるような社会関係をほとんどもてない状況が, 排除として問題にされる」と岩田は述べるのであるが, 援助者がこの克服を図るには, 当事者の主体性が発揮されるような環境づくり, いいかえれば当事者が社会的諸活動に不利のない条件で参加できる道筋をつくること, 意思決定の場に当事者が実質的な参画を果たせること, さらには当事者の価値を積極的に受け入れるような地域全体の合意形成が不可欠といえる。

(2) 複合的な不利

地域での人間関係が希薄化し, 合理化され, 過剰なプライバシー意識とともに個が原子化していく傍らで, 制度から漏れ落ちたり, 縦割りの制度体系でカバーしきれないほどの複合的な問題が増幅し, 悩みを抱えた当事者が (地域) 社会から切り離されている。これゆえに,「旧来型の福祉国家が対応できない」問題が"総称"される必然性があったことを, 岩田は論じている。

たとえば日系人の世帯で自身の就労支援やメンタル・サポートとともに子どもの教育支援の必要がある場合や，中高年者が自分のリストラと老親の介護，子どもの不登校を同時に抱える世帯のような場合，多面的なニーズが連関しているのであって，対象者ごと，施策ごとに分断した対応では限界がある。また，行政セクターや営利セクターでは手の出せないような個別的で新しいニーズへの対応に，市民セクターへの期待が自ずと高まる。社会福祉の援助者には，広い視野に立つコーディネーターとしての役割がとりわけ求められよう。

(3) 排除のプロセス

　いうまでもないが，ソーシャル・エクスクルージョンの事象が突発的に起きることは基本的になく，諸々の要因が交錯する中で生成されるものである。震災や台風などの自然災害によって突如「被災者・避難者」となる場合や，事故などで急に障害を負うような場合でも，その状態にいたって直面する不都合は，それ以前から社会に埋め込まれていた問題性が，当該事象を引き金として表面化したに過ぎない。それゆえ，対応しようとする問題を時間軸でとらえ，経過を分析する視点が必要である[13]。換言すれば，排除を生む非対称な権力構造がどういう政治的，経済的，文化的（思想，宗教，地域性，住民気質など）な要因によって形成されてきたかを明らかにし，将来の見通しを立てるということである。しかしながら，このような時間軸によるアプローチの研究は，その必要性にもかかわらず今まで十分取り組まれてこなかった（山田 2010: 75）。

　福原が排除を動態としてとらえていたのと同様，岩田も「ある状態」ではなくプロセス，あるいは連鎖として排除を認識している。バーカードらはまた，現状を空間軸でとらえることに加え，時間軸で分析する視点を提起する（図2-1）。実践の場面では，ともすれば現状認識のみに拘泥してしまうことが危惧されるのであるが，当事者にとってみれば人生の流れの中であらゆる出来事が時系列で，不可逆的に起きている。「状況がどのようにもたらされたか」「これからどこに向かうのか」は，1本の線でつながるように，経験的に理解されなければならないのである。

(4) 空間的排除

　図2-1において，排除が起きる領域を物理的空間で把握すべきことも示さ

図 2-1 ソーシャル・エクスクルージョンの分析枠組み

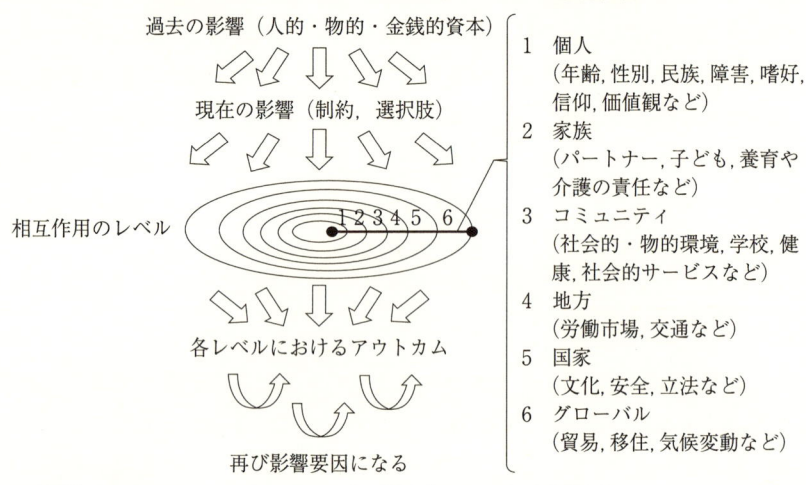

過去の影響（人的・物的・金銭的資本）
↓
現在の影響（制約，選択肢）
↓
相互作用のレベル　1 2 3 4 5 6
↓
各レベルにおけるアウトカム
↓
再び影響要因になる

1 個人
（年齢,性別,民族,障害,嗜好,信仰,価値観など）
2 家族
（パートナー,子ども,養育や介護の責任など）
3 コミュニティ
（社会的・物的環境,学校,健康,社会的サービスなど）
4 地方
（労働市場,交通など）
5 国家
（文化,安全,立法など）
6 グローバル
（貿易,移住,気候変動など）

（出典）　Burchardt et al.（2002a: 7-9）．岩田（2008: 27）も参照した。

れていたように，「しばしば特定の集団を特定の場所から排除し，その結果排除される人々が特定の場所に集められる」という側面もまた，ソーシャル・エクスクルージョンには含められる。多くの先進国の都市部に共通して見られるゲットーやスラム，移民集住地区，低所得者向け住宅などはまさにそれであり，日本でも被差別部落や日雇い労働者の「寄せ場」などのような特有のエリアが見られる。反対に，ゲーテッド・コミュニティ（門衛のいるゲートと壁で外部と区切られている）や地価が高く高級住宅地になっているエリアでは，住人が自発的にメンバーシップの敷居を上げて「エクスクルーシヴであろう」（排除されよう）とする。つまり，集住は相対的であり，地域性と不可分の関係にある。

これに対する実践課題として，理念的には居住の偏りをなくし，あらゆる所得層，年齢層，民族などが「混住」できることが一番といえるが，現実としては容易でない。被差別地域に関する啓発，貧困地区に対する就労機会や低額の医療，子どもの教育の機会拡大のようなアプローチによって，差別・偏見の解消，格差是正への取組みを積み重ねていくことが中心課題になるであろうが，ここでもやはり当事者参加が必要条件となる。

(5) 福祉国家の制度との関係

インフォーマルなつながりも含め，さまざまな社会的ネットワークからの孤

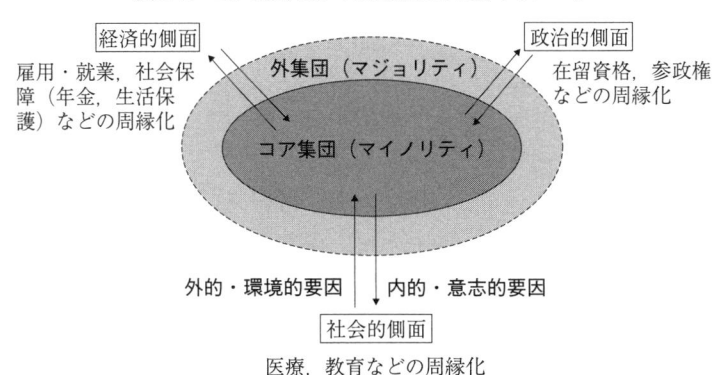

図 2-2 コア集団をめぐる周縁化と包摂のイメージ

【経済的側面】
雇用・就業，社会保障（年金，生活保護）などの周縁化

【政治的側面】
在留資格，参政権などの周縁化

外集団（マジョリティ）
コア集団（マイノリティ）

外的・環境的要因　内的・意志的要因

【社会的側面】
医療，教育などの周縁化

（出典）　Alexander（1996: 99-108）をもとに作成。

立者は，高度成長期の就労モデルや家族モデルを前提とした福祉国家の諸制度がカバーしない，あるいは想定しない領域で確実に増加している。福祉国家との関係で排除をとらえる際，「ある特定の人々が制度から排除されてしまう」側面と，「制度それ自体が排除を生み出す」側面の2つがあると，岩田は論じる。前者では，外国人の参政権や公務就任権のように，市民としての資格そのものが制度化されていないこと，さらに諸制度の資格要件の変更に付随して対象外となることなどが挙げられる。後者では，大規模で集中的な低所得者向けの公営住宅，隔離的な福祉施設の建設などが典型であろう。

　移民コミュニティのようにエスニシティに基づく集団の場合も，その抱える問題性が基本的にマジョリティ側（制度，住民）によってもたらされるのが特徴であって，上の議論でいえば「制度から排除される（制度がターゲットとしない）」と「制度自体が排除する」の両面を含んでいる。これを分析する枠組みとして，ジェフリー・C. アレクサンダー（Alexander 1996）の提起した「コア集団」（他集団と質的に異なる一定の性格を共有する成員によって形成される）とそれを取り巻く「外集団」の相互作用という概念が示唆的である。ここではさらに，包摂のための2つの要因として，①外的・環境的要因（コア集団を取り巻く社会構造），②内的・意志的要因（コア集団と外集団の原初的性質）が示されている（図2-2）。この枠組みは，さまざまなディアスポラ，すなわち外国からの移民，外国へ移住する日本人，沖縄人のように国内でエスニシティの固有性をもつ集団，さらには災害からの集団避難者など，日本国内を眺める

だけでも多くの集団について説明できるものであろう。

　沖縄のように，問題の根源が政府の強硬な政策にある場合，補償が十分なされないまま今日にいたっているのが現状であるし、国内の都市部に集住地区を形成した沖縄出身移民は，かつて過酷な差別から逃れる目的で「日本人のフリ」を演じざるをえず，そのために人権施策の対象としてカテゴライズされる権利を自ら放棄したという，きわめて数奇な経過を辿った。このような状況は政策や制度が対応しない領域であると同時に，地域レベルにおいても「コア集団と外集団」の関係性の断絶をもたらしている。

　援助者は，まずもって当該地域におけるこのような文脈の理解に努めるべきである。まして，制度的フレームを通して見える「対象者」のみをターゲットとしてとらえ，その枠外にいる不特定多数の人びとのニーズを切り捨てるようなことがあっては，援助者自らが社会制度の下に排除をしてしまうことになる。

3. 包摂的概念のリスク

　エスニシティの問題をはじめ，マイノリティがホスト社会（国家であれ，地域社会であれ）の一員として参加する上では，マジョリティ側の「大きな論理」に飲み込まれないように注意する必要がある。つまり，マイノリティのもつ〈差異〉がマジョリティによって恣意的に定義され，政治的に活用されることが懸念されるのであり，その〈差異〉が尊重されるような対等な関係性の構築にいたらないかぎり，結局は権力構造が変化しないままの包摂になってしまいかねないのである。単純化すれば，こう喩えられるだろう。いじめが発覚した教室で，教師が介入していじめる側の子どもたちを諫め，いじめられた子と仲良くすることを約束させ，解決とする。その後，いじめる子どもたちは教師の前で模範的に振る舞うものの，陰では相変わらずいじめが継続する。このように，包摂政策の発効と実態としての問題解決は，必ずしも一致するとは限らない。

　沖縄の問題はその典型といえる。一連の植民地政策や皇民化教育をもって同化を進めたあげく，現在は「47都道府県の1つ」に制度上落ち着いているものの，沖縄人の不公平感は今日にいたるまで継続している。20世紀に差しかかる頃の沖縄では，最悪の経済状態を背景にして大量の労働者が国内外に送り

出された。関東や関西の港湾地区に集住した沖縄人は「調整弁」として労働市場の最下層に組み入れられ，本土の労働者とは異なる賃金体系，居住環境が与えられて「排除しつつ包摂する」という一見相反する状況下に苦しめられた。沖縄と「日本」の間には，基本的にそのままの状態で維持された関係性が続いているというのが，沖縄人の主張である。

このような例を見ると，マイノリティが市民としての諸権利を付与された以後も，一旦構築された権力関係は払拭されがたいということがいえる。さまざまな次元での排除を克服し，その先に実現すべき社会のシステムや諸関係までを導出する概念としてソーシャル・インクルージョンを標榜するものだとしても，無批判にそれを希求すべきとはいえないだろう。ポストコロニアリズムはそのような権威サイドにとって一方的に有利な包摂への批判といえるものであり，少なくともその視点から「どのような包摂であるか」を検証することが欠かせない。したがって以下では，ソーシャル・インクルージョンに関する批判的な3つの見解に耳を傾け，そのありようについて検討することとする。なお，関連する議論も参照するため，暫定的に「包摂的概念」としてとらえておく。

(1) 包摂の逆機能

京極髙宣は，「主体たる社会がいわゆる社会的弱者を上からインテグレートするのではなく，社会の成員（仲間）として包摂（インクルード）すること」が重要だと指摘する（日本ソーシャル・インクルージョン推進会議編 2007）。他にも，有無をいわさぬ「一律の統合論」（野口・柏木編 2003）や「上からの統合」（秋葉 2005）など同様の指摘が見られるのだが，これらは包摂や統合がもちうる逆機能を危惧する点で共通する。京極の記述にある「成員（仲間）」としての対等な関係が担保されなければ，かえって権力構造は見えにくくなり，根本的な問題解決にはつながりにくい。これは国家間のレベルから近隣社会レベルまで当てはめて考えられるものであろう。

政策レベルでは，高齢者や女性，福祉受給者の就労への促進，フルタイム・パートタイム間の相互移動など包摂的だとされるオランダの政策において「光と影」の相反する二面が存在しうることを水島治郎（2012）が論証している。つまり，移民への「寛容」な滞在資格や福祉政策に象徴される多文化主義の反

面，いかにして移民流入要件の厳格化や移民の統合（実質的な同化）が展開されるのかについて，政治イデオロギーの情勢の変化，ことにポピュリズムの勢力拡大との関係で説明されるのである。

包摂や多文化主義を批判的に検証する鄭暎惠（1996: 7）は，宗主国側のナショナリズム言説によって受動的な被植民者が「包摂」される傾向について述べている。さらに，マロンら（Marron et al. 2011: 28）は，共著書『*Sociology for Social Work*（ソーシャルワークのための社会学）』において，機能主義の立場から社会階層の存在や不平等がいかに正当化しうるかについて以下のように説明し，批判する。すなわち，「機能主義者から見て，社会の機能が一つの機械のメカニズムだとすると，それを動かすためには必ず『特定の役割』を担う人が必要になる。問題は，いかにしてそのような社会階層にはめ込んだ人びとを動機づけ，いつまでもそのポジションに居続けるように励ませるかである」。これも，権力サイドが誘導する包摂であろう。一度包摂してしまえば，それを取り繕う表向きの理屈はいくらでも見つけられる。マロンらは，これを強く否定するのが社会学者の使命だという考えに立っている。包摂や統合の概念は，本来的に二項対立が前提となっているため，参加を認めることが直ちに抑圧状況の克服にはつながらず，むしろ対立を含んだままの包摂さえ誘発することは，戦後の民族解放運動の契機などを見ても明らかである。

(2) 沖縄に対するネガティヴな包摂：「排除しつつ取り込む」

次に，そのような懸念が現実のこととなった日本独自の例として，「沖縄をめぐる包摂」の問題性について，国内への移住者を中心に考える（詳細は第Ⅱ部において述べる）。冨山一郎（1990: 110-113, 131-132）は，大阪における沖縄人労働者が「調整弁」として市場に吸収される構造を「沖縄的労働市場」と呼ぶ。沖縄人の雇用については一定のパターンがあり，業種の事情（後述）によって対応が異なっていた。具体的には，「差別的労務管理」（他県人より明らかに劣る賃金体系や食事，寮などの待遇で雇う），「非雇用」（「琉球人お断り」などの貼り紙を出して求人をしない），そして「不当解雇」（被用者が沖縄出身であることを根拠とする解雇），という対応である。冨山はこれを「大阪労働市場に包摂された」状況であったと説明する（傍点筆者）。

このような労働環境に加えて，沖縄人の生活環境も劣悪であった。「沖縄ス

ラム」と呼ばれる不衛生な地区への空間的排除が行われ，今日まで続く周囲の住民からの排外主義的言動にも屈しなければならなかった。差別に耐えきれない沖縄人の間では，自殺，逃亡，犯罪などが相次いでいた。なお，これを克服するための行政的対応は現在まで行われていない。

こうした移住先社会の状況は，沖縄県と日本政府・国民の間に長年形成された構造をそのまま映し出した「縮図」といえる。知念ウシは，「琉球に対しては排除しつつ取り込んでいいところだけを貰っちゃおうということをしている」と，植民地時代から近年の沖縄ブームまでの一貫した「日本人」のスタンスへの嫌悪感を表明する[15]。

(3) グローバリゼーションにおける危機

最後に，そのようなリスクを含んだ包摂を近年加速化させているグローバリゼーションについて確認しておく。本来，人種をめぐるダイナミズムは，グローバル化の進行に伴って排除や周縁化につながるとも指摘されるからである（Caliendo and McIlwain eds. 2011: 88）。

カナダソーシャルワーカー協会編（2003）『ソーシャルワークとグローバリゼーション』に所収の論説の中から，2人の論者に注目してみよう。第1に，グレン・ドローヴァーは[16]，T. H. マーシャルの社会的市民権が女性，少数民族，高齢者，障害者，花柳界の人，同性愛者といった社会階層と不可分の関係にあることから，マーシャルの自由主義的シティズンシップに依拠した社会福祉制度ではマイノリティの諸権利を消極的にしか認めないことを批判する。すなわち，市民権における普遍性は「待遇の同質性」や「異なるグループの除外」を強制してきたのであり，「包括的な参加の普遍性」に道を拓くものではなかった。結果，そのようなマイノリティは，市民の活動に参加できない，自分自身の生活を支配できない，型にはめられると感じる，暴力・困難・虐待に遭う，といった抑圧を受ける。

この説と関連して，ジム・トーツィナーは[17]，「共存」と「グローバリゼーション」の決定的な差異について比較し，後者のもつ競争性，排他性や分極化の傾向を指摘しているので参照しておきたい（表2-5）。ドローヴァー自身の問いは，自らの議論をふまえ，同質性は果たして本当にありうるのか，異質なものが共存することで生まれる多様な見解がもたらすものもあるのではないか，

表 2-5　共存とグローバリゼーションの観念学的な属性（特質）

共存の観念	グローバリゼーションの観念
協　力	競争性
普遍性	選択性
包括的	排他的
柔軟な	堅　い
曖昧な	分極化させる
互　酬	支配的な利害
創造的	前以て決定づけられていること
変　革	葛　藤
勝利−勝利のシナリオ	勝利−敗退のシナリオ
調和（対称）	階　級

（出典）カナダソーシャルワーカー協会編（2003: 125）。

という方向へと向かう。

　第2に，ジム・アイフ[18]は，グローバリゼーションがもつ「機会」と「危険」，つまり「純粋な国際主義」「社会的経済的な発展」「国際主義者たちの夢が遂に実現する新しいグローバルなコミュニティの形成」などの可能性について言及する。危険は「一層の不平等，境界化，文化的画一性，グローバルな環境の低落，そして究極の反エンパワメント」として具象化するのだが，それは「富と力が，少数のグローバルなエリートの手中にある」ことに起因するのだという。

　グローバリゼーションの経済的な影響の一つが「ソーシャル・ダンピング」であろう。つまり経済のグローバル化と自由貿易化の進行によって競争が激化することで，社会保障水準が切り下げられ，低福祉化を生みだすという説である（粟沢 2009: 26）。また，社会・文化的デメリットとしては，画一化，マージナル化，分断化などが指摘される。画一化（差異を認めない世界標準化）は，たとえば〈文化のファストフード化〉があり，マクドナルドのような世界的巨大資本による均質（規格）化された消費文化が，土着の小規模な文化をひと呑みにしてしまうようなことがある（恩田 2009: 221-222）。

　アイフの基本的な立場は，これに「地方主義」や「下位政治」を対置させ，世界規模での一体化のうねりの中でこそコミュニティが重要であると投げかけるものである（オルタナティブとしてでなく，「グローバリゼーション」との併存の可能性が検討される）。下位政治，すなわち「彼ら自身のやり方」や「個人の

行動」に根ざした政治が，グローバル化の進行する中で環境的持続性，文化的多様性，人間の個別的なニーズの純粋な充足を保障しうるということである。昨今のグローバリゼーションとローカリティの不可分性[19]，あるいは地域主権を推進する議論にも連なる視点といえよう。

　グローバリゼーションは，冷戦後の資本主義と社会主義のイデオロギーを超える言説として成長した経緯がある。アメリカン・デモクラシーでいう「良い統治」（グッド・ガバナンス）が実際にはアラブ・イスラム諸国のファンダメンタリズムへの対抗であるような例を見れば[20]，アイフの論じるようなローカリゼーションをグローバリゼーションの対局に据え，リスクを最小化しようとする意見には説得力を見出せるだろう。

　アイフの問題提起に関連するのだが，ウィリアム・ローら（Rowe et al. 2003）[21]の行った国際的な調査の結果は，グローバリゼーションがソーシャルワーク実践にも深刻な影響をおよぼすことを示している。あるデンマークの回答者からの引用だが，「難民・移民は新たな貧困グループに入り，すぐに辺境化される。彼らはゲットーに隔離され，失業，ホームレス，民族的限定の暴力，外人嫌いなどの問題の悪循環に陥る」とされ，それに対抗すべきはずの国際的ソーシャルワークが，「強烈な政治的イデオロギーに影響」されるとともに「社会問題に対して，より保守的なソーシャルワークアプローチへという揺り戻し」が起きるというのである。

　ドローヴァーとアイフの論説から，注意すべきこととして，それぞれ次のように整理できるであろう。まず，グローバル化する中で広がる普遍主義や画一性が，結局は少数者の存在を許容しないところで展開し，権力サイドの〈大きな論理〉へと収束されかねないこと，そして，それは常に権力サイドによって政治的にコントロールされうることである。いうまでもなく，グローバル化は不可逆的な流れであり，その恩恵も多大であるが，それでもなお，この潮流を所与のものとすることにはリスクを伴うこともここで導かれた。アイフは，ソーシャルワークにおいてもグローバルな変化とローカリティ（地方的な経験やプログラム）を結合せよと訴える。

（4）包摂への批判に向き合うこと

　多様な形態で排除や孤立が噴出する現代にあって，政策志向であれ関係性志

向であれ，ソーシャル・インクルージョンが社会福祉（地域福祉）のめざすべき方向であることに疑いはない。しかし，先の岩田の論を借りれば「包摂にもグレードがある」のであって，包摂の中身や性質がどのようなものなのかを，我々は慎重に吟味しなければならない。ソーシャル・インクルージョンの一般的な議論では，「社会的諸権利へのアクセシビリティの保障」をもって当為とすることが多いが，「アクセシビリティが保障されていること」と「問題がないこと」は必ずしも一致しないということを，上の諸見解は如実に示しているのではないか。沖縄の問題はその一つの典型である。

　重要なことは，不利な状況にある人びとが「あらゆるリスクにもかかわらず」，つまり不当な扱いを受けることを承知の上であっても，多くの場合，ホスト社会への包摂を求める以外に生きる方途をもっていないという現実である。社会福祉の援助に携わる者は，その本分として，このような状況を熟慮した上で権力構造の変更に努めなければならず，ましてソーシャルワーカーが保守主義的な政治の執行人に陥ってしまっては本末転倒といわざるをえない。

　グローバリゼーションの進行する中で下位集団が細分化する状況に対し，新自由主義的な経済や政治の文脈でつくりだされた包摂概念でなく，排除される当事者の言説を起点とした内発的なベクトルで包摂を進めていくことが求められる。[22]包摂的概念に対する批判的見解にも丹念に向き合うことで，めざすべきインクルーシヴな社会への視点もより際立ったものとなるであろう。

4. 小　括

　本章では主に，ソーシャル・エクスクルージョンとは何かについて検討してきたのだが，とりわけ地域福祉にとってどのような問題性をもつのか，前章で提起した「文化的排除」という概念で明らかにしようと努めてきた。ここでの検討から，援助者にとって実践課題としてリストアップできるものの筆頭には，〈差異〉を現実の不利益に転化させている社会（地域）の権力構造に対して働きかけること（権力関係を修正すること，不利な立場の当事者を真に受け入れ，多様な価値を許容する社会の構築につなげること）があるが，それと同時に，地域にねざしたソーシャル・キャピタルに隈なく着目し，当事者の能力や潜在的な理解者層をも最大限活用できるようにすること，つまり地域へのエンパワメン

トが求められよう。

　ソーシャル・キャピタルとして想定できるものの第1には，当事者やそのネットワーク（当事者組織，ユニオン，NPOなど）がある。当事者が意思決定の場に参加することなくして，インクルーシヴな社会はありえない。そして第2に，それを擁護し，解決へ導くべきソーシャル・サポート・ネットワークがある。官－民，専門－非専門におよぶ地域の解決チームにとって，適切に問題を把握し，アセスメントし，援助をデザイン・実行することは，ネットワーク自体の存在理由であるとともに生命線である。

　グローバリゼーションの進行とともに，排除の問題も多様化・複雑化してきている。とりわけ，本章で取り上げた文化的承認や関係性の問題の克服に関しては，多様な価値観をもつ社会を標榜し，そこに近づけていく必要がある。次章においては，この視点を重視して援助のありようを論じる。

◆注

1) Bhalla and Lapeyre（2004=2005），萩原（2005）。
2) 野口・柏木編（2003），今野（2002），田嶋（2003）。
3) 阿部（2002）。
4) Giddens（1998=1999: 118）。
5) これと関連して，ピーター・ソマヴィルは，ロバート・D. パットナムなどの知見の上に，ソーシャル・キャピタルを機能別に「ボンディング」（強い・水平的），「ブリッジング」（弱い・水平的），「リンキング」（オン－オフ・垂直的）と分類している。地域内，住民（組織）間の関係性に対する分析ツールとして用いることも可能であろう。Somerville（2011: 57）。
6) 1998年の特定非営利活動促進法制定後の同法による法人の累計認証数を一つの証左として挙げることができる。2003年に1万法人を超え，現在では約5万法人に達した。2013年11月30日現在，4万8498法人である（内閣府NPO法人ポータルサイト http://www.npo-homepage.go.jp/porta/site/index.html）。
7) 広井（2009: 79）。
8) 全国社会福祉協議会（2007），厚生労働省（2008）。
9) Ross and Lappin（1967），山口（2010）。
10) 松村（1997），新川（2004），広井（2009）。
11) 野口（2008: 145）。
12) 上野谷（2010: 174-178）。
13) Netting et al.（1998: 81-82）。
14) 根本的な補償のことである。基地負担の代償としての補償金とは質的に異なる。
15) 演劇「人類館」上演を実現させたい会編（2005: 249）。
16) Drover（2003: 21-46）。
17) Torczyner（2003: 119-148）。

18) Ife (2003: 47-67).
19) たとえば渋谷ほか編 (2010) など。
20) 恩田 (2009: 221)。
21) Rowe et al. (2003: 69-95).
22) 右田編 (1993),右田 (2005)。

第3章

多文化共生を通じたソーシャル・インクルージョン
多文化主義的な援助の萌芽的実践から

ソーシャル・インクルージョン（社会的包摂）のめざすゴールが「あらゆる人びとが社会参加でき，互いに差異を認めあえる社会の実現」だとすると，石河久美子（2003, 2012）の提唱する「多（異）文化ソーシャルワーク」に見られるような多文化主義（multiculturalism）的な援助は，その先鋒の一つといえる。石河は，その定義を「多様な文化的背景をもつクライエントに対して行われるソーシャルワーク」「クライエントとワーカーが異なる文化に属する援助関係において行われるソーシャルワーク」「クライエントが自分の文化と違う文化と異なる環境に移住，生活することにより生じる心理的・社会的問題に対応するソーシャルワーク」とする[1]。

1990年代以降増加するニューカマーや定住化の動向を受けて，外国人との共生に向けた機運は全国規模で高まっている。総務省は，2006年の『多文化共生の推進に関する研究会報告書』において，「新しい地域社会のあり方として，国籍や民族のちがいを超えた『多文化共生の地域づくり』を進める必要性が増している」と述べ，外国籍住民への「支援を総合的に行う」ことと，「地域社会の構成員として社会参画を促す仕組みを構築する」という視点を打ち出している。地方自治体レベルでも，2001年の「外国人集住都市会議」設立のような契機もあり，多文化主義に基づく援助を事業化する例が見られるようになった。たとえば，群馬県や新宿区のように，自治体単位で外国人相談窓口や相談員・ソーシャルワーカーの配置，NPOなどへの活動支援を行うものや，計画類に支援方針を盛り込むような自治体は少なくない。

また実践者レベルでは，日本社会福祉士会が2005年に滞日外国人支援委員

会を発足させて研究・調査や研修などの活動を充実させるとともに,実践書として『多文化ソーシャルワーク』を2012年に刊行している。同書の問題設定として,「在留資格,言葉や文化の違いが壁となり,医療,福祉,教育,労働など生活の根幹を支える部分の福祉サービスを受けることができずに苦難に満ちた生活を送る外国人への支援,差別や暴力の被害を受けて社会でも孤立している外国人への支援,外国にルーツをもつ不就学児童と家族への支援など,問題は山積している」と記されている。

民族や文化の違いを超えた（あるいは,多様性を前提とする）社会福祉援助に関する知見についても多くの論者から提出されるようになったが,諸外国に比して日本ではまだ政策・制度,実践,研究のいずれにおいても萌芽的段階にあるといえる。カナダやアメリカのように,人種的多様性（diversity）において規模のまったく異なる国々と単純に比較できないのももっともだが,日本国内でも外国人,日系人などのほか,沖縄人やアイヌ民族などのような,いわば内なる民族性をもつ人びとの多様な生活問題については,社会福祉の発展過程においてあまりにも意識されてこなかったのではないか。人口比2％に満たないという外国人登録者の割合ゆえか,それとも「単一民族志向」[2]や「等質性への要求」[3]など,日本人が国民国家として長年形成してきたメンタリティとも無関係でなかったのかは明らかでないが,社会福祉の立場としてこの命題に十分なパースペクティヴをもちえてこなかったことが,近年になって問題視されはじめたということであろう。

本研究では,沖縄からの移住者コミュニティをめぐる問題を中心的な事例として文化的排除を検討しようとしているのであるが,本章ではそのメタ・レベルに位置づけられる検討課題として,国内の在住外国人なども含む「文化的（民族的）多様性」を援助の要素として導入し,ソーシャル・インクルージョンを推進することに関心を置いている。その根拠は,沖縄人が（アイヌ民族も類する状況にあるといえるが）,そのエスニシティに起因する問題,たとえば失業率の高さや周囲からの差別・蔑視,抑圧に直面する点で,外国籍住民などの民族的マイノリティと共通の枠組みでとらえられることである。この分析法については,梶田孝道（1994）が先例を示している。梶田は「どの国の外国人労働者問題にも通用する抽象度の高い一般理論を提示することはほとんど不可能」だとして,タルコット・パーソンズないしニクラス・ルーマンのような社

会システム理論に還元するのでなく，ロバート・K. マートンの「中範囲の理論」による分析を行っている。

　この視点に立ち，まずは日本の国際化・多文化化の動向を確認し（第1節），多文化主義にねざした社会福祉援助の概念および実践の枠組みをスケッチ（第2節）した上で，開拓的な取組みを行っている川崎市川崎区，大阪市生野区，三重県鈴鹿市の3事例に実践モデルとしての要素を求め（第3節），援助のありようを論じることとする（第4節）。

1. 日本における国際化・多文化化

(1) 経済政策と外国人労働者の増加

　近年日本へ移入する外国人登録者は概ね増加を続けており，2008（平成20）年のピークを迎えるまで上昇の一途をたどってきた。2010（平成22）年末時点で213万4151人，総人口に占める割合は1.67％である（図3-1）。

　戦後，0.7％前後で推移していた外国人登録者が1980年代後半に急増に転じ，1％台後半までになった背景には，国内の経済・雇用情勢の変動とグローバルな経済政策の影響が大きい。1985（昭和60）年のプラザ合意に基づく先進各国の協調介入による円高誘導，そしてバブル経済による労働力需要の拡大（日本の若年者が3K労働を忌避する傾向が強まり，製造業の下請けなどの中小企業では人手不足が深刻化した）は，外国人労働者導入の大きな契機となった。人手に困った中小企業などが観光ビザで入国した外国人を雇用することによる「不法就労者」の増加や単純労働者の増加などを受けて，1989（平成元）年の入管法改正では「不法就労助長罪」が創設されたほか，日系二・三世の入国規制が緩和されるなどの対応がとられた（依光編 2005: 44-48）[4]。

　それでも，日本で外国人が全人口に占める割合は相対的に低い。図3-2は，OECDによる年次レポート（SOPEMI 2011）によるもので，2009年現在の「永住」移民の人口比についての国際比較である（対象国は「OECD加盟国」「非加盟国」から選択されている。また入国目的別に「就労」〔Work〕，「家族」〔Family〕，「労働者の同伴家族」〔Accompanying family of workers〕，「人道主義的理由」〔Humanitarian〕，「自由渡航」〔Free movement〕，「その他」〔Other〕に分類されている）。そもそも日本には圧倒的に低い割合の外国人しか永住していな

第Ⅰ部 《理論編》文化的排除に対する援助のアプローチ

図 3-1　外国人登録者数の推移と我が国の総人口に占める割合の推移

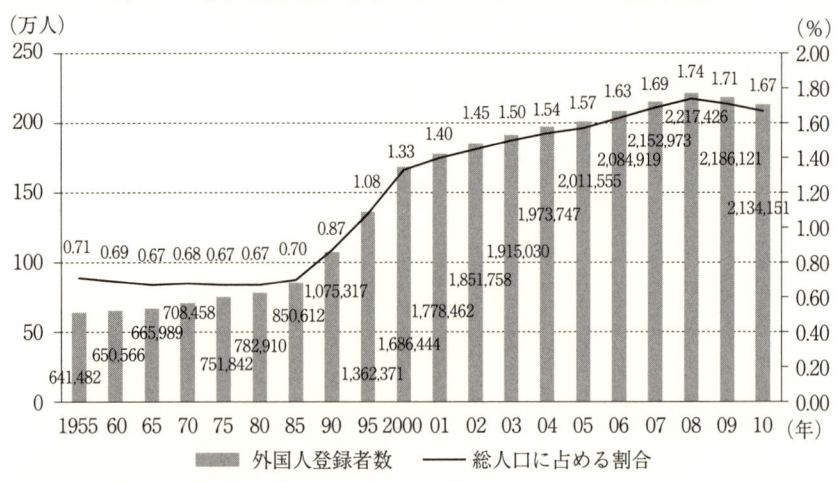

（出典）　法務省入国管理局編『平成 23 年版 出入国管理』．

図 3-2　永住移民が全人口に占める割合（2009 年，入国目的別）

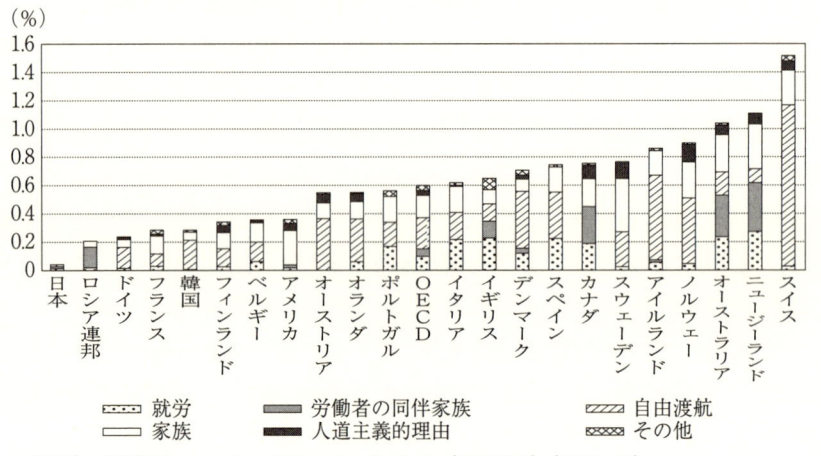

（出典）　OECD International Migration Outlook（SOPEMI）（2011: 43）．

いことが本図からは一目瞭然であり，日本の社会制度が一般的に民族的差異を想定したデザインになっていないことの大きな要因が，この人口比の小ささにあるものと思われる。

　図 3-3 は，2010（平成 22）年末までの外国人登録者の主な国籍（出身地）別の推移である。バブル期以降は中国人の登録者が激増し，近年では韓国・朝鮮人を抜いている。また，1989（平成元）年の入管法改正を機に，ブラジルやフ

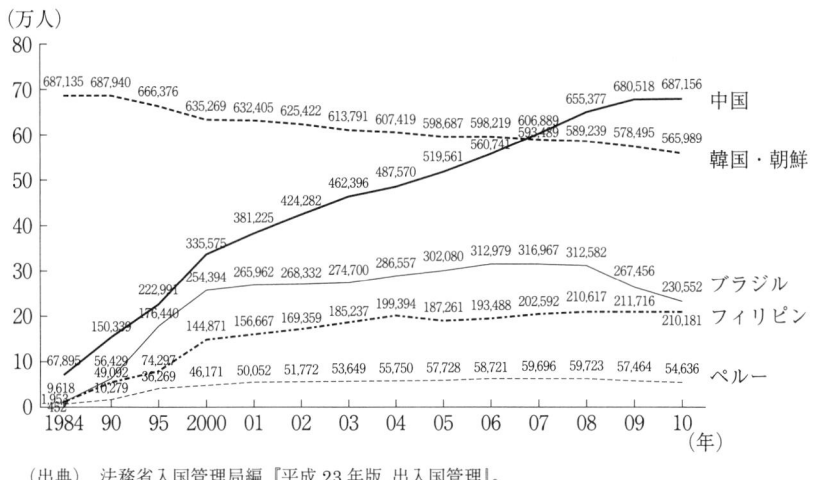

図 3-3　主な国籍（出身地）別外国人登録者数の推移

(万人)

年	中国	韓国・朝鮮	ブラジル	フィリピン	ペルー
1984	67,895	687,135	1,953	9,618	—
90	150,339	687,940	56,429	49,092	10,279
95	222,991	666,376	176,440	74,297	36,269
2000	335,575	635,269	254,394	144,871	46,171
01	381,225	632,405	265,962	156,667	50,052
02	424,282	625,422	268,332	169,359	51,772
03	462,396	613,791	274,700	185,237	53,649
04	487,570	607,419	286,557	199,394	55,750
05	519,561	598,687	302,080	187,261	57,728
06	560,741	598,219	312,979	193,488	58,721
07	606,889	593,489	316,967	202,592	59,696
08	655,377	589,239	312,582	210,617	59,723
09	680,518	578,495	267,456	211,716	57,464
10	687,156	565,989	230,552	210,181	54,636

（出典）　法務省入国管理局編『平成 23 年版 出入国管理』。

ィリピンからの来日者が増加していることも見てとれる。長年，在日コリアンが定住外国人の代名詞のような位置にあったが（1984 年時点での構成比を見れば明らかである），それも過去のこととなった。

(2) 外国人の地域生活と日本人の意識

　日本で暮らす外国人や日系人が増えるにしたがい，彼らの直面するさまざまな生活問題が浮上するようになってきている。外国人の就業に関わるトラブルや賃貸住宅への入居拒否，子どもの教育ニーズなどのベーシック・ニーズに関わる問題をはじめ，外国人世帯による子育てや介護などのような福祉ニーズもある。それ以外にも，地域生活者としての外国籍住民と周囲の住民の間でさまざまな摩擦やトラブルが表面化している。「ゴミ出しのルールを守らない」とか，「夜道で大声で会話する」といった外国人への不満が地域でよく問題になるのである。これらは，多数の日本人が内在させる外国人への拒否感やヨソ者感（とりわけアジア人に劣等性を見ようとする傾向）を潜在的な前提とする偏見や無理解によることが少なからずあるだろう。たとえば，トラブルの原因として，ゴミ出しのルールが外国人にもわかりやすいように表記されていないとか，夜道では一般的に小声で話すべきだと考えている日本人にとって大声に聞こえても，外国人にとっては普通の声量だといった"すれ違い"も指摘される。奥

田道大（1993）によれば，それらの問題の多くが，単に双方の「生活習慣の違いに由来する」ものであり，「目くじらを立てるほどではない」ことである。こうした摩擦をいかになくし，異文化同士の接触を相互理解の契機としていくかは，すでに今日的な地域福祉課題の一つといえる。

第3節で事例としても取り上げる鈴鹿市は，自動車産業などに従事する外国人（とくに日系人）が多い地域であり，同市社協も共生の推進に力を入れている。中でも県・市社協の共同で行った意識調査は，外国人・日本人双方の住民，それも幅広い年齢層に対して実施したものであり，以下のように興味深い結果を示している。[7)]

鈴鹿市における意識調査結果にみる外国人観（抜粋・要約）

(A) 多くの外国人が地元で暮らすことについての日本人の意識
　○3割の日本人が，市内に外国人が暮らすことは「よくない」と思っている
　　「よいこと」「どちらかといえばよいこと」という回答者が合計で47.3%いるのに対し，「よくないこと」「あまりよいことでない」は29.6%である。
　○日本人の未成年の3分の2が外国人を受け入れている
　　日本人の未成年は外国人の存在を「よい」と思っている（66.7%）が，年齢が上がるほど「よくない」と思う割合が高い（70歳以上の38.0%が「よくない」と回答している）。
　○外国人集住地区に住む日本人は，比較的外国人を受け入れている
　　外国人集住地区の日本人の過半数（56.3%）は外国人を「よい」と思っているが，非集住地区だと4割の日本人しかそう思っていない。
(B) 外国人と暮らすメリット・デメリットに対する日本人のとらえ方
　○外国人と暮らす「よさ」は異文化・労働力・地域社会の魅力など
　　「異なる文化に触れる／文化が豊かになる」（56.6%），「少子高齢社会にあって，労働力が確保できる」（46.2%），「国際都市『鈴鹿』では当然のこと」（34.5%），「魅力ある地域社会づくりになる」（31.7%）という回答が上位である。

> ○「よくない」理由は，トラブル・治安・地域活動の困難・雇用機会減少・悪いイメージなど
> 　「生活ルールなどでのトラブル」（70.3％），「治安が悪くなる（犯罪が増える）」（64.8％），「自治会などの地域活動が難しくなる」（44.0％），「日本人の雇用機会が奪われる」（25.3％），「何となくイメージが悪い」（25.3％）などが，ネガティヴな回答の上位を占めた。
>
> (C) 日本人と外国人の交流とトラブル
> ○日本人が考える，外国人と交流が進まない理由
> 　「うまくコミュニケーションができない」（46.5％），「交流に興味がない。交流しなくても困らない」（44.4％），「外国人が何を考えているかわからない」（29.3％），「交流の仕方がわからない」（28.3％）といった理由が挙げられている。
> ○両者間で起きるトラブルについてのとらえ方の違い
> 　日本人は外国人とのトラブルについて，「ゴミ出し」（30.8％），「交通事故」（26.9％），「夜間の騒音」（19.2％）を上位に挙げるのに対し，外国人は「交通事故」（19.4％），「仕事上のトラブル」（19.4％）に強いストレスを感じている。

　調査結果のいくつかからは，潜在的なマイナス・イメージを払拭し，円滑なコミュニケーションを心がけることによって相互理解に結びつけられる可能性を窺うことができた。また，若年層の間で外国人を歓迎するムードがあるなど，ターゲットを絞った援助の戦略についての示唆も含まれていた。外国人と同じ地域に暮らすことを敬遠する住民が一定数いる一方，肯定派や支援団体もいる。鈴鹿市以外の外国人集住地区でも，多かれ少なかれ共通する状況にあるのではないだろうか。

(3) 移民政策をめぐる課題

　冒頭の総務省報告書において，地域レベルでの多文化共生が推奨される背景には，単に外国人の定住化が現象として進行していることのみでなく，日本の急速な人口減少があるのであり，「社会の活力を維持する」ことが目的として明示されている。

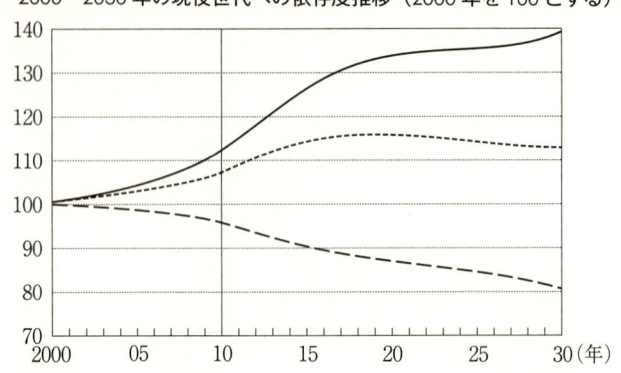

図3-4　2000〜2030年の現役世代への依存度推移（2000年を100とする）：日本

```
140
130
120
110
100
 90
 80
 70
  2000  05   10   15   20   25   30（年）
```

----年少人口と老年人口（0〜19歳と65歳以上）　－－生産年齢人口（20〜64歳）　――依存度

（出典）　OECD SOPEMI（2010: 52）.

　日本の生産年齢人口の著しい減少と高齢化の進行により，社会保障費を中心とする現役世代への依存度が今後さらに跳ね上がることが予測され，すでに社会問題化している。外国人労働者の積極的導入を図り，国力低下を避けるために移民政策を推進する議論は，「21世紀日本の構想」懇談会（故小渕恵三首相委嘱，故河合隼雄座長）が2000年の報告書において，日本の活力維持のために移民政策をつくることを推奨したことを契機に熱を帯びてきた。また国連人口部も，人口減少の推計される日本やヨーロッパ各国において「補充移民」（replace migration）なしに人口減少の回避はできないと明言する。

　図3-4は，OECDが示した2030年までの現役世代への依存度の推移（推計）であり，移民への依存必要度を裏づけるものである。年齢区分として，点線で示された「年少人口と老年人口」（ここでは0〜19歳と65歳以上），破線で示された「生産年齢人口」（ここでは20〜64歳）があり，「依存度」が実線で示される。2000年を100とし，その後の値が算定（2010年までは実績，以降は推計値）されているのだが，OECD加盟国の中でも日本の依存度の上昇は群を抜いている。同様のパターンで曲線を描くのは，他にフィンランド，ドイツ，デンマークなどがあるが，2010年代からの毎年の急激な上昇は日本とフィンランドが突出している。

　現在の人口構成のまま日本の高齢化がさらに進めば，社会保障費はおろか経済的な生産力の面でも立ちゆかなくなることは，今や誰もが知るところである。内閣府に設置された専門調査会「選択する未来委員会」は，2015年から毎年

20万人の移民を受け入れれば，100年後（2110年）に日本の人口を1億人以上に保つことができると（またそうしなければ，2110年には4286万人に減少すると）試算している[8]。

一方，国連人口部の推計では，日本が1995年の総人口を維持するためには，2000～2050年の間に毎年34.4万人，1995年の生産年齢人口を維持するには毎年64.7万人を移民として受け入れる必要があるという（依光編 2005: 34-35）。中本博皓（2009: 32-35）は，毎年60万人規模の移民受け入れは現実的でないとしながらも，多様な業種において外国人労働者の受け入れが必要になることは避けられないであろうと述べる。ただし中本は，外国人の定住化に伴う社会的コストの増大も含め，プラス面とマイナス面を熟慮する必要があることを指摘している。

また補充移民をめぐる実践課題・研究課題について，二階堂裕子（2007: 204）は，「『補充移民』として流入してきた外国人が地域社会で日本人と隣り合って生活するようになると，どのような問題が発生するのかという視点に立った実証的研究に基づく意見はほとんど見当たらない」と，さらには「高齢者介護の分野では，深刻化する人手不足の解決方法として外国人の受け入れが真剣に検討されているにもかかわらず，介護の現場で異なる文化的背景をもった人々が接触することの意味を十分考慮に入れた研究は，福祉領域においてもまだ着手されていない」と指摘している。

移民政策の内容については課題を吟味する余地が残るものの，今後さらに政策としての多国籍化・多民族化が進みうることを考えるとき，日本人がこれまで不得手としてきた「受け入れ国」としての姿勢が問われることは間違いない。EPA（Economic Partnership Agreement: 経済連携協定）による他国からの看護師・介護福祉士の受け入れもはじまり，社会福祉の実践現場においてもますます他人事ではなくなった。ソーシャル・インクルージョンの一つのフェーズとして「多文化共生」を明確に位置づけることが不可欠といえる。

福祉的課題として，当の外国人のニーズを幅広く充足するだけでなく，受け入れる雇用サイド，地域サイドが「数合わせ」や「仕方なく」という消極的姿勢で移民を「補充」することがあってはならない。そのような受け入れであれば，差別的な待遇や摩擦などの問題を含んだままの「包摂」となる可能性があるからである。

2. 社会福祉実践における多文化主義

(1) 多文化ソーシャルワークの見解

　日本社会福祉士会は，「多文化ソーシャルワーク」の定義として，冒頭の石河による定義をほぼそのまま採用している[9]。すでに多文化（異文化間）ソーシャルワークに着手している複数の自治体でそれぞれまとめられた定義を，石河がもっとも網羅していることが，同会の採用理由であるという。

　同会では，多文化ソーシャルワークの対象となる生活課題を「医療」「メンタルヘルス」「不就学児童」「児童虐待」「国際結婚」「ドメスティック・バイオレンス」「労働」「難民」「高齢者」「障害者」「犯罪・更生保護」とカテゴライズし，それぞれのニーズ，現行制度との関係，実践課題などについて体系づけている。また，解決資源として「公的サービス」（医療保険，年金保険，社会福祉・労働・教育など関連法規・制度），「自治体・公的機関」（市区町村窓口，国際交流協会，教育機関，労働基準監督署，大使館など），「インフォーマルサービス」（通訳・翻訳，NPO・ボランティア団体，同国人の協会・ネットワーク，宗教関連，職場，家族・親戚・友人など）を挙げる。

　一方，石河による方法論の中心は，分野別ソーシャルワークの各々に多（異）文化性への配慮を要素として取り入れることであり（図3-5），「ワーカーは，自分の文化の視点からのみクライエントを見るのではなく，クライエントの文化的・社会的背景を尊重・考慮してかかわっていく」こと，「ワーカーの文化には見られないクライエントの文化に存在する特徴を，援助に活用していく」ことが強調される[10]。日本では「滞日外国人」「国際結婚（離婚）」「難民」「中国帰国者」などがこの議論で想定されているのだが，この議論でいえば沖縄人コミュニティのような国内の民族的マイノリティとの共通部分も大きいものと思われる。

(2) 多文化化の「機会」と「リスク」

　多文化主義が進展すれば，政治，文化，民族，宗教などのルーツの異なる人びとが生活や仕事の場を共有することが想定されるのであるが，社会福祉援助においても当然，このことのポジティヴにとらえられる面，ネガティヴにとら

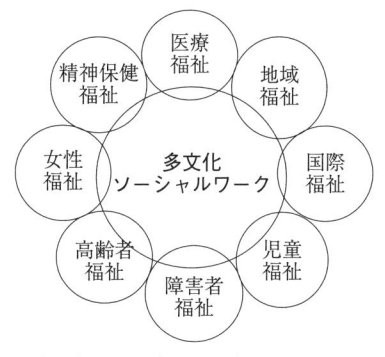

図3-5 多文化ソーシャルワークの実践分野

医療福祉／地域福祉／国際福祉／児童福祉／障害者福祉／高齢者福祉／女性福祉／精神保健福祉／多文化ソーシャルワーク

（出典）石河（2012: 36）。

えられる面の両方を視野に入れた対応が必要である。[11]

　多文化という場合の〈文化〉に関しては，言葉や服装，芸能，料理などシンボリックに具象化されたものに目を奪われがちであるが，むしろどのようなコンテクストでそれらが構成されているかを掴むことが重要となる。ニール・トンプソン（Thompson 2010: 109-110）は，「文化とは高度に複雑化した現象で，単純にいえば物の見方，考え方，行動の仕方の共有である」とし，「結果として，不文律，暗黙の了解，期待どおりの振る舞いのようなものを形成する」のだとする。そして，「価値」「規範」「コミュニケーション」「アイデンティティ」「儀礼」「芸術，技能，音楽など」「プライド（仲間としての帰属意識や誇り）」という側面に基づくことを論じている。

　トンプソンは，文化的多様性を支持する立場である。文化が広がることは多様な機会を生むこと，〈差異〉への気づきは社会の長所を伸ばし，大きな利益をもたらすとともに，社会正義につながることを彼は強調する。

　なお，自由主義的な側面からグローバリゼーションが排除を生みだす構造について前章で述べた。シャーロット・ウィリアムズとマーク・R. D. ジョンソン（Williams and Johnson 2010: 9）によるターミノロジーにしたがえば，「エスニシティ」（ethnicity），つまり民族性や「エスニック・グループ」（ethnic group）は社会的，政治的に特徴づけられるものであり，状況即応的で，交渉しだいで結果が変わりうるものともとらえられる。この点で「人種」（race）との差異は明確である。「人種」は生来的・身体的な特徴であって，不変だからである。外国人が多いことと治安が悪いことを結びつけようとする言説はき

わめて優勢だが,「自分の財を奪われたくない」という警戒心も,この自由主義的な論理が特定のエスニシティを否定的に解釈する一つの現れととらえることができる。このため,民族的な多様性の受け入れに関する議論においては,権威サイドのそのようなロジックに組み込まれることを回避しなければ,新たなソーシャル・エクスクルージョンを生むことにつながる。

一方,社会や集団を強化する機会であるはずの〈新しい文化との出会い〉が,排除の根拠とされるもう一つのロジックとして,地域社会における〈(我々の築いてきた)文化が瓦解する〉という拒否感があるのではないか。つまり,共同体主義に基づく同質性志向は,状況しだいでは「文化が無節操に拡大すると"和"が乱れる」とか「昔から"郷に入れば郷に従え"というではないか」といった言説を生産する可能性を含むものであろう。このロジックが少数サイドを凌駕するとき,同化や排除にいたるものと考えられる[12]。

多(異)文化の受け入れに肯定・否定の両論があるのは不思議なことではないが,少なくとも社会福祉援助の立場にあっては,国内外における多様な文化的背景をもつ人びとが(割合の大小はあるにせよ)地域で共生しているという実態と,多文化主義が本稿でいう文化的排除と不可分の関係にあることは冷静にみつめなければいけない点であろう。

(3) 福祉社会における多文化主義的な援助

では,多文化主義にたつ社会福祉援助とは,具体的にどのようなものになるのか。ウィリアムズとジョンソンは,著書『*Race and Ethnicity in a Welfare Society*(福祉社会における人種とエスニシティ)』において,鍵となる問いを次のように立てている。「我々は,多文化的福祉国家たりうるか?」「誰が,なぜ,福祉の物品やサービスを提供できるのか?」「どのような構造で,多文化社会に福祉を提供できるのか?」「いかにしてマイノリティ・グループの権利を守るか?」「マイノリティ・グループの間に根を張る不平等を,いかにして取り除くか?」「永続的な福祉のため,連帯と互恵をいかにして確立するか?」「多様化するニードに対し,いかに効果的に応じるか?」という7点である(Williams and Johnson 2010: 5)。

多文化的な福祉社会を構想するとき,こうした問いに対する責任意識をもち,現実的なサービス体系へと具現化していかなければならないのであるが,それ

についてはイギリスの Local Government Association（LGA）によるレポートが参考になる。地域で移民を受け入れる場合，どのようなサービス・メニューを用意すべきかという視点で，具体的なポイントや論点（抜粋）が次のように挙げられている（Local Government Association 2007: 46-55）。

① 共同的ニーズに関して
・情報，アドバイス，ガイダンス（移民，支援者ともに情報整理を求めている）
・翻訳サービス
・トレーニング（移民だけでなく，支援者向けの文化理解や言語の訓練が必要である）
・コミュニティにおける融和と対立について取り上げること

② 個別的サービスへのニーズに関して
・住宅とホームレス対策（移民の多くが多人数の家族で欠陥が放置され出火の恐れのある住環境で暮らす。ホームレス向けの支援を受けている人も多い。彼らの多くが自分の権利について知識がなく，土地借用などの権利も明確でない）
・学校，教育
・子どもへのサービス，保護
・成人への教育と「第2外国語などとしての英語」
・タウンや地方の計画（住宅の不足など，移民増加がもたらすインパクトの分析が必要となる）
・レジャーと文化

③ パートナーシップのニーズに関して
・健康とソーシャル・ケア
・警察とコミュニティ・セーフティ（犯罪に巻き込まれる移民が多い）
・火災とレスキュー・サービス
・ボランタリー・セクター（ボランティア団体は移民に初期的なつながりをもち，重要な支援ができる）

これらのサービス・メニューの第一線の担い手候補者は，地域の諸活動に従事する住民や各種の専門職であろう。しかしその基盤整備は，政策レベルで取り組まれるべき課題である。ただし，それらを政府や地方自治体が形式主義的に取り入れるのでなく，確固とした政策理念に基づくものでなければ本質的に状況を改善することは難しい。その理念に基づき，適切な調査，不平等の根絶

(4) 多文化主義的な援助のデザイン

議論をひとまず整理すると，異なる文化背景をもつ人びとに〈固有の課題〉への対応と，〈普遍的な課題〉としての福祉サービスに多文化という要素を加えるという対応（援助の多文化化，すなわち支援対象者独自の言語・歴史・経済・政治などの状況を理解し，加味した社会福祉援助）という２つのタイプが見出せるのではないか[13]。また，ニーズの充足のためには，相談援助や介護，保育，教育，就労支援などの〈直接的なサービス提供〉が必要とされるタイプの課題と[14]，排除や差別，抑圧などに対抗するために，組織化・ネットワーキングやアドボカシー，コミュニティ・エンパワメント，社会運動，政策・計画立案など，比較的に〈間接的な手法〉によって当事者やホスト社会に働きかけていくべきタイプの課題があることも，ここから導くことができる。これらを概念上，**表3-1**のように整理しておきたい。

次に，既存の社会福祉制度やサービスにおいてエスニシティという要素をどう加えればよいかが問題になるのだが，これについては上野谷加代子（1990）によるソーシャルワークの実践モデルを手がかりにして考えてみたい（**図3-6**）。このモデルでは，ソーシャルワークの実践分野が，x軸＝対象者別視点（高齢者，児童，母子など），y軸＝援助技術別視点（ケースワーク，コミュニティワークなど），z軸＝ニーズ別視点（教育権の保障など）によって構成される。すでに開拓的に取り組まれている例を除き，従来のソーシャルワークでは，３つの軸にエスニシティという特性をほとんど勘案してこなかったものと思われるため，それぞれの軸に反映させる必要がある。

まずはx軸（対象）に着目してみよう。仮に児童をC，家庭をF，障害者をD，高齢者をEとすると，従来の多くの実践が多文化主義に立たない（文化的多様性を前提としない）援助であったとすれば，**図3-7a**のように示される。ここに対象者に固有の文化を想定するとき，注意すべきは，「固有の課題に対するサービス」と「普遍的サービスの多文化化」の両方があることであった（**表3-1**）。固有の課題に対応するためには，「障害者」「高齢者」などと同じく「外国人」のような多文化性をもつマイノリティの個人や集団（ここではMとす

第3章 多文化共生を通じたソーシャル・インクルージョン

表 3-1　文化的背景の異なる人びとへの援助の分類

	直接的援助	間接的援助
固有の課題への対応	通訳・翻訳，各種相談援助(滞在資格，就労，教育，居住，無年金問題，地域からの孤立・排除など)，エンパワメント	ネットワークづくり(外国人同士の，または地域のネットワークに迎え入れる)，支援団体(NPOなど)のバックアップ，行事，普及・啓発(差別撤廃など)，訴訟(不当解雇撤回など)や集団行動，政策・制度条件の整備・改善(在留資格，医療・福祉・教育，参政権など)への働きかけなど
	ターゲット：当事者(家族・集団を含む)	
普遍的課題に対するサービスの多文化化	福祉サービスの多文化化(相談援助，介護，保育など)，医療・保健，教育，労働，趣味・娯楽など関連サービスの多文化化	
		ターゲット：当事者(家族・集団を含む)およびホスト社会(政府，自治体，地域など)
	ターゲット：当事者(家族・集団を含む)	

(注)　分類は概念上のものであり，実際には相談支援と啓発活動がリンクするなど，複合的活用が想定される。

図 3-6　3つの視点による区分（ソーシャルワークの実践分野）

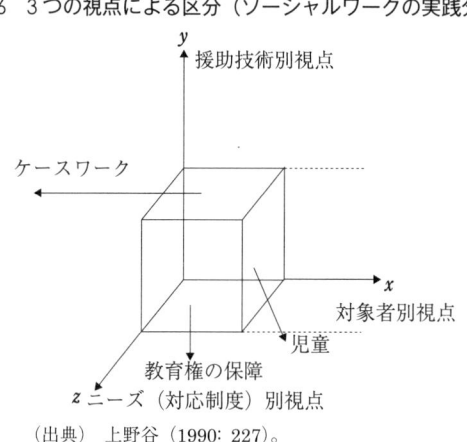

（出典）　上野谷（1990: 227）。

図 3-7　対象者設定におけるエスニシティの位置づけ

a　文化的多様性を前提としない x 軸

C　F　D　E　……

対象者別視点

b　同，前提とする x 軸（網掛け部を追加）

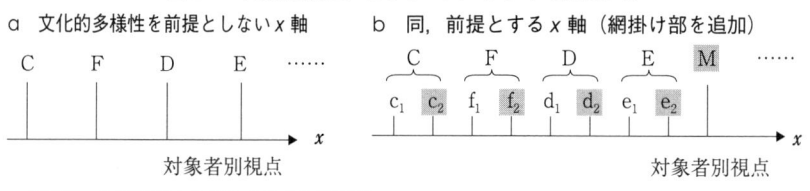

C　F　D　E　M　……
c_1 c_2 f_1 f_2 d_1 d_2 e_1 e_2

対象者別視点

（出典）　上野谷による図 3-6 をもとに作成。

る）を対象視するということである。そのため，属性群 C・F・D・E と同列に M を加えたのが図 3-7b である。

一方，普遍的ニーズをもつ属性群 C・F・D・E……の各々にマジョリティもいればマイノリティも含まれることをふまえると，サブカテゴリーに分類すれば考えやすい。単純化して，たとえば高齢者（E）というカテゴリーに属する対象者でも，日本人の高齢者（E のサブカテゴリー e_1）と外国籍の高齢者（同じく e_2）が存在することを前提にする必要がある。制度設計，援助計画の段階でそれを想定せず，あたかも e_1 のみで対象が構成されるものととらえてしまうと，e_2 の事情や心情との乖離が生じうるであろう。ある社会福祉施設において，外国の文化背景をもつ利用者がいるにもかかわらず，日本人利用者しかいないかのようなプログラムにするか（日本人に馴染みのサービスを日本語のみで提供するか），複数の文化を意識し，反映したプログラムにするかと考えれば，少なくとも外国人利用者にとっての満足度が高いのは通常後者であろう。対象が児童，障害者であっても同じことがいえる（図 3-7b の c_2, f_2, d_2, e_2 ……）。

対象をこのように設定した上で，ニーズの分析（z 軸）が行われる。上の高齢者 e_2 は，普遍的な福祉ニーズ（介護保険制度の利用など）をもつ場合もあれば，文化的差異に付随するニーズ（日本語の習得，日本人との関係づくりなど）をもつ場合もあるだろう。それをふまえ，最善と思われる援助方法を選択する（y 軸）という流れになる。

さて，次節で取り上げる事例では，在日外国人の集住地域において，このような考えに基づく援助を確認することにする。

3. 多文化主義的な援助の事例

(1) 3 事例の概要

以下では 3 つの事例を取り上げ，ここまでの議論の実践モデルととらえて概説する。いずれの記述も，筆者による聞き取り調査やアクション・リサーチなどを主な情報源としている。[15] 第 1 事例は，川崎市川崎区が舞台である。在日外国人への民族差別と長年闘ってきた民間法人が運営する数々の社会福祉サービスには，常に外国人と日本人をともに支援する発想がある。徹底して当事

者に寄り添うためにさまざまな工夫が凝らされているのだが、そこから見出される直接的援助における多文化性に主眼を置いて本事例を説明する。また、川崎市は自治体による施策化においてもパイオニア的であり、民間の活動を後押ししてきた経緯がある。事例の前提となることなので、最初にふれておくことにする（加山 2007, 2008）。

第2事例と第3事例では、ともに計画あるいは調査というマクロ実践に焦点を当て、間接的援助における当事者参加や多文化化の要素を探る。第2事例は大阪市生野区である。在日韓国・朝鮮人の集住する同区では、行政計画である生野区地域福祉計画策定にあたり、外国人のための部会を設けて、公式に意見聴取を行うとともに、施策への提言を行っている。ソーシャル・インクルージョンの仕組みとしても、あるいはローカル・ガバナンスとしても試金石といえるものであった。第3事例は三重県鈴鹿市で、市社協による主体的な取組みには目を見張るものがある。本節で着目するのは鈴鹿市地域福祉活動計画の策定過程における外国人・日系人の参加、外国人支援の明文化である。先述したとおり、同社協は県社協との共同による意識調査を行い、日本人と外国人の双方から有力なデータを得ている。間接援助におけるリサーチ、アセスメント、プランニングが有機的に取り組まれている点でも重要な実践といえる。

(2) 事例1：行政施策と直接的援助（川崎市川崎区）

① 川崎市の在日外国人をめぐる概況

神奈川県北東部に位置する川崎市は東京湾臨海地区を代表する工業都市である。首都圏へのアクセスがよいことから衛星都市としての機能も充実し、主力の製造業のほかに、サービス業や小売業なども盛んである。

市の南部に位置し、工場地帯を擁する川崎区では、古くから多くの在日コリアンが港湾労働者として従事し[16]、集住地区を形成している。図3-8が示すとおり、川崎市において外国人登録者数は概ね増加の一途を辿っており、1999年3月時点で2万458人であった登録者数が、2012年3月現在3万1121人となった。中でも川崎区は外国人居住者が市内でもっとも多く、3分の1超が集中している（2012年3月で1万1508人）。

入国管理局『平成23年度出入国管理』によれば、2010年度時点での全国の外国人登録者数が全人口比1.67％であるのに対し、川崎市の報告を見ると

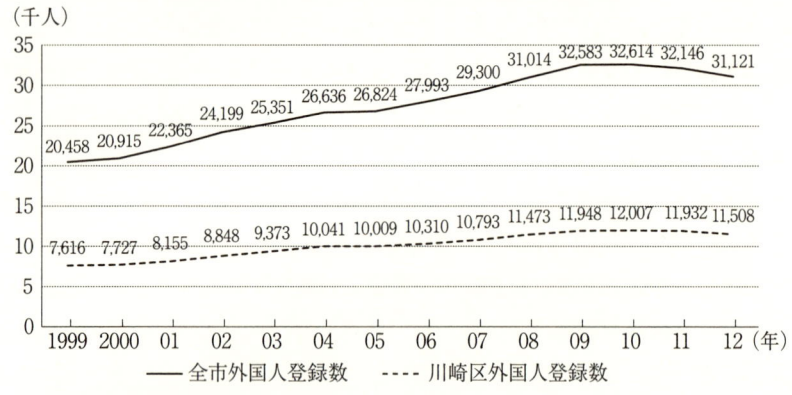

第Ⅰ部 《理論編》文化的排除に対する援助のアプローチ

図 3-8 川崎市および川崎区の外国人登録数推移

(千人)

年	全市外国人登録数	川崎区外国人登録数
1999	20,458	7,616
2000	20,915	7,727
01	22,365	8,155
02	24,199	8,848
03	25,351	9,373
04	26,636	10,041
05	26,824	10,009
06	27,993	10,310
07	29,300	10,793
08	31,014	11,473
09	32,583	11,948
10	32,614	12,007
11	32,146	11,932
12	31,121	11,508

(注) 各年3月末時点。
(出典) 川崎市総合企画局『川崎市管区別年齢別外国人住民人口』(平成24年)。

図 3-9 全国・川崎市・川崎区の外国人登録対人口比の推移

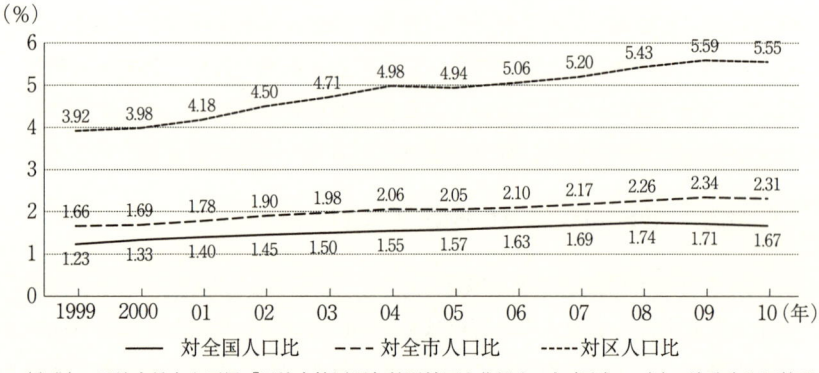

(%)

年	対全国人口比	対全市人口比	対区人口比
1999	1.23	1.66	3.92
2000	1.33	1.69	3.98
01	1.40	1.78	4.18
02	1.45	1.90	4.50
03	1.50	1.98	4.71
04	1.55	2.06	4.98
05	1.57	2.05	4.94
06	1.63	2.10	5.06
07	1.69	2.17	5.20
08	1.74	2.26	5.43
09	1.71	2.34	5.59
10	1.67	2.31	5.55

(出典) 川崎市総合企画局『川崎市管区別年齢別外国人住民人口』(平成24年), 法務省入国管理局編『平成23年度 出入国管理』。

同時点でそれを上回る2.31％を占める。さらに，川崎区は5.55％であり，全国の3倍以上の高さである（図3-9）。

　市内の在日外国人の大半をコリアンが占めるという構図も，近年では様変わりしている。外国人登録者の国籍別内訳で長年トップだった韓国・朝鮮を，中国が2008年に逆転し，最多となった。以下，フィリピン，インド，ブラジルの順で多い（表3-2）。[17]

　世代別の構成としては，いわゆる「オールドレジデンツ」と「ニューカマー

表 3-2　川崎市の国籍別外国人登録者数（2010 年度）

（人）

国　籍	外国人登録者数
中　国	10,611
韓国または朝鮮	9,066
フィリピン	3,836
インド	1,155
ブラジル	1,123
その他	6,355

（出典）『平成 23 年版　川崎市統計書』。

ズ」が混住している状況である。渡航・定住の時期や経過により大別すると，在日コリアンを中心とするオールドレジデンツとして戦前（強制連行以前），主に港湾労働目的で渡航した「一世」，日本で生まれ，現在 60 歳前後となった「二世」，その子や孫世代の「三・四世」，となる。そこに，1980 年代以降のいわゆる戦後移住者としてのニューカマーズを迎えるようになる。

② **市の外国人支援施策**

川崎市教育委員会は，『川崎市外国人教育基本方針——多文化共生の社会をめざして』（1986 年制定，1998 年改定）において，在日コリアンの辿ってきた厳しい歴史と向き合い，共生社会を実現していくべきとの見解を示し，次のように記している（川崎市 1998）。

　本市は韓国・朝鮮人の多住地域といえる。

　（中略）京浜工業地帯の中核都市である本市に日本の植民地支配によって工場労働者等としてつれてこられた結果である。

　これらの人々の多くは，今なお日常生活において深刻な民族差別を受けており，そのため学校や地域社会において日本名を名のるなど，民族としての自らの存在を明らかにできないような場合もある。

　（中略）さまざまな文化的背景をもつ外国人が同じ地域社会に暮らし，また，日本語の理解が十分でない外国人も多数生活していることを意味している。

　（中略）国際結婚により生まれた子や多文化を受け継いでいる日本国籍者等が直面している問題がある。かれらは多文化を受け継いでいることにより，本来，文化をつなぐ豊かな可能性を有しているにもかかわらず，と

もすると日本人と見なされることにより，日本と異なる文化の獲得や表現ができにくく，安定した自己の主体形成にゆがみをもたらされかねない状況に追いやられている。これに似た問題は，海外からの帰国児童・生徒をめぐっても見受けられる。

　川崎市はまた，先駆的な外国人施策を打ち出してきたことでも知られている。主な取組みとしては，市が発足させ条例によって規定する「川崎市外国人市民代表者会議」，同会議による2006年の「外国人市民の地方参政権」取得の提案，公務就任権の国籍要件撤廃[18]，「川崎市外国人市民施策専門調査員」（非常勤嘱託員）の設置，「川崎市多文化共生社会推進指針」策定，「川崎市住民投票条例」制定，そして，次に紹介する在日外国人と日本人との交流拠点ふれあい館の設置（公設民営で，社会福祉法人青丘社が運営する）などがある。

③ 社会福祉法人青丘社による直接的援助

　青丘社は1969年に活動を開始し，設立認可は1973年の社会福祉法人である。現在，交流拠点ふれあい館の運営および近隣での福祉サービスを手広く展開している。

　民族差別をなくす運動と地域活動に外国人と日本人が共同で取り組む中で誕生したのが青丘社の成りたちだが，設立の背景には，偏見や誤解によって在日外国人の就業や居住などの諸権利が脅かされていたこと（不当解雇や入居拒否など）があった。またそれに加えて，外国人世帯での子育てや介護などの福祉ニーズの充足も課題として浮上していた。1969年，他の園で受け入れを拒否されていた児童を対象に，在日大韓キリスト教会に無認可保育所を開設したことが活動の発端となったのであった（同園は法人設立時に認可保育所となる）。

　青丘社が受託・運営するふれあい館は，1988年に設立されて以来，外国籍住民に必要とされる活動を柔軟に行える拠点として，あるいは当事者同士の紐帯となり，コミュニティ形成を促進する拠点として，重要な役割を果たしてきた。建物の建設や運営予算の拠出を行政が担い，サービスの企画や実施を民間に任せるという運営方式も，経営効率のよさだけでなく，利用する人びとにとって有利に働くものといえる。

　現在青丘社は，同館を中心的拠点として多様な取組みを実施している。大別すると以下のように考えられる。(i)地域活動（ふれあい館における各種社会教育講座，研修，資料保存・管理のほか，近くでのコミュニティ・カフェなど），(ii)高齢

表 3-3 青丘社が提供する主な福祉サービス

対象者	事業・施設	サービスの特質
在日外国人，日本人	ふれあい館	総合文化拠点の運営
高齢者	トラヂの会（在日一世の会）	相談事業，日常的でゆるやかな交流，支え合い，生きがいづくり
	介護施設ほっとライン	介護現場の多国籍化を志向した援助。「日本の童謡や遊びに偏らない」多文化の介護
児童・家庭	桜本保育園，子育て支援（児童館型）	多文化保育など。外国人の適応と当該社会の関係性の問題において，学校や教育システムの重要性に着目
障害者	虹のホーム（グループホーム），タイムケア事業	障害者が自然に地域に溶け込めるよう工夫

者福祉活動（介護保険事業〔ホームヘルプ，デイサービス，グループホームなど〕および施設運営，高齢者向け相談・交流事業〔高齢を迎えた在日一世たちのセルフヘルプ・グループであるトラヂの会〕），(iii)児童福祉活動（保育園運営，児童館型子育て支援事業），(iv)障害者福祉活動（グループホーム運営，中高生タイムケア事業）である（表 3-3）。先の図 3-6・3-7 でいえば，x 軸に外国人を，z 軸にそのニーズ充足を絡める形だが，あらゆる援助の場面に外国人と日本人を想定している点で徹底している。

④ **直接的援助に見られる多文化主義的要素**

具体的な実践のあらましについて，以下，a）桜本保育園と b）介護施設ほっとラインに絞って概観しておく。外国人支援や福祉制度についての専門性が求められるものとそうでないもの，時間や資金を投じなければできないものとそれらを要しないものがあるが，多文化性を盛り込んだ実践の要素をいずれも豊富に含んでいる。

なお，聞き取り調査で得られたデータから，多文化共生に向けた取組みとして，〈職員の雇用・人材育成〉〈プログラムにおける多文化化〉〈地域社会との関係づくり〉の 3 カテゴリーを生成することができたので，**表 3-4** ではそれぞれに整理した。

a) **桜本保育園**

法人設立の発端ともなった同園では「多文化共生保育」が掲げられ，多言語（日本語，韓国・朝鮮語，北京語，タガログ語，ポルトガル語，スペイン語など）で[19]

表3-4 青丘社の福祉サービスにみる多文化主義の取組み

	雇用・人材育成	プログラムにおける多文化化	地域社会との関係づくり
介護施設ほっとライン	○外国人ヘルパーの雇用 ○日本人・外国人同等の雇用条件（給与体系，業務内容など） ○ヘルパー講習の実施 ・日本人向け：地域の歴史，在日コリアンの言葉や固有のニーズなどへの理解 ・外国人向け：日本語での記録のつけ方，個別の相談（スーパービジョン）や補習など	○利用者の母国の料理 ○地元のチャンゴ（打楽器）のパレードの観覧 ○民族名での声かけ	○冊子『よく使う韓国・朝鮮語』を作り，利用者が行く他施設や病院等で配布
虹のホーム			
トラヂの会		○在日一世を中心としたゆるやかな交流，会食，レクリエーション ○生活のさまざまな場面の支え合い ○韓国・朝鮮の歌や踊り	
桜本保育園	○保育士が各国語を覚える（現在6カ国語），通訳できる保育士を雇う	○煩雑な入園手続きを園が手伝う（役所へも同行） ○利用者の母国語を使用 ・「連絡ノート」の母国語対応 ・推薦絵本の翻訳 ・保護者会の際の通訳をつける ・母国語の誕生日メッセージ ○親が順に自国の手遊び・話を披露 ○園児の家庭料理を順に出す ○運動会で「園児の自画像」を吊る（万国旗の代わり）	○日系人のみのリストラに遭った保護者を支援し，運動を起こして勤務先に解雇を撤回させた

（注） 現在は実施していないものも含む。

の保育が行われている。保育園の「連絡ノート」も母国語で対応し，保護者会には通訳をつけている。

　園の職員ははじめから多言語に通じているわけでは決してなく，まして語学修得の時間が用意されているのでもない。新たな言語をもつ利用者が入園すれば，その言語の辞書を購入することから始め，一語一語コミュニケーションを図ろうと努めているのである。だが，その地道な労を惜しまない姿勢に，孤立状況に置かれがちな利用者が励まされるのであり，また保育士との間に固い信頼関係が生まれるのである。そうした関係性が熟していく様は，保護者の変化に顕著に見ることができる。たとえば，「連絡ノート」であれば，当初母国語でやりとりしていた保護者が，徐々にローマ字で日本語を書くようになり，やがてはひらがなを覚えて書くようになることがある。もし，はじめから他の日本人利用者と同様に日本語（漢字）を要求していたとすれば，保育士の労力は省かれようとも，利用者との距離を縮めるのは難しいだろう。

　同じように，絵本に母国語の翻訳をつけ，家で読み聞かせができるようにする配慮や，保護者会に通訳者をつけることなどは，しだいに卒園児の保護者が協力を申し出るようになって可能となった。一般的な行事で手話通訳や託児サービスなどが浸透しつつあるように，こうした配慮が「当たり前」になることを園はめざしているのである。

　運動会では，ある頃から万国旗を吊るすのを取りやめた。地元ではオールドレジデンツの在日コリアンに加え，中国やフィリピンなどからのニューカマーズの移住も増え，まして日本人と外国人の結婚，その子の結婚など，婚姻関係も複雑化しているため，そもそも「国籍」という概念のもつ意味が薄れてきているからだという。その代わりに，運動場には子どもたちが描いた自画像を吊るしている。ボーダーレスな状況下，「国籍」の区分にこだわるのでなく，子どもたちの「個性」に着目するという心遣いである。

b) 介護施設ほっとライン

　同施設では，介護保険事業を軸にサービスを行っているが，在日コリアンやフィリピン人の介護士が日本人とともに働き，外国人や日本人の利用者に対し，日本文化のみに固執しないサービスを提供している。

　外国人の雇用は，日本人と同条件（給与体系，業務内容など）である。その代わりに，独自のヘルパー講習やスーパービジョンを行い，外国人介護士に対し

ては言語的な不利さをカバーするとともに，日本人介護士向けにも地域の歴史や利用者の文化的背景への理解を促し，多文化による援助をよりスムーズにしている。

また，外国人利用者には民族名で呼びかけ，料理や行事なども利用者の母国のものを織り交ぜて提供している。さらには，外国人利用者が通う病院や他施設などに向けて『よく使う韓国語・朝鮮語』という冊子を作成・配布し，利用者が受け入れられやすくなるようにしている。

このように外国人への配慮はきめ細やかだが，しかしとりたてて大袈裟にしているわけではないと職員は話す。筆者の聞き取りに対し，職員の一人は「外国人は空気のような存在で，ことさら構えるようなことはない。『隣人』として当たり前に接しているだけ」といい，食事サービスを例に挙げて「普通にキムチも出すし，日本人だって『辛い，辛い』といいながら，喜んでキムチを食べている。逆に，在日の人でもキムチの嫌いな人もいるから，当然他のものも出す。フィリピン料理を出すにしても，特別メニューのように強調することもない」と語る。

(3) 事例2：地域福祉計画への外国人参加（大阪市生野区）

① 生野区における在日外国人集住地区

生野区は大阪市南東部に位置し，製造業と卸売業・小売業を主たる産業とする町である。人口は13万1625人（2012年12月1日現在）で減少傾向にあり，高齢化率は市平均の22.5％を上回る26.6％である[20]。

同区は，日本でも随一の外国人集住地区としてよく知られている。外国人登録者数は大阪市内でもっとも多く2万9369人（区内人口の22.1％）で，そのうち韓国・朝鮮人は2万7072人（外国人の92.2％），中国人が1745人（同5.9％），その他の国が552人を占める（2011年9月末時点）。

区民のおよそ4人に1人が在日コリアンであるため，区には民族的機関・団体が集中している。在日本朝鮮人総聯合会（総聯）は区内に4支部，在日本大韓民国民団（民団）は区内に3支部を置いている。先述の二階堂によれば，総聯は祖国統一に向けた活動，戦後補償問題の交渉，民族教育（民族学校の設立）などを推進，民団は地方参政権獲得運動，民族金融機関支援，民族教育などを推進している[21]。

他方,来訪者が身近に感じるのは,全国的に知名度のある「コリアタウン」であろう。先の川崎区にも,これに倣った商店街がある。二階堂は次のように記している。「まず目につくのは,朝鮮料理を出す飲食店,そしてキムチなどの食材やチマ・チョゴリなどの民族衣装を扱う商店の多さである。中でも,『コリアタウン』と呼ばれる長さ500mほどの商店街には,朝鮮料理のレストランや食材店などが立ち並ぶだけでなく,商店街の入口にソウルの南大門を模したというゲートが設けられており,強い民族色が打ち出されている」[22]。

 また,この地の在日コリアンは固有のエスニシティの表現活動が活発で,「制度レベルで文化を顕在化させる契機」である「生野民族文化祭」(1983年から毎年開催),「民族的アイデンティティの最大の拠り所」となる「チェサ」(祖先祭祀)などが代表的である[23]。

 ところで,在日コリアンの置かれた立場や心情を知る手がかりとして,ソニア・リャンの提示する知見は重要である。リャンは,在日コリアンのディアスポラとしての状況[24]や,日本人がそれを理解しないジレンマを指摘し,そのエスニシティの危機を「八方ふさがり」だとして次のように説明する(Ryang 2005: 20-21)。

> 彼らにとって故国〈くに〉と呼べる場所は文化的に異邦になって久しい。同時に居住国〈くに〉と呼ぶべき場所は今度は法的には異邦となっている。民族分断・冷戦・ホスト社会の閉鎖的構造などの理由から在日朝鮮人ディアスポラは帰るべき場所を失い,自己を記憶する歴史はおぼろげで,将来の文化的,法的アイデンティティも約束されていないというのが現状である。

② 「生野区地域福祉アクションプラン」の策定体制

 市町村地域福祉計画(社会福祉法第107条)の法制化を受け,生野区では2006年4月,「生野区地域福祉アクションプラン」を策定している。大阪市の地域福祉計画,大阪市社協の地域福祉活動計画(ともに2004年策定)を受ける行動計画という位置づけにあり,区社協と合同で事務局体制をつくり,作業が進められた。

 本計画の特徴の一つに,地域性を反映した策定委員会の顔ぶれがある。一般的な公私の地域組織・団体が入っているだけでなく,総聯と民団の支部,朝鮮学校,NPO法人(多民族共生関係)からの委員が名を連ねているほか,7人の

在日韓国・朝鮮人の委員が入っている。同区では日本人と韓国・朝鮮人が公式に同じテーブルについたのはこれが初めてのことである。[25]

さらに，外国人のニーズ把握のため，部会という形で組織的に位置づけていることは特筆すべきであろう。計画のための意見抽出においては，対象別に設置された5つの部会と住民座談会によって行われたのだが，「高齢者」「こども」「しょうがい者」「女性」の各部会に加えて「在日韓国朝鮮人・外国籍住民部会」（以下，「外国人部会」と略す）が設けられた。

③ 課題をふまえた「福祉特区」の提案

完成された計画書では，在日外国人としてのエスニシティに直接由来する課題から一般的福祉サービスにおける外国人支援の課題までがカバーされている。指摘されているのは，地域の情報からの阻害，孤立状態，無年金問題，生活保護率の高さ，在日高齢者同士・在日しょうがい者同士の支え合い，在日外国人の核家族化と家庭問題（若い親の子育て，シングルマザー・ファザー，共働き家庭で夜遅くまで親の帰りを待つ子どもへの声かけ）などである。

なかでも，無年金者に関する言及は，その構造や派生する問題にまでおよぶ。「制度上の差別や不備により無年金の人々が多く介護保険が使いにくいといったことも挙げられる」とするものである。その「制度上の差別」に関して，計画では次のように歴史認識の立場を明確にしている。

> 日本国政府は侵略した朝鮮・中国の人々に一方的に日本国籍を押しつけながら，1947年には，再び一方的に国籍を奪い，年金加入やあらゆる社会保障制度から排除しました。1982年難民条約批准によって年金加入も可能になりましたが，経過措置が採られなかったために無年金状態の解決には至りませんでした。その数字は制度的無年金者72.5％。制度的には可能になってもカラ期間として受給額に反映しなかったための無年金者69.8％となっています。（中略）就職差別等により経済的な基盤が弱く無年金等の理由ゆえに，生野区での生活保護の保護率も46.1‰と高くなっています（日本人平均では36.1‰となっています）。

諸課題への対応方針として，外国人部会では「福祉特区」を申請することなどを具体的に提案している。外国人が民生委員・児童委員に着任できるようにすることなどが特区案に盛り込まれたほか，外国籍住民に対応できる総合相談窓口の設置，複数言語の使える行政職員の配置，外国籍住民の問題に明るい人

を民生委員・児童委員に起用することなどの案が，計画書の上で明示された。

（4）事例3：市社協による外国人支援の計画化（鈴鹿市）

① 日系人の流入による外国人の急増

鈴鹿市は，伊勢湾と鈴鹿山脈に挟まれるように位置する，人口約20万人の市である。自動車産業をはじめとする製造業が盛んで，外国人労働者の受け皿となっている。外国人登録者は7785人（2012年9月末時点），人口比では約4％を占めるのだが，特徴的なのは外国人の流入の活発化が比較的近年であることと，日系人が中心ということである。入管法改正を機に1990年代に日系二世・三世の来日が急増し，また中国人などの研修生，実習生が増えていることから，ブラジル，ペルー，中国出身者が多数を占めている（図3-10）。リーマン・ショック以降は日系人の減少傾向が見られるのだが，これは送金などの一定の目的を達成した人や景気後退を受けて帰国者が出はじめたためといわれている。一方，出稼ぎによる一時滞在から長期滞在へとシフトし，定住化した人びとが多数残っているという傾向も見られる。

② 諸団体・活動とリンクする社協の外国人支援

市内では，国際交流協会やNPOなどの各種支援団体が活動しているほか，集住地区の地域づくり協議会でも多文化共生に力を注いでいて，市社協はこれらの各団体や市と協力しながら外国籍住民のニーズへの対応を図っている。

支援団体の例として，外国人への相談，通訳・翻訳，日本文化紹介などに取り組むNPO法人愛伝舎は，県の委託事業として「外国人住民アドバイザー事業」「就労のための日本語教室」「介護のための日本語教室」などにも取り組んでいる。また，地縁のつながりをベースとする牧田地区地域づくり協議会は，住民会議，国際交流行事への参加，学習支援，日本語の指導，料理・舞踊などを経験する行事，講演会などを通じて多様な文化を学ぶとともに，共生社会づくりに取り組んでいる。

社協にも，「鈴とも」という任意団体が置かれ，日本人と日系人のスタッフと社協職員によって諸活動が進められている。定期的な話し合いの場である「鈴とも会議」，「国際交流サロン」，外国人向け介護教室，地域行事への参加，福祉施設での交流などがそれである。先述した意識調査も，鈴ともに設置された委員会が主体となったものである。

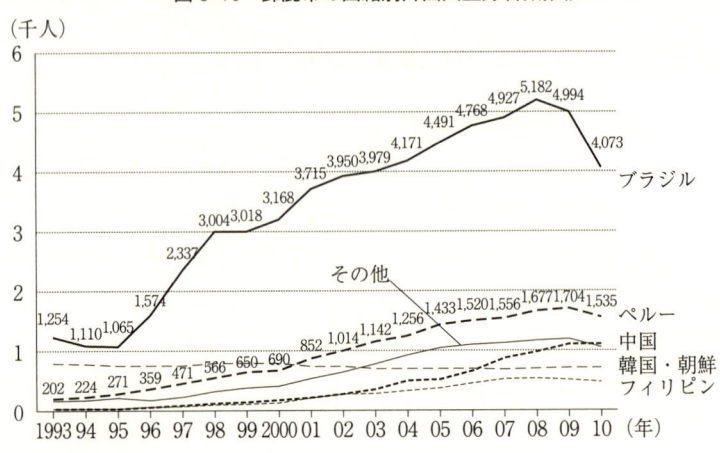

図 3-10　鈴鹿市の国籍別外国人登録者数推移

(出典)　鈴鹿市ホームページ「国籍別外国人登録者数の推移」。
http://www.city.suzuka.mie.jp/gyosei/open/shiryou/shingi/gijiroku/datas/216_007.pdf/ 2013.1.11.

③ 地域福祉活動計画における多文化共生推進

2010年に策定された鈴鹿市地域福祉活動計画（第2次）においては，日系人を中心とする外国籍住民，日本人双方からの課題抽出に基づき，具体的な支援策が示されている（鈴鹿市社会福祉協議会 2010）。

まずは策定体制についてであるが，他の部会から独立した「協議検討会」が設置されており，この点で生野区の事例と共通する。検討会では，「当事者（日系ブラジル人）と日本人が同じテーブルについて」，課題を次の3つに整理している。第1は「住むところ・子ども・学校」で，外国人のルールやマナーの問題の背景には相互の理解や協力の希薄さがあること，また言葉がネックになって理解が進みにくいことを指摘している。第2は「仕事・病気・病院」で，安定した仕事の少なさや病院での言葉の壁が挙げられている。第3は「その他」で，地域との交流が少なく相互理解に欠ける，となっている。

完成した計画書では，項目の一つとして「共生社会の実現」が設定され，課題および対応の方向性が提示された。課題は5つあり，「ルール・マナーの相違」「いじめ問題」「仕事が不安定な状況や3K」「医療制度の理解や情報の不足」「言葉の問題」というものである。解決の方向性は「ルール・マナーを理解する場の確保」「人権教育の充実」「外国人の働く環境の改善」「医療制度の

情報発信についてのPR」「日本語教室，通訳（病院，仕事場など）の充実」である。これらをふまえ，上記「鈴とも」の事業の実施主体・協力相手やタイムスケジュールなどを含めて計画化されている。

4. 小　　括

　多文化主義には，「機会」と「リスク」という一見相反する二面性が共存していることを先に述べた。日本においてグローバリゼーションとともに多文化化への広がりが見られる中で，社会福祉援助においても，この両面に目配りすることが重要であろう。

　異なる文化的背景をもつ人同士の接触が増えれば増えるほど，価値規範や風習の違いが浮かび上がるのは当然のことといえる。問題は，そこから生じる摩擦であり，とりわけ，二者間に圧倒的な権力差がある場合にドミナント（優勢）・グループから排除や差別がもたらされる点にある。しかしその一方で，異文化接触によって（地域）社会の文化がより豊かに，深みのあるものとなるという考えをもつ人は多く，援助者の立場とすると力強いサポーター的存在となる。多文化共生，さらにはソーシャル・インクルージョンを推進する戦略的なアイデアは，このような発想から潤沢にもたらされよう。

　援助への一般的示唆として3事例から共通して得られたのは，多（異）文化にまつわる問題をどのようにして把握・アセスメントし，その上に実践方法をデザインしていくかという，確固とした理念や手法をもつことの必要性であろう。またその際，公的主体だけでなく，当事者や草の根的市民活動を地域のソーシャル・キャピタルとして適切に評価し，支援ネットワークに組み込むことの大切さについても，共通して導くことができた。付言するとすれば，それらの実践枠組みは，マニュアル化されたようなものでなく，援助者が現場で試行錯誤を繰り返し，当事者と対話しながら開発してきたものである。

　第1事例では，新旧混住する川崎市の在日外国人の生活ニーズを前にした青丘社による直接的援助の数々を中心に説明した。前半の議論と照合すれば，普遍的な社会福祉サービス（介護保険など制度サービスを含む）に多文化という要素を加味する発想や手法が際立っていた。市による諸施策もまた牽引役として，また時に後ろ盾としてなくてはならないものであった。

なお、青丘社は、外国人労働者の不当解雇撤回の運動、参政権付与の運動、在留資格の状況の向上や定住化への働きかけ（オーバーステイの背景として、「短期就労ビザ」で入国せざるをえない条件自体が問題だという指摘）、民族教育の条件整備、ふれあい館設立をめぐる反対派との折衝など、長年にわたり市民運動を展開してきた（加山 2008）。これらは外国籍住民に対する権利侵害との闘いであり、経済的・政治的なソーシャル・エクスクルージョンに対するマクロ・ソーシャルワークとしてもきわめて重要な足跡であることを補足しておきたい。

第2・第3事例では、間接援助としての計画策定や調査を中心に、当事者・支援団体の参画、ニーズ充足の明文化をプロセスとしてとらえることができた。生野区の事例では、そのフィールドが行政計画であって、福祉特区という施策的装置を提案することによって実際の制度条件の改変に近づけたことなどは、大きな成果といえよう。鈴鹿市の事例の場合は社協計画であり、行政的対応の届かないところを満たそうとする民間団体をベースに、社協による支援を事業化するものであった。これらの取組みにおいては当事者参加が必要条件であり、調査～計画を媒体としてガバナンスを推進するというプロセス・ゴールとしての意味ももつものである。

イギリスのニューレイバーにおける一連の社会的排除政策においてもそうであるように、ソーシャル・インクルージョンへの取組みにとって、多文化主義は不可分の要素となっている。[26] 国際化や多文化化の進展がすでに見られる地域（自治体）において、それに呼応する援助が未着手である場合には、上のような先行事例の要素を吸収しながら、地域の歴史・文化や人口構造、産業構造に即した実践体系・手法の確立を図るべきであろう。まして、沖縄人集住地区からニーズが訴えられるにもかかわらず公的対応を回避する関西のA市B区のような場合は、行政の失敗という以外なく、せめて孤立無援で活動を続ける当事者組織やその共感者などへの後方支援を開始すべきことは自明のことである。

ただしそのような場合、援助側は先行する事例から表面的・技術的なノウハウのみを単に取り入れるのではなく、当事者側との対話によって本質的な価値や理念を共有・構築することが不可欠である。誠実で地道な対応を取ろうとする姿勢を援助側がもつかどうかが成否を左右することを、本章で取り上げた事例は雄弁に語っていたのではないか。

◆ 注

1) 石河は当初,「異文化間ソーシャルワーク」という概念を提起したが（2003年），その後「多文化ソーシャルワーク」へと言い換えている（2012年）。それについて石河は，相対的に外国人の少ない日本においては「まずは異文化を受け入れ，尊重することから始める必要がある」ために「異文化間」という概念を提起する必要があったこと，さらにはその後の「在住外国人の生活問題の増加，深刻化」をふまえて「多文化」を定義するにいたったと述べている。
2) マーフィー重松（1994），小熊（1995: 6-8）。小熊は，「単一民族神話」への批判理論の分析を通じて，「共通の言語・文化」と「血統」が混在した議論であることを導き,「単一民族神話」の定義を「単一純粋の起源をもつ，共通の文化と血統をもった日本民族だけで，日本国が構成されてきたし，また現在も構成されている」という観念と定義している。
3) 我妻・米山（1967: 127）。
4) 主に中南米諸国からの日系人の来日が急増する誘因ともなった。
5) 外国人の雇用では，採用ルート，雇用契約内容，勤怠管理，監督，成果の評価，昇進昇格，雇用調整などについて，日本人との共通部分と特別措置があることが指摘される。依光編（2005: 20-21）。
6) 二階堂（2007: 34-37）などを参照。二階堂は,「ニューカマー」と「オールドタイマー」の福祉問題を，先行研究をもとに整理している。そこで指摘されるのは,「国際離婚」「学校教育」「生活保護受給」「入居差別」などである。
7) 多文化共生に関する意識調査検討委員会（2011）。対象は鈴鹿市内在住者で，回答数は日本人が307件（回収率87.7%），外国人が257件（73.4%）。
8) 朝日新聞2014年2月25日朝刊。ただし，試算は合計特殊出生率が2.07に回復することが前提となっている。
9) 日本社会福祉士会編（2012: 7-8）。
10) 石河（2003: 11, 27）。具体的には，相手の文化背景，社会階層，受ける抑圧などを見極めること，コミュニティのサポートシステムやコミュニティリーダーなどを解決資源とすることが指摘されている。
11) Caliendo and McIlwain eds.（2011: 176）。
12) ウェルマンの理論について第1章で取り上げた。それにあてはめれば，地域の受け入れ住民が「コミュニティ喪失論」を警戒するのに対し，多文化推進論者は「コミュニティ解放論」を信じるという相剋といえよう。
13) Williams and Johnson（2010: 184）。
14) 高田眞治（2003a）による「個別問題と共通問題」の枠組みを参考にしている（第1章参照）。
15) 各事例に対し，筆者がインタビュー（半構造化面接法），ヒアリング，視察，資料収集などを行った。川崎市は2006～2007年の調査，生野区は2004～2006年の計画策定委員会への参加や文献研究，鈴鹿市は2012年のヒアリングと資料収集が中心である。
16) 『川崎市外国人教育方針』（市教育委員会1998年）。かつて在日コリアン一世の渡航は，港湾労働者としての集団就職や軍事徴用などによるものであった。
17) 『川崎市統計書』（平成23年版）。
18) ただし任用に制限（公権力の行使＝税金の賦課・徴収，土地収用などを除く）を設けるもので,「川崎方式」といわれ，他の自治体にも波及したものである。

19) カッコ内に記した言語は 2007 年の調査時点のものである。
20) 生野区ホームページ（http://www.city.osaka.lg.jp/ikuno/ 2013.1.8.）。
21) 二階堂（2007: 226）。
22) 同上書，139。
23) 同上書，140。
24) リャンは，故国に帰る望みを維持・共有する旧世代の在日コリアンの層を「ディアスポラ」，日本定住にシフトする若年層を「ポスト・ディアスポラ」と呼んでいる（Ryang 2005: 172）。
25) 二階堂（2007: 221-222）。
26) Williams and Johnson（2010: 26）.

第 II 部

《事 例 編》

Ａ市Ｂ区における
沖縄人コミュニティの形成と排除

第4章

沖縄の移民コミュニティ形成史 (1)
経済的困窮・社会主義思想・同化教育

　沖縄は，17世紀初頭，江戸幕府より出兵の許しを得た島津（薩摩藩）による侵攻によって，琉球としての独立制を奪われた。廃藩置県（1871年）後は，明治政府が琉球藩を廃し，沖縄県を設置する（1879年の「琉球処分」）。その後も「分島問題」，つまり島の一部が清国や台湾に"割譲"される案が持ち上がるなど，沖縄は日本の国益に翻弄されつづけ，「帝国議会からもきりなはされた"勅令主義"による官僚的支配」（新里恵二ら 1972: 198）を受けつづけてきた。

　近代化への歩みの傍らで，慢性的な不況，過重な税負担の煽りを受けた沖縄は厳しい経済状況に置かれることとなり，人口増加も相俟って県民生活は窮乏を極めた。毒性の"そてつ"を食べ，わが子を売りに出す以外に生きる方途のないほど追いつめられた状態の下で，海外への官約移民や国内の都市への移民・出稼ぎは，多くの県民にとって家族を守るため，局面を一転させるためには恰好の，そして止むに止まれぬ選択肢ととらえられた。

　生まれ育った故郷で，何の憂いもなく満ち足りた暮らしができるのであれば，あえてそれを手放すことはない。故郷を離れることを覚悟せざるをえなかった事情は，県民の思いとは無関係に，「沖縄」の地域性を構成する重要な要素となった。そのような歴史性や社会・経済的背景こそが，移住先においての状況の根幹をなしているものでもあり，その文脈を理解せずに移民の生活問題について考えることはできない。

　第Ⅱ部では，関西における沖縄からの移民コミュニティを事例として取り上げ，コミュニティの周囲（ホスト社会）との接合面で生じる問題および構造，

ならびに実践課題を地域福祉論の枠組みで論証しようと試みる。そのためにまず，移民のpush要因（送出の動機となる事柄）へとつながる19世紀末から20世紀初頭にかけての沖縄の窮状を，主に経済や思想・文化の側面について第4章において整理する。続く第5章では，国内外へ渡航した移民（一世）のコミュニティ形成やホスト社会からの排除の状況を，ミクロ・マクロ的視点から分析する。これらの章に関しては，経済学や社会学，地理学などの各分野における先行研究によってすでに明らかにされている部分が多いため，それらに基づいて地域福祉の立場から再検証を試みる。第6章では，高度成長期以後，今日にいたるまで二世を中心として展開してきたコミュニティ活動や社会的排除の問題を取り上げる。これについても先行する知見に依拠する部分が大きいが，やはり福祉的視点から論じられたものは見ることができないため，筆者が行った質的調査（2004～2005年度）を元に，コミュニティ形成を見据えた課題を第7章において提起する。さらに，第8章では，沖縄のコミュニティをめぐるガバナンスのあり方について，近年盛んになってきた「琉球の自治」の議論を参考に検討したい。

1. 大正～昭和初期の沖縄における経済的困窮

(1) 糖価暴落と過重な租税による沖縄経済の逼迫

　大正期に入り，沖縄は「特別県」となり，地方制度や参政権の上では"他府県なみ"とされたものの，日露戦争前の非常特別税，砂糖消費税による税負担の増加が県民を経済的に追いつめていた。その窮状は新聞紙上でも絶えず取り沙汰されるほどであったという。第一次世界大戦中の好況期は糖価が高騰し，県民の経済状況も一時回復したものの，戦後の恐慌とともに再び慢性的不況に陥ることになる。

　さらには，この状況に追い討ちをかけるかのように，地方税が加算される。1921年度の県税・市町村税としては1人当たり平均5円11銭が課され，生産力の低い沖縄経済にとって，第一次世界大戦後の経済不況と重税が二重にのしかかっていたのである。

　表4-1および4-2は，大正から昭和にかけての沖縄の国税負担の重さを示している。表4-1は，1924年時点において人口・面積規模が類似する4県の

表 4-1　1924（大正 13）年度国税負担額

県　名	国税額（万円）
沖　縄	484
大　分	419
宮　崎	226
鳥　取	198

（出典）　新城朝功「瀕死の琉球」をもとに新里ら作成（1972: 199）。

表 4-2　沖縄県下国庫金収支状況（千円未満切りすて）

年　次	収入（万円）	支出（万円）	差引超過額（万円）
1919（大正 8）	633	100	533
1921（　　10）	743	191	552
1923（　　12）	679	228	450
1925（　　14）	634	227	407
1927（昭和 2）	651	322	329

（出典）　「疲弊セル沖縄県ノ現状ト災害復旧事業」をもとに新里ら作成（1972: 199）。

国税負担額の比較である。当時の沖縄県の生産力は全国平均の 2 分の 1 強であったにもかかわらず，負担額は宮崎県や鳥取県の 2 倍以上であった。

表 4-2 は，沖縄県下の国庫金収支状況である。国庫支出が年間 100〜300 万円台であったのに対し，国庫収入は 600〜700 万円台である。すなわち，貧困状態にあった沖縄県から，国庫は毎年 300〜500 万円台の収入超過であった。この事態を告発する新里ら（1972: 198-199）は，「すでに明治末年において，租税を軽減して『民力を休養せよ』との声が新聞をにぎわしていたが，その重大な原因の一つに，負担能力をこえる過重な租税があげられていた」と述べている。

(2) 糖価暴落と"そてつ地獄"

この時期，沖縄では県民の大半が零細の農業従事者であったが，蔗作を中心とする"モノカルチュア"にとどめる農業政策をとってきた影響で，景気変動や不作に耐えられるだけの経営体力を備えるものではなかった。第一次世界大戦後の不況に際して糖価は大暴落し，農家は深刻な打撃を受けることになる。1920 年の那覇相場では黒糖が 100 斤当たり 244 円であったものが，1921 年

には12円にまで急落し、1926年以後はさらに9〜8円代に下落してしまうのである。

糖価暴落が県民生活におよぼした被害は甚大であり、多くの人が毒性を含む野生の"そてつ"を3食に1回は食べなければしのげない状況に陥った。"そてつ"からでんぷんを精製する調理法が人びとの間で広まったのだが、製法を誤って中毒死する人が出ていた。"そてつ地獄""飢餓地獄"と呼ばれる所以である。

それでもなお、県民生活の窮状は改善せず、やむなくわが子を「辻」や「糸満」の遊女や潜水漁夫、農家に売り飛ばす家もあった。いわゆる「辻売り」「糸満売り」である。こうした"子弟身売り"は、"親の孝行"を大義名分として、極貧の農家だけでなく、中農層にまで広まっていた。離島では、12、3歳の子どもが20歳までの約束で、20円ほどで本島の富農に売られていたこともあったという。

そして、"そてつ地獄"に押し出されるかのようにして、出移民が流出労働力となって県外に進出していくのであるが、その経緯から低賃金労働力として市場に組み入れられていくことになる。

(3) 主幹産業の本土支配

また、当時の沖縄の窮乏の構造的な背景として、抑圧的な経済政策があったことにも着目する必要がある。新里金福・大城立裕（1972）はこれを「経済的な差別的政策」と「それを隠蔽し瞞着するための同化政策」だとして、次のように強く批判する。「亜熱帯の海岸に散在する島嶼群としての沖縄県は、その立地条件の必然から、陸上における糖業と海上における海運業が、歴史的にも主幹産業をなしていた。その陸海における二大産業が、特例廃止前に、すでに本土大資本の独占するところとなっていた」というのである（「特例」とは、選挙法、府県制・市町村制の特例であり、1920年に廃止された）。

沖縄経済は1919年以降、輸入超過となり、赤字が年々増大している。農商務省（当時）が直轄する沖縄県臨時糖業改良事務局が、横浜の沖台拓殖製糖会社に払い下げられ、また海運業も大阪商船の独占下に置かれることとなり、沖縄の生産による利潤の大半がこれらの民間企業に吸い上げられ、県外に流出するという構図であった。こうした事態の原因として、沖縄における土地整理が、

国防上ならびに本土資本の進出のための「地ならし」という政策的意図のもとに行われていたことが指摘されている[7]。

このような沖縄の経済的困窮が、県民を移民へと駆り立てた最大のpush要因であったと考えられる。

(4) 過剰人口による経済圧迫

他方において、沖縄からの出移民のpush要因としては、もう一つの側面が指摘されている。1920年代後半には、移民の目的として、「疲弊する県経済の救済」とともに「過剰人口の解決」が問題視されていたのである。当時の沖縄では、毎年6000人規模の人口増加によって人口過剰に陥り、「海外発展」が県の経済を救う唯一の手段だとされ、官民上下協力して「永住的移住民の覚悟」を抱いて移民政策を確立することが求められていた。また、風俗習慣の異なる世界の各人種との共存共栄のためには、「郷に入りては郷に従う」を遵守して「県民生来の因習を打破」せざるをえないのだとする啓蒙が浸透していた[8]。

沖縄における人口増加は、それ自体が経済を圧迫し、移民として人口を送出する深刻なpush要因の一つとなっていたのである。

石川友紀（1997）は、地理学的研究の立場から、過剰人口と消費拡大が県民生活を圧迫し、「故郷にいて暗い生活を送らんとするよりは、進んでより良い幸福を求めんとして出移民を招いたものだろう」と主張する。ことに、与世里盛忠の『地理的ニ見タ糸満研究』（1932年）に着目し、分析の手がかりとしている。与世里は、沖縄県における出移民の原因を過剰人口に見出し、過剰人口の原因が、①人口増加と生産高が平行しないこと、②生活程度の向上の2点にあるとしているのだという。

この第1の点に関して、沖縄県が他府県なみの人口増加率であった（1871年の廃藩置県当時の31万545人が、約50年間で倍増した）のに対し、県内の二毛作の収穫量は他府県の一毛作よりもむしろおよばず、生産高が上昇しなかったことがある。石川はそれらが「土地の粗悪」「暴風襲来」「旱害・山林の荒廃」「（旧藩の地割制度による）農民の土地愛護の欠如、改善の念の欠如」「暴風林・貯水池など、種々の設備の怠慢（原文まま。「暴風林」は「防風林」と思われる）」に起因すると指摘する[9]。

第2の点については、交通の発達によって物資移入が向上し、それまで県

民の主要食料であった芋が米食に切り替わっていき、また衣服・化粧品・その他日用品の移入も増加した。他府県や外国からの帰還者も、出先地の生活様式を伝えることで生活様式を向上させる一因となった。こうした経緯によって消費拡大へのニーズは上昇するものの、人口過剰と生産不振によって現実との乖離が進み、出移民の誘因となったとされる[10]。

2. 移民・出稼ぎの急増

(1) 国内外の労働力需要を求めて

沖縄からの移民・出稼ぎとしての人口流出は、厳しい経済的窮状をpush要因として、官約移民時代の19世紀末頃から激化した。1899年の第1回ハワイ行移民団に端を発し、フィリピン、メキシコ、ペルーなどに移住したのだが、これと前後して国内他府県への出稼ぎも増加した[11]。その後も、戦間期以降は紡績工場や製材所、軍需産業などの労働力需要がpull要因となり、朝鮮特需、高度経済成長期にいたるまで、関西をはじめとする国内各地の工業都市が多くの移住者を吸収していくことになる。

本章で着目する明治末期から昭和初期にかけては、まさに移民・出稼ぎが活発化した時期であった。1907年に対米移民が禁止されてからは、ハワイへの移民に代わり、南米や東南アジアへの移民が増加する。新里らは、当時の様子を以下のように説明する。

> 農村の"口べらし"のためにふるさとをはなれたかれらは、また骨身をけずるような思いをして稼ぎためた金を実家へ送りつづけなければならなかった。"親の孝行"のためであった。(中略)"そてつ地獄"下の沖縄県民は、有効な救済策もほどこされないまま、自力でこの窮状からはいあがるため、安い労働力として県外へ買いたたかれていったのである（新里ら1972: 202）。

こうした移民や出稼ぎ、とりわけ他府県への移住の具体的状況については次章で検討することとして、なぜ、あるいはどのように、移民が渡航先で「骨身をけずるような思い」をすることになったのかについて、市場経済の構造を次に整理しておこう。

(2)「沖縄的労働市場」の形成

① 紡績女工に始まった沖縄人の本土移住

　沖縄で小学校教諭や新聞・雑誌記者などであった平良盛吉（1971: 21）の記述によれば，「日本の南のはての島じまに住む沖縄県人が，はるばる海を越えて本土の関西地方に出稼ぎにやってきたのは大正五，六年から」であった。ただしこれは「からだ一つを資本とする，いわゆる勤労者階級」のことであり，それより以前にも，すでに「公務員の出張，学生の進学留学その他砂糖，泡盛等の商い（多くは男性）や，絣・上布等の行商（主として女性）等のためには明治時代からぼつぼつ進出していた」という。しかして，「大正七，八年の頃は第一次世界大戦後のやや好況時代で大阪行けば儲かるといって全国から大阪に集まってきたが，沖縄からもどしどし出てきた」。

　この時期，大阪を中心とする関西の港湾地域のほか，関東などにも沖縄からの移民や出稼ぎは活発に行われたが，拍車をかけたのは海外渡航のハードルが上げられたことであった。「当時，米国の移民政策が硬化して自由移民をゆるさず呼寄せ移民のほかはハワイやアメリカに行けなくなった。南米のブラジルやペルー方面には契約農業移民として行けたが，家族組み合わせや旅費の高い点等で困難があった。然るに国内の大阪ならば，船賃わずか十円で行けた。旅支度もかんたんで筒袖に下駄履き，男は信玄袋，女は風呂敷包み一つであった。船は一週間ごとに定期便があったので，どしどしと出て行った」[12]。

　先述した石川（1994: 24, 1997: 311, 595）の時代区分によれば，日本移民は，(i)契約移民時代（1885～1898年），(ii)自由・契約移民時代（1899～1945年），(iii)自由移民時代（1946～1972年），に分類される。(i)の時期，沖縄県では中央からの情報伝達の遅れや村の構造に起因し，移民送出がまだ見られなかった。(ii)の時期になると，1899（明治32）年から1903（明治36）年にかけての地割制崩壊・土地私有制の施行により，土地の所有権が確立したことから，土地の束縛から解放された人びとが土地を売却・抵当に入れ，渡航費を捻出して移民の送出が始まった。平良の記述は，主として勤労目的で大量に渡航した(ii)の時代に相当する。

　(ii)および(iii)の時期において，沖縄県出身の移民は，次の5点で特色づけられている[13]。

資料 4-1　紡績女工の募集広告（「沖縄時事新報」1919 年 11 月 5 日掲載内容）

```
女工募集

◎大阪福嶋紡績株式會社女工ヲ其筋ノ許
　可済ノ上募集致シマス
◎仕事ハ機械ノ働ガ主デ其ノ助ヲスルノ
　デ誰デモ出来ル仕事デアリマス
◎女工ノ年齢ハ満十二年ヨリ四十年迄
◎旅費及仕度料ヲ給シ又貸金モ致シマス
◎此女工ノ同伴者ハ父兄ハ親族ノ内ヨ
　リ希望者ニ旅費ヲ差上ゲテ同伴モ致サ
　セマス
◎見習期間ハ七日以上二ヶ月以内ニテ其
　間ノ日給ハ四十銭以上六十銭迄練習後
　ハ一日平均壹圓二十銭位デアリマス最
　始ハ貳圓五十銭ノ給金ヲ受ケル女工モ
　ヲリマス毎日ノ食事代ハ會社ガ負擔イ
　タシマス
◎オ望ノオ方ハ左記肩書ノ處ニオ尋ネ下
　サレテ手續ヲナサレマセ
```

（出典）　名護市史編さん委員会編（2008: 48）。

・出移民数・海外在留者数が多く出移民率が高いこと。
・初回移民は他府県に遅れた（ブラジル移民は除く）にもかかわらず，短期間に多数の移民を送出したこと。
・移民送金等による県の経済・社会への寄与が大であったこと。
・1899 年の移民開始以来，第二次世界大戦後今日まで，移民送出が継続していること。
・北米・南米等の受け入れ国において定着率がよく貢献度が高いこと。

　一方，明治末期に栄えた日本の紡績業は，大正期にかけて女工を広域に募集した（**資料 4-1** を参照）。主な紡績会社には富士紡，倉敷紡，東洋紡，福島紡，和歌山紡，日出紡，名古屋紡などがあり，沖縄からもこれらの工場をめざし，多数の紡績女工が進出することとなった。[14]

　大正の後半から昭和にかけて（1920 年代）には，紡績に加えて日雇労働市場，零細な化学・雑工業などが沖縄出身者の就職先となる。女工に端を発し，本格化した沖縄人の国内（関西）移民が，男性労働力を大々的に吸収しはじめることになるのである。

② **本土における「沖縄的労働市場」**

　冨山一郎（1990: 131）は，1920 年代の沖縄人の差別的労務待遇を指して，工業部門への包摂において「形態的特質」があったとして，それを低賃金・差

別的労働と雇用拒否の2側面を内在させる「沖縄的労働市場」と呼ぶ。つまり，「沖縄出身者は安くて使える」という差別意識に基づいた集中的雇用，ならびに労働過程における差別的労務管理であるとする。

　ここでは，「沖縄的労働市場」に関する次の論点が提示される。1920年代において，(i)沖縄出身者を低賃金労働者として積極的に導入しようと雇用策を打ち出す会社・工場と，(ii)「琉球人お断り」という貼り紙をするような，雇用を拒否した会社・工場という正反対の方針の企業が両立しえたということである。カラクリとしてはこうである。前者の筆頭は紡績会社であり，当時の紡績業における合理化過程において，安価な労働力として沖縄出身者の積極雇用が導入され，賃金体系から雇用条件，宿舎の部屋や食事にいたるまでの差別的労務管理の対象として扱った。その一方で，後者は高賃金部門に位置する機械・雑工業がそれであり，新規参入を抑制しつつ本土の労働者の定着を図る1920年代の重工業の労務政策に基づき，沖縄出身者をシャットアウトしたのである。この結果，沖縄出身者の就職先は非常に限定的なものとなり，日雇労働市場，零細の雑工業・化学，紡績などの特定会社・工場に狭められていた（次章で詳述する）。[15]

　また，このような労働市場の動向に雇用が規定されるという側面のほかにも，階級支配における「安全弁」としての機能を，沖縄出身者は体よく担わされていたという側面もあったことが，次の指摘からもわかる。

　　沖縄に対する差別が，階級社会の矛盾を隠蔽するための支配階級の安全弁的な役割をになわされているということは，ほかでもない，沖縄，あるいは朝鮮・台湾といった特殊なブロックに対する丸ごとの差別の設定は，それらのブロックとの対比によって本土人を丸ごとに加差別者のブロックに組み入れる結果となる。そして，それは実は本土人の内部に労働者という多数の被差別者が存在しているという階級的な矛盾から心理的に目をそらせる効果をもたらし，それが支配者の支配に有利に作用するからである（新里・大城 1972: 295）。

　こうした階級差別をビルトインすることで，本土側の労働者の気をそらそう，支配者側の便益を守ろうとする作用については，階級差別全般において普遍的に見られる構造といえる。承認の質や程度によって再配分や雇用が規定されうるとする説（第2章を参照）でも説明ができる。引用文中に「差別の設定」と

あるが，前述した田嶋淳子（2003）の議論にも見られる，"現に「差異が存すรかどうか」でなく，「差異を作り出そうとする」社会的・政治的な意図"[16)]がここに含まれよう（第2章参照）。

ここに，経済状況に応じた調整弁，多数者（本土）側にいる被支配層の不満をそらす階級的な安全弁という2つの側面を見出すことができる。今日的な非正規雇用や外国人雇用においても見られる問題にも本質的につながることといえるが，事例の場合，2つの側面からはともに「沖縄出身者なら安く使ってかまわない」という社会認識を見ざるをえない。

③「疑似民族差別」を組み込んだ日本労働市場の重層構造

上のことに関連して，当時の日本の労働市場がもつ構造的問題性について，確認しておく必要がある。岩村登志夫（1972: 2）は，戦間期の日本の労働市場の特徴を，差別に支えられた「労働市場の重層構造」であるとして，次のように指摘している。「日本労働市場の根深い重層的構造は，国内的には沖縄県民や未解放部落民にたいする差別に支えられ，国際的には朝鮮人労働者の導入によって補強された」。すなわち，「疑似民族差別」という構造（「国際主義的連帯」でなく「人種差別的民族的偏見」）が労働市場に存在しているのであり，沖縄県民も他の被差別労働者と同じように，そこに組み込まれることによって低賃金労働者として大阪労働市場に包摂されたということである。[17)]

冨山は当時の大阪の労働市場の計量的分析をふまえて，以下のように論述している。

> 1920年代においては，沖縄出身労働者を積極的に雇用した企業，工場が，紡績業を中心に存在していた。またその積極的な導入の背景には，低賃金でもよく働き酷使してもかまわない，また労災補償も必要ない「琉球人」という差別意識が存在していたことも事実である。その結果，たとえば紡績業では，沖縄出身者だけ食事が違うとか，部屋を別にするといったさまざまな差別的待遇が現出した（冨山 1990: 111）。

もって，次のように結論づけられるという。「『ソテツ地獄』期における過剰人口の急激なる形成を背景とした沖縄からの流出労働力が，きわめて低い低賃金労働力として大阪労働市場に包摂されたのは，いわば当然だといえよう」（冨山 1990: 123）。

ただし，あらゆる沖縄人労働者が差別されたわけではないことにも，ここで

ふれておく必要があるだろう。後述するように、本土における移民のコミュニティ形成においては、沖縄出身のいわゆるエリート層の指導力が大きかったし、中間層として堅実に足場を固め、周囲の住民から信頼されていたという記録もある。生来、沖縄人は移民としての適性を有していたともいわれている[18]。それでもなお、ただ「沖縄出身」であることのみを根拠とする雇用拒否や差別的使役、不当解雇に代表される劣遇は歴然として存在していたのであり、その性質や規模のいずれにおいても看過できるものでなかった。さらにその問題性は、影を潜めつつ、姿を変えつつも根深く残っていて、今に継承されている。そして、福祉的支援が待たれているというのが、本書の基本的な立場である。

(3) 沖縄人労働者の「従順性」と朝鮮人労働者との異同

ところで、上で述べたように、労働力としての沖縄人は、渡航先で朝鮮人と一括りにとらえられることも多かった。労働市場に差別的に組み入れられ、日本人とは異なる待遇を受けたという点で共通の状況に直面していたほか、職探しの場面で、鉄工所の入口に貼られた求人ビラに「職工募集ただし朝鮮人、琉球人お断り」と書かれているなど、あからさまに排除された点でも、共通の問題状況にあった[19]。

これに対し、冨山（1990: 111-113）は両者に相違もあったことについて言及している。「朝鮮人労働者と沖縄出身労働者の同一性を主張する論拠は、ほとんどこうした差別的な労務管理によっている」としながらも、「こうした差別の存在を認めたうえでもなお、沖縄出身者が朝鮮人労働者と同じ構造で低賃金を刻印されたとは考えられない」と述べている。

沖縄人労働者は、賃金問題に不平を表明せず、労働運動に注力することもない従順な労働者として使役できるというとらえられ方をされていたと、冨山は指摘している。つまり、「差別に怒りをもって抵抗したのは朝鮮人労働者」であり、「差別的労務管理に対し、怒りではなく従順性でもって対応した沖縄出身者」を対置するのである。実際、沖縄人を積極的に導入しようとする雇用主からは、この従順で文句をいわない気質が重宝された[20]。

名護市史編さん委員会編（2008: 76）においても、次のような元工員の回顧録が紹介されている。

　　昭和7年ころ、大阪における沖縄人の力は朝鮮人よりも下だった。朝

鮮人は500人くらいが集団で行動するから力があった。待遇も上で，製材の担ぎは沖縄人は1円，朝鮮人が1円20銭だった。沖縄の人は団体を組んで経営者に交渉しない。朝鮮人のように団体を組めば大阪市にモノが言える。

　この「従順性」は，本論でも重要な分析概念として後に取り上げることになる「沖縄人気質」に通底するものとして，注意しておきたい。

3. 沖縄の思想・宗教的基盤：社会主義思想の隆盛と弾圧

(1) 差別撤廃運動，同郷人結合の母体となるイデオロギー

　ここまで述べてきたように，沖縄県民は日本の政策や労働市場の「重層的」なシステムの中に組み入れられていたのであった。沖縄県民はその苦境の中で，キリスト教信仰や社会主義に思想的基盤を求め，差別撤廃へ向けたエネルギーを蓄積し，運動へとつなげていった。県民の一般的な傾向として「従順性」が見られたわけであったが，その一方でこのような運動は，時代の流れの中で階級闘争として突出した力を表出させるものであった。この経験を経て県人同士の紐帯が強固なものとなり，また自ら同化路線を敷く（沖縄人らしさを否定して日本人になろうとする）ことになるのであって，歴史上確認しておくべき事柄である。

　思想的に裏づけられた活動は多数の共鳴者を集めながら輪を広げていき，本島における社会主義運動として具現化しただけでなく，移住先のコミュニティ形成においても大きな政治力へと展開していくこととなった。移住先での不利を集団的に克服するために「県人会」のような同郷人同士のネットワークが組織され，公私にわたり大きな役割を果たすことは一般的といえるが，とりわけ被抑圧的な就業・生活状況にあった沖縄出身者にとっても，同郷人の結合はまさに命綱といえた。出移民時代の思想がどのようにとらえられるか，渡航先でのネットワークを動態的に紐解いていく上でも，鍵となるものだといえる。

　このことに関する既往の知見として，新里・大城（1972）と，冨山（1990）の論究を以下において確認しておこう。前者の見解は，資本主義がもたらす負の影響を押しつけられることへの対抗手段としての社会主義を位置づける対立構図，そしてその基底にあるキリスト教的平等思想によって，社会主義運動を

マクロ的なフレームで分析するものである。後者は，関西へと移住した沖縄出身者のコミュニティにおいて「同郷人的結合」あるいは「ネットワーク」として発展することになる，結集軸としてのイデオロギーや労働争議について，移民の集団に近接するよりミクロなフレームを用いて分析するところで，前者とは異なっている。

(2) 新里・大城による論究

まずは，論者による次の指摘から引用しておきたい[21]。

> 沖縄では，中央政府の沖縄政策の反映として，本土と異なって，制度上の差別が眼前の事実として横たわっていたから，いきおい社会主義思想の芽も，それを契機として発生せざるをえなかった。だから現実問題としては，どうしてもこの本土との差別撤廃を動機とする行動が階級的な思想や行動に先行するのも，やむをえなかった。
>
> 沖縄が地方制度や参政権その他，あらゆる点で本土なみになったのは1921（大正10）年のことであるが，こうした沖縄の特殊事情もあって，それ以前の沖縄における進歩的な運動は，ほとんどその沖縄に対する差別撤廃を，根本的な動機として推進されたといって間違いない。
>
> たとえば，宮古農民の税制改革運動にしても，また謝花昇らの民権運動にしても，それは表面，選挙権の獲得や制度改革を押し出しながら，しかもその底には，沖縄に本土なみの税制や参政権を実現しようという差別撤廃の動機が秘められていた。

このような社会主義運動のベースにあったのは，キリスト教における平等思想であった。沖縄にはメソジスト，バプティスト，組合教会など，さまざまな宗派の教会が多数できていて，のちにその教えを伝道活動や社会運動につなげる若者たちも通っていた。

早稲田大学出身で，沖縄地方紙と全国紙の新聞記者を経て首里市長となり，沖縄復帰運動の父とも呼ばれた仲吉良光（1887-1974）は，少年の日にキリスト教信仰と出会い，貧困者を擁護する立場をとった[22]。また，小学校教諭から県吏となった比嘉春潮（1883-1977）は，キリスト教から社会主義に傾倒し，思想家となった人物である。比嘉は，『中央公論』『太陽』『新思想』『東洋時論』などを通じて中央の社会主義に学び，第二次世界大戦後にはGHQと日本[23]

政府に対して，県民の救済を求める沖縄人連盟の発足に携わったほか（連盟は徐々に日本共産党との結びつきを強めていく），沖縄返還運動にも注力する。新里・大城は，「人間存在の根源的な平等を説くキリスト教思想は，それが科学的な精神を経てさらに突き進む時，やがて社会主義思想にいきつくことは必然の勢い」であったと述べている。[24]

さらに，東京大学を卒業した文学士であり，言語学者，民俗学者であった伊波普猷（1876-1947）は，沖縄の社会主義思想の礎を築いた人物としてひろく知られている。アイヌの民族復興運動を牽引した歌人・違星北斗（1901-1929）も，伊波の影響を受けた一人である。伊波は「沖縄学」の始祖であり，多くの著作を通して沖縄の諸問題に対する実践的な取組みへの動機を与えた。

しかしながら，新里・大城は，伊波による批評は帝国主義に対する現象的批判や，沖縄差別政策に対する人道的批判に終始していて，必ずしも階級的批判ではなかったことを指摘している。すなわち，「伊波の思想の本質は，要するに近代日本の特殊性にかかわる封建遺制との闘いを主軸とするものではあっても，資本主義との闘いを主軸とするものではなかった。（中略）伊波は自由主義者ではあっても，社会主義者ではなかった」のである。実際，沖縄人連盟結成の際，伊波は初代会長に選出されているのであるが，彼の政治的中立性が選ばれた理由であったといわれている。ただ，そうはいっても「伊波が社会主義者ではなかったからといって，彼の果たした沖縄における役割は，過小評価されてはならないであろう。なぜなら，沖縄問題という名でよばれる差別問題は，資本主義社会の産物であると同時に，他面，日本近代に特有な封建遺制に強くかかわる問題でもあったからである」。[25] ここに述べられているように，資本主義が構造的にもつ歪みが沖縄に押しつけられる状況に対し，伊波の書物が社会主義運動の土台となったことは，比嘉春潮，あるいは「青鞜派」の婦人運動家たち（真栄田忍冬，新垣美登，永田八重，知念芳子，玉城オトなど）が伊波を拠りどころとしたことからも明らかであった。

(3) 冨山による論究

冨山によれば，「同郷人」同士の社会的ネットワークは，フラットなものではなく，「特定の人物」を中心とするものであった。移住当初は就職情報が偏在していて，とくに高賃金部門への紹介は，同郷人の中のリーダー，権力者が

資料 4-2　関西沖縄県人会規約における活動方針

（イ）災害，疾病，不幸ナドノ慰問
（ロ）失業防止，就職紹介，関西在住県人ノ保護
（ハ）県人ノ社会的状況ヲ調査シソノ対策ヲ講ス
（ニ）後援会ヲ開キ知識ノ向上ヲ期ス
（ホ）定期的ニ会報ヲ発行ス
（ヘ）一身上ノ相談引受
（ト）沖縄ト連絡ヲ取ル

（出典）富山（1990: 148-149）。

握っていた。同郷人的結合は，沖縄語での語らいによる集団心性（同郷性）と，アイデンティティを形成させる場であり，「同胞意識」「愛郷心」の醸成に結びついた。

　大規模な移住先となった関西エリアでも複数の同郷集団が生まれたのだが，なかでも「関西沖縄県人会」は，県人会左派グループの主導により革新性を強め，プロレタリア運動を展開した組織である。まず，母体となる赤琉会が1923 年に結成され，そのグループの中心メンバーが県人会を結成している。メンバーを指導した井之口政男は，1921 年に山川均，荒畑寒村らの水曜会に参加，1923 年に共産党に入党し，ボルシェビズム派に属する活動家であった。

　赤琉会は，マルクス・レーニン主義についての研究会を開きつつ，沖縄県内の団体と連絡をとり，県内のボル派と連動し，沖縄青年同盟などの無産運動にも影響力を強めていく。その中心メンバーが 1924 年に設立させたのが関西沖縄県人会である。この会は，沖縄出身者が渡航先で定着する上で直面する諸問題に対処する役割を担った（**資料 4-2**）。

　県人会は本部と 8 つの支部（各支部は会員 30 名以上）で構成されたが，役員層の大半は赤琉会メンバーで占められていた[26]。しかしもう一方では，いわゆるエリート層が本部役員になっていたことから，県人会を一義的にボル派活動集団だととらえることはできない。エリート層は，沖縄から移住し，本土に定着した実業家，医師，弁護士，計理士，銀行員，教員，上級官吏，政治家などであり，先に述べた労働者層とは異なる文脈に属する[27]。県人会は，幹部がボル派活動家グループとエリート層によって構成されることによって，会内部の対立

などの調整機能も果たすことができたのであった。[28]

　とはいえ、県人会ボル派にとって活動目標は階級闘争にあった。重大な転換点は、「東洋紡三軒屋争議」と、それに伴う大阪紡織染物労働組合結成（1926年）がある。東洋紡三軒屋工場は、もともと「沖縄的労働市場」の企業で、沖縄出身者を集中配置して賃金切り下げをしていた（表4-3）。女工の多くは「琉球」と馬鹿にされ、また夜業が続き病気になったり、やせ細っていた。

　争議は、宇治山田市の新工場建設時、会社側が活動家をねらって転勤を強制したことが引き金となって起きた。大阪紡織染物労働組合はこれを契機に組織されたものである。200名以上が争議に加わり、会社側に嘆願書を提出した（工場法の適用、外出の自由、賃金2割アップ、沖縄女工への差別的労務の修正などを要求）。しかし、会社側は組合員40名を解雇して応酬し、警察に出動要請して応援部隊を一斉検挙した。女工約200名は寄宿舎を自力で脱出したものの、やはり警察によって連れ戻され、職員による目を覆うばかりの暴力を浴びせられる結末となった。[29]

　ボル派がプロレタリア運動を過激化させる傍らで、エリート層を中心として県人会内部からも不満が出はじめるようになる。最終的に、1928年の三・一五事件、翌年の四・一六事件という2つの共産党員検挙事件で、県人会ボル派は消滅する。県人会は一時活動がマヒ状態となるが、1931年2月、エリート層を中心とする再建大会が大阪・中之島公会堂で開かれ、新たに成長しはじめた集住地区のリーダー層も合流して、再出発をすることになる。[30]

(4) 磁場としての思想：抵抗力と危うさ

　2つの論説において確認できたように、被抑圧状況にあった沖縄県民が、（本島・移住先ともに）抵抗のための寄る辺としたのが、信仰や思想であった。資本主義の歪みを否応なく押しつけられた県民は、平等主義を高らかに掲げる思想家、活動家たちを自分たちのリーダーとして擁立し、プロレタリア化していくのだが、そこまでは自衛の策として自然の成りゆきであったというのが、両論者の基本的視座として共通する。同郷性を結集軸に、労働環境の保持から生活の便宜まで、相互にカバーし合うのは国際的に見て移民社会の常態であるし、同胞が一方的に不利益を押しつけられているのを見れば、理論武装して対抗することが同郷組織には求められるのが当然のことといえる。

第4章 沖縄の移民コミュニティ形成史 (1)

表 4-3 工場間賃金格差

	男		女				
	富士ガス紡大阪	14工場平均	東洋紡三軒屋	福島紡堺	倉敷紡枚方	岸和田紡堺	21工場平均
1920			6.4 0.1			7.4 1.1	6.3
21			8.6 ▲2.7	7.9 ▲3.4		10.1 ▲1.2	11.3
22	9.4 ▲2.4	11.8	7.1 ▲1.5	7.9 ▲0.7		8.9 0.3	8.6
23	12.1 0.5	11.6	7.0 ▲1.3	8.4 0.1		7.5 ▲0.8	8.3
24	10.3 ▲1.4	11.7	7.5 ▲0.7	7.9 ▲0.3		6.1 ▲2.1	8.2
25	10.7 ▲2.1	12.8	10.9 2.2	7.0 ▲1.7		8.4 ▲0.3	8.7
26	12.4 ▲0.8	13.2	8.1 ▲1.1	8.4 ▲0.8	9.5 0.3	6.9 ▲2.3	9.2
27	14.2 0.1	14.1	10.6 1.3	9.0 ▲0.3	8.7 ▲0.6	8.7 ▲0.6	9.3
28	15.1 ▲0.7	15.8	11.0 0.2	9.2 ▲1.6	9.6 ▲1.2	10.8 0	10.8
29	17.9 0	17.9	12.6 1.1	10.4 ▲1.1	10.3 ▲1.2	10.7 ▲0.8	11.5
30	20.1 ▲0.9	21.0	12.9 0.5	11.4 ▲1.0	12.9 0.5	9.0 ▲3.4	12.4
31	21.2 ▲2.0	23.2	12.5 0.6	11.1 ▲0.8	9.1 ▲2.8	9.1 ▲2.8	11.9
32	25.0 5.1	19.9	9.2 0.8	10.2 0.2	8.1 ▲1.9	8.7 ▲1.3	10.0
33	24.6 4.4	20.2	8.6 1.0	8.0 ▲1.6		10.5 0.9	9.6
34	25.0 4.8	20.2	8.5 0.4	8.7 ▲0.2		9.8 0.9	8.9

(注) ①上段は賃金（時給），単位は銭。②下段が平均との差，▲はマイナス。③ 1934～36 = 100 でデフレート。
(出典) 冨山 (1990: 128)。一部，数値の誤りを筆者が修正。

移住先での劣遇を眼前にして，ボルシェビキに傾倒した活動者たちが過激さを強めていくことの是非そのものも，現在となっては問われる余地があるだろうが，それでも彼らの要求に対し，「本土の労働者と同水準の待遇」を体制側が応諾していれば，騒動は避けられたかもしれない。しかし，もとより差別的階層構造を前提として組み込んでいる労働市場のシステムは，それを許さなかった。結果，活動を扇動した者，それに同調した者たちは，当局の前に屈する以外になかったのである。

エリート層は，ボル派の県人会に相乗りした形であったが，いわば呉越同舟を決め込んでいた。過激な活動とは一線を引き，日本に迎合しているとか，沖縄と距離を置いているなどと非難されつつも，冷ややかに状況を見守るスタンスであった。大局的な視点から眺めなおしてみれば，この事象もプロレタリア革命が弾圧されていく過程を辿った，歴史的限界性として結論づけられることだったのかもしれない。しかし，社会福祉の立場として，少なくともこうした動向が資本主義と社会階層の構造的矛盾を本質的に映し出している点は意識に留めておく必要があるだろう。[31]

4. 政策主導の同化教育

(1) ゆがめられた「他府県なみ」志向

税負担の過重や抑圧的な経済政策に苦しんだ沖縄にとって，「本土なみ」「他府県なみ」をめざすことは，本来的にはそれらと「同水準」になることを志向することにほかならない。その意味では，1920年の選挙法の撤廃，府県制・市町村制の特例廃止は，それに近づく好機には相違なかった。

しかしながら，それらも形式的なものにすぎず，皮肉にも「他府県なみ」は本土への同化政策を正当化する県当局の圧力に転化されていくこととなった。史実としての生活改善運動や同化教育，皇民化教育，標準語普及運動は，学校教育の現場や一般家庭にまで強制力のおよぶものであり，「他府県なみ」という論点はいわばすり替えられ，正反対の方向にゆがめられた形であったことを如実に示している。以下では，その構造および実態について確認しておこう。

(2) 生活改善運動と同化（皇民化）教育

　沖縄県では，1930年代後半から40年代にかけて，沖縄の文化や習俗を矯正しようという機運が強まり，生活改善運動という形で展開した。この運動は，資本主義の流入に合わせた「近代化＝進歩」への希求を背景に，沖縄を異民族視し，支配・統合するイデオロギー装置の形成を目的とした県が主導するものであった。[32] 県内の動向が主であったが，日本本土への出移民に対しても効力を発するものであった。

　生活改善運動の中心は沖縄語廃止，標準語励行であったが，「改善」の対象は方言以外にも，琉装，姓名，ユタ，[33] 三線（三味線），演劇，琉球舞踊，不整頓，不衛生，飲酒などに広くおよんだ。当時の県知事・淵上房太郎による「国民的一致のためには，沖縄の地方的特色は一切抹殺されねばならぬ」という，いわゆる「沖縄文化抹殺論」をスローガンとして掲げ，県学務部が所轄する官主導の運動であったことから，比嘉春潮ら（1963）は，「朝鮮や台湾における皇民化運動とまったく同じ」とする立場をとっている。国民精神総動員体制と時期的に重なることもあり，その一形態として生活改善運動が設定されていたことも，指摘されている。[34] 冨山は比嘉らの見解について，生活改善運動を「上からの皇民化政策の具現物」と断じたものであるととらえ，「沖縄を植民地のように扱い，沖縄民衆を異民族であるかのように抑圧した，戦前期の軍や政府・県当局の責任を告発するもの」と評価する一方で，国民精神総動員運動の一つとして生活改善運動をとらえている。

　このような経緯により，沖縄の近代化を進めて本土の水準に近づけよう，そのためには，「めざすべき姿としての日本人」を志向し，沖縄固有の民俗性を打ち消さなければならないと結論づけた県側の方針と，同化を推し進めようとする政府側の意図が統合され，県当局が主導的に同化教育，皇民化教育を進める図式が，この時期にでき上がっていた。以下ではそのことが記述されている。

　　沖縄県では，この皇民化教育は，他府県とはやや趣きをかえてすすめられた。明治以来，本土への同化を強要された沖縄県では，県の指導者とよばれる人が，「沖縄今日の急務は何であるかと云へば一から十まで他府県の通りにすると云ふことです」と説いてまわった。まして，沖縄の独特の歴史を理由に「抑々本県児童に就き視察するに，自己は大日本帝国臣民な

るの観念に乏しく」とか,「況して献身的観念に薄き沖縄県人民に於ては」などと批難されれば,いっそう,同化教育・皇民化教育は異常な姿で横行した。[35]

その「異常な姿」に具象化した例が,次項で述べる"方言禁止,標準語励行運動"であった。

(3) 標準語励行:「方言札」に象徴された方言撲滅運動

沖縄における標準語励行運動は,県当局によって徹底され,沖縄方言撲滅運動にまで発展して論争を巻き起こす結果となっている。その実態は,一般家庭にまで(たとえ老夫婦世帯であっても)「一家そろって標準語」というビラが貼られていたり,学校でも子どもたちに標準語を強制する厳しいものであった。沖縄を近代化し,資本主義に組み入れようとめざす行政による自己否定的な手法だったといわざるをえないのだが,新里らによる次の論及からもその実情を窺うことができる。

> もちろん,沖縄の近代化のためには,全国的な共通語の習得は学校教育でも社会教育でも必要なことであった。標準語と対照した沖縄語の研究が熱心におこなわれたのも,そのあらわれのひとつである。しかし,"皇国民"としての心情を人びとの心のすみずみにまで徹底して及ぼそうというこの時期には,もはや標準語励行は,まともな教育の方法論をもち得ず,強制的であった。学校は方言を使用したものに"方言札"という罰札を配布してとりしまろうとした。[36]

方言札とは,小・中学校で方言を使った生徒に対し,木製の札を首に吊り下げるなどして罰を加えるものであり,方言撲滅運動がもっとも象徴的に表されたものといえる。方言札をわたされたものは訓戒を受けたり,操行点を減じられたりした(別の生徒が方言を使うまでは自分が札を下げておかなければならなかった)。

当時の方言札の導入に関する実証的研究として,学童として実際にこれを経験した人びとを対象とする猿田美穂子(2007)の聞き取り調査は記録的な重要性が高い。ここでは,1930年代後半から60年代に差しかかるまでの長期にわたり,教育現場で方言札や標準語励行が実際に行われていた生々しい様子を垣間見ることができる(表4-4)。なお,調査は那覇,首里など県内中心部出

第 4 章　沖縄の移民コミュニティ形成史（1）

表 4-4　那覇・首里等における標準語励行と方言札の有無

回答者	性別	生年	地域	1930年代 前半	1930年代 後半	1940年代 前半	1940年代 後半	1950年代 前半	1950年代 後半	1960年代 前半
A	女	1934（昭9）	那覇			△				
B	男	1929（昭4）	那覇		×					
C	男	1934（昭9）	那覇			○				
D	男	1930（昭5）	首里			○				
E	女	1935（昭10）	首里			○				
F	男	1950（昭25）	首里							○
G	男	1950（昭25）	首里							×
H	男	1940（昭15）	首里					○		
I	女	1943（昭18）	首里					○		
J	女	1947（昭22）	東風平						○	

（注）○：方言札があった，△：方言札はなかったが標準語励行はあった，×：方言札はなかった．
（出典）　猿田（2007：162-163）を筆者修正．

身者を対象としていたのだが，このエリアは周辺部と比較して方言札の導入時期が遅く，普及率も低かったという．インフォーマント（10名）が当時在学した小学校はすべて異なるのだが[37]，そのほとんどで方言札の導入実態が確認された．

　猿田論文では，方言札の導入形態・方法に以下のようなタイプがあったことが指摘されている．「A4を縦に半分にしたくらいの大きさの板に『方言札』と書かれているもの」（回答者：C, H, J），「A4の板に『私は方言を使いました』と書かれているもの」（C），「A4の厚紙に『私は方言を使いました』と書かれているもの」（F），「札にひもを付けて前にぶらさげていた．板を針金のようなもので後ろに付けるものもあった」（E）．また，登下校時は，「方言札を学校に置いて下校する」（F），「家までぶら下げて下校し，次の日ぶら下げて登校する学校」（C）．

　方言札以外の罰則として，「内申点の減点」（C, D），「教師からのげんこつ」（C），「竹刀で手を叩かれる」（I），「教師の靴を川に洗いに行く」（I）などがあった．

　生徒たちの日常の対処の仕方としては，「学校では標準語だが，家などの学校外では方言を話していた児童が多い」（C, E, F）というものであり，また方

言札を回避・順送りするための自衛策として，「『方言で言うと』と言ってから方言で話す方法」(D)，「方言札を持った児童が他の児童を叩くことで『アガー』と言わせ，方言札を渡す方法」など知恵を絞っていたという。

(4) 標準語論争

そのようにエスカレートする方言撲滅運動に対し，当時県当局に異議を唱えたのが日本民芸協会の柳宗悦(むねよし)（1889-1961）であった。本土における民芸運動の祖，日本民藝館（東京都目黒区）の設立などの功労者として知られる柳だが，民芸協会の仲間とともに沖縄を訪れ，この問題に出会ったのは偶然のことであった。県当局による標準語普及運動を知った柳が，「ゆきすぎではないか」「標準語奨励は県民に卑下の感を与え，むしろ有害である」と主張したことをきっかけに，柳と県学務部との間で交わされた論議が，いわゆる標準語論争（方言撲滅論争）[38]である。

1940年1月7日，那覇市公会堂においての座談会の席で，柳が県当局の標準語励行が過剰であると批判した（翌日の地元3紙に掲載された）ところ，同月11日，県学務部が「県民に訴う，民芸運動に迷うな」と同3紙に声明文を掲載した。その3日後，柳は3紙に反論を掲載した。

論争は中央にまで飛び火する。評論家・杉山平助（1895-1946）が朝日新聞に寄稿して方言撲滅運動を支持し，柳はそれに対する反論を同紙に掲載している。当時の杉山は，賀川豊彦（1888-1960）とも共著『吾が闘病』（1940年）を出す文人として知られる一方，軍国主義に傾斜し毒舌でも知られていた。反論に対し，杉山はすぐさま『新潮』誌上で県当局支持を改めて強調し，県もそれに同調して学務部長名の公文書を毎日・朝日両紙と地元3紙に掲載した。こうしたことから柳は頻繁に沖縄県庁を訪れ，県知事・淵上（前述）を県庁に面会，直談判することになる。以下はその一部について記録されたものである。[39]

　柳　それなら方言を廃止させる意向なのですか。
　知事　そうです。標準語にかえぬ限り，この県の発展はありません。現に徴兵検査のおりなど，いまだに正しい言葉の使えぬものがあって笑い話になるくらいです。
　柳　ですから，標準語の普及をさかんにすることをわれわれは賛成しているのです。しかし標準語と方言とを両方上手に用いて差支えないと思いま

すが，しかもこの県民の用いている標準語は，他県のものにくらべ，ずっと用語や発音がきれいな場合が多いぐらいです。東京に近い地方で，ずいぶん方言むき出しの人が少なくありません。

　知事　しかしこの県の事情を他府県と同一に見ては困るのです。この県は，日清戦争のときでも支那につこうとした人がいたくらいです。（原文まま）

柳本人の主張は明快であり，次の2点に集約される。一つは，標準語も沖縄語もともに日本の国語であり，ともに尊重されるべきであること。もう一つは，沖縄においてのみ，このような方言撲滅・標準語励行が強要されることへの批判である。新里・大城（1972: 388）は，その主張を「中央語と地方語を相関的な関係でとらえようとする，いわば民主的な発想」だと擁護する。『柳宗悦選集』第5巻（日本民芸協会編 1972: 92-104）において，この件についての柳の記述が残されている。

　　去る一月十一日，国語の問題に就いて県の学務部が吾々に対し，声明書を三種の新聞に同時に公開せられた。幸いなる哉，之がために吾々は再び発言すべき絶好の機会を恵まれたのである。真理は検討されねばならぬ。

　　標準語も沖縄語も共に日本の国語である。一方が中央語たるに対し，一方は地方語である。是等二つのものは常に密接な関係を有し，国語として共に尊重せらるべきであるというのが吾々の見解である。

　　吾々は未だ嘗て中央語たる標準語が地方にとって不必要であると述べたことはない。地方人は須らく標準語を学ばねばならぬ。このことに何の疑いがあろうか。

　　だが同時に之が地方語への閑却となり，ややもすれば侮蔑となり，抑圧となるなら大きな誤りである。地方語も亦国語の大切な一要素であるのを忘れてはならぬ。地方の文化性は最も如実にその用語に表現される。

　　双方の言葉を大切にせよと説く私達の見解が，如何にして標準語の確立と矛盾する如く取られるのであるか，甚だ了解に苦しむ所以である。諸学校に添附された「一家揃って標準語」というが如き言葉は，明らかに行き過ぎではないであろうか。

　　県の学務部に問う。何故他府県に於て行われない標準語奨励の運動を，沖縄県のみ行うのであるか。このことは外来の私達から見ると極めて不自然に見える。沖縄県民を特殊扱いにしている感じを与える。況んや県民の

微妙な心に屈辱の思いを与えないであろうか。沖縄の言語を野蛮視しているきらいがないであろうか。(抜粋)

論戦の構図としてはきわめて単純といえる。県当局とは部分的な一致(標準語を重視すること)が見られるものの,地方語である沖縄語を払拭しようとする県の立場と柳は真っ向から対立し,それを保存しようとする。ただし,そこには重大な齟齬があり,柳は標準語否定論者ととらえられていたことが上の記述から窺える。また,論争のさなか,県側の言及は「墓地を大事にする沖縄の風習も打破しなければならない」とまでおよんでいる。柳は,「この事件は,朝鮮における『光化門』問題と好一対をなすもの」[40]と引き合いに出すのだが,県が沖縄語のみならず,文化,習俗,心性までを全否定することは,その基底に同化政策としての問題性があることを彼が見抜いていたことを示すものである[41]。

5. 小　括

沖縄出身の移民が住民全体の4分の1を占めるという特性をもつB区の研究にあたり,沖縄からの移民送出の要因(push要因)を明らかにすることが本章に与えられた役割であった。ある程度時系列に検討を進めてきたが,大別すれば,糖業の生産高の落ち込み・市価暴落と重税,状況悪化に拍車をかけるかのように進行した人口増加・生活水準向上という,経済的な窮状がpush要因の筆頭に挙げられる。

ただしそこで忘れてならないのが,それらが単に偶発的なマクロ経済や人口学的なめぐりあわせによる「不幸」では済まされないことである。つまり,沖縄に対する抑圧的な経済政策が発動されつづけたこと,"そてつ地獄"や"子弟身売り"に象徴される県民の惨状に対する有効な手立てが講じられなかったこと,それらにこそ問題性があったととらえるべきであろう。

他方,年代は進み,生活改善運動や方言撲滅運動という形で展開した当局主導による抑圧的な文化政策があった。他府県と同様の生活水準を希求した県民の胸中とは裏腹に,大政翼賛体制の下,皮肉にも県庁が同化政策の遂行役を引き受けることとなった。同化政策は植民地主義にねざすものにほかならず,制度上の「他府県なみ」は形式だけに終わり,植民地主義的な支配の焼き直しに

第4章　沖縄の移民コミュニティ形成史（1）

すぎないものであった。[42]

　政策的な文化否定をもって直ちに出移民の要因だと結論づけることはやや短絡的かもしれない。しかし，これについても経済的な要因と同じく，沖縄県内での動向が移住先にも波及し，期待と不安を抱いて新天地に飛び込んだ移民たちが，否応なく権力構造の中に組み込まれる点では相違がない。次章で詳述するように，彼らが労務上の，また日常生活におけるさまざまな場面で受けざるをえない過酷な差別をつきつけられたのであり，これを軽視することは不適当である。まして，この頃の文化否定の強要が，その延長として「国土防衛」の強要に展開していくことを鑑みれば[43]，戦禍に激しく晒された大戦中から，昨今の基地問題にいたるまで，まさに「終わらない問題の始まり」を，この時期までに見出すことができる。

　本章ではまた，社会主義思想にねざした沖縄県内運動家と移民のリーダーたちがシンクロし，プロレタリア運動として燃え上がったのち，当局の圧力の前にその姿を消していく様子についてもレビューした。すでに述べたように，過激化そのものの是非を今問うよりも，彼らがそうせずにはいられなかった背景を批判的に検証しておく必要があるだろう。すなわち，資本主義や社会階層の構造的矛盾により，朝鮮人や沖縄人，被差別部落出身者などが踏み台にされてきたという事実に目を向ければ，今日我々が対峙しようとするソーシャル・エクスクルージョン（社会的排除）が構造上，ビルトインされていたことが明らかであった。

　これらの要因から，移民送出は苦境を脱するための方途にほかならないものであった。労働機会を求めて生活の場を移し，仕送りによって家計を支えようとしたのであったが，渡航先の社会においても，やはり階級構造をはじめとするさまざまな困難が重くのしかかってくるという事態が待っていた。この部分については，次章で取り上げることとする。

　地域福祉の視点としては，当該地域の歴史を見ること，つまりどのような政治・経済・文化的な文脈によって地域性が規定されているのか，また問題が構築されてきたか，そして当事者を中心とするコミュニティが形成されてきたかなどを解明することが不可欠である。それなしにサービス供給のみを適用しようとしても，非常に表面的・限定的な支援に陥ってしまうおそれがある。

第Ⅱ部　《事例編》A 市 B 区における沖縄人コミュニティの形成と排除

◆ 注

1) 「蔗」は，甘蔗（かんしょ），サトウキビの意。
2) 新里ら（1972: 200-201）。
3) 新里・大城（1972: 384），新里ら（1972: 201）。
4) 沖縄南部の糸満は漁業によって漁夫に経済力があったため，貧困家庭の子弟が年季奉公に出され，前借金をもらったものが「糸満売り（イチイマンウイ）」である。子どもたちはヤトイングヮ（雇い子）と呼ばれ，漁夫，馬車引き，女中奉公，魚売りなどをしたという。金城実（2003: 55）。
5) 新里・大城（1972: 384），新里（1972: 202）。
6) 冨山（1990: 123）。
7) 新里・大城（1972: 382-383）。
8) 石川（1997: 323-324）。
9) 同上書，321-322。
10) 同上書，322。
11) 宮城（1968: 196-197），産経新聞大阪本社人権問題取材班編（1998: 228）。
12) 平良（1971: 21）。引用文中に船賃が十円とあるが，日本銀行の「企業物価指数（戦前基準指数）」で換算すると，2011（平成23）年は1919（大正8）年の449.80倍，つまり船賃10円は現在の貨幣価値にすれば4500円弱であったとみられる。なお，1919年はまだ企業物価指数（戦後），ならびに消費者物価指数が適用されていない。http://www.boj.or.jp/announcements/education/oshiete/history/11100021.htm/ 2012.8.13。
13) 石川（1997: 311）。
14) 平良（1971: 25）。近代機械制工業としての繊維産業には，製糸，紡績，絹糸，捺染，織布などがあり，このいずれにも沖縄県出身者が出稼ぎした。中でも女性の職場としてもっとも多かったのが紡績工場であった（名護市史編さん委員会編 2008: 44）。
15) 冨山（1990: 131-132）。ただし冨山は，この「沖縄的労働市場」の構図は，不況下の1920年代に特有の雇用形態であるとし，両大戦間の重化学工業の拡大期にあたる1930年代に入るとしだいに労働市場も変化し，雇用をめぐる問題についても事情が異なっていくと述べている。
16) 田嶋（2003: 179-181）。
17) 冨山（1990: 110）。
18) 石川（1997: 311）。
19) 原尻（2003: 104-106），産経新聞大阪本社人権問題取材班編（1998: 202）。
20) 冨山（1990: 171）。
21) 新里・大城（1972: 290-291）。
22) 『偉人録』郷土の偉人を学ぶ』HP（http://blog.livedoor.jp/ijinroku/archives/51782569.html, 2012/08/17）
23) 比嘉は，幸徳秋水，堺利彦，片山潜，大杉栄といった社会主義者たちの論文に影響を受けた。新里・大城（1972: 293）。
24) 新里・大城（1972: 292）。
25) 同上書，294-295。
26) 1925年6月の第3回大会においては，本部幹事18名中，11名が赤琉会メンバーであった（冨山 1990: 158）。

27) エリート層の多くは那覇や首里出身の琉球王国士族という出自で，学歴も中卒以上から大卒までの高学歴であった（同上書，158）。
28) 同上書，156-159。ただし，ボル派活動家たちとエリート層がはじめから一枚岩だったわけでないことは，後で述べるとおりである。
29) 同上書，163-164。
30) 同上書，165-166。
31) 同上書，168。
32) 同上書，195-198。
33) 神から分化した巫（かんなぎ）とされる。
34) 比嘉ほか（1963: 30），冨山（1990: 196），猿田（2007: 165）。
35) 新里ら（1972: 208）。
36) 同上書，209。
37) 現在は統廃合を経て同一の小学校名となっているものもある。
38) 新里ら（1972: 209-210）。
39) 新里・大城（1972: 385-390）。
40) 日本民芸協会編（1972）。京城の「光化門」を当局が取り壊そうとした際，柳は朝鮮総督府にかけ合って反対している。
41) これについての新里らの見解を引用し，補足しておきたい。「県当局やこれに組するものたちの考え方は，当時の偏狭な愛国主義・民族主義にわざわいされたものであったが，県当局の方言撲滅運動のゆきすぎを指摘しつつ，民族文化形成における地方文化の重要な役割を強調した民芸協会の主張には，文化形成についての正当な判断があり，今日においても学ぶところが多いといえよう。しかし，これもけっきょく当時の帝国主義的膨張政策に押しきられてしまったのである」（新里ら1972: 209-210）。
42) 新里・大城（1972: 382-391）。
43) 同上書，391。

第5章

沖縄の移民コミュニティ形成史（2）
渡航から就労，定着へ

　本章では，一世世代の移民が国外・国内へ渡航し，苦難に直面しながらも定着していく経過について述べる。主として研究関心を置くのは，労働・生活の両面における差別実態やその構造を明らかにすることである。今日の集住地区を理解する上で，その問題性がどういう経過を辿って生成されたものかを解明することは避けられないからである。

　移住地ごと，あるいは出身地ごとに，多寡はあるにせよ移民の記録は残されていて，我々は今でも往年の彼の地の様子を窺い知ることができる。とりわけ，海外移住に関する資料は国内移住以上に多数存在するのだが，その一例である『ボリビア・コロニア沖縄入植25年誌』[1]では，沖縄との別離，手作業でのコロニア開拓，コミュニティとして人びとをつなぐ設備や行事などが多数の写真によって記録されている。たとえば「那覇港における第一次移民の結団式（1954年6月）」「激励の辞」「アルゼンチン丸での出発時の光景（親戚・知人の見送り／カバンにぎっしり本やノートをつめて無邪気にはしゃぐ子どもたち／別離の哀しみ・南米への期待と不安に複雑な想いを胸にした乗船）」「コロニア・オキナワの開拓（原始林を切り倒して平地にし，伐採した木で焼き畑の火入れをしたり，建造物のための木材としたりする様子）」「"第一コロニア"の諸設備（「COLONIA OKINAWA」や「沖縄移住地」と表示されたゲート／中央を貫く大通り／棉畑の農場／公民館，総合センタービル，医療設備，カトリック教会）」「諸行事（ビルの落成式／開拓達成を祝うエイサーの踊り／墓地での慰霊祭）」といった写真の数々が，あたかも移住という大きな決断をした人びとの緊迫感や使命感，望郷の念，新天地で仲間たちと分かち合う日々の喜びや苦労を雄弁に語りかけてく

るかのようである。

　一方国内では、紡績や鉄鋼などの大小の工場が密集する関西A市のB区を筆頭に、阪神、中京、京浜の工業都市への出稼ぎが盛んに行われ、各種記録文書や研究書として残されている。見知らぬ土地に渡る動機は、「金儲け」「大志を抱き自己実現を目指して」「郷里の現実をきらって」2)とそれぞれであるが、いずれも新しい生活に夢をもって移住した人たちである。しかし彼らもまた、意に反して「沖縄的労働市場」の下層に組み込まれて経済的に困窮し、また「沖縄スラム」と呼ばれる居住区において不衛生、不便な暮らしを余儀なくされるのである。

　ところで、海外移民と国内出稼ぎは同じpush要因を有し、時期的にも一致していたことから一括りに論じられることが多いが、石川友紀はそれに対しては慎重で、「本来は海外移民と国内出稼ぎとは区別して考察されるべき」と述べている。3)これについての筆者のスタンスとしては、文化的多様性を特性とする地域において、サブ・コミュニティとホスト社会の関係形成の促進要因を探ろうとする立場である。したがって、エスニシティに由来する問題状況を共有しながら、援助実践の実績がすでに蓄積されつつある前者（日系人など）を、同じく援助実績のある在住外国人とともに評価軸にして、後者（国内移民）の課題を分析しようと考えている。

　したがって、本章においてまずは海外と国内のそれぞれの移住の実態を明らかにし、次いで国内では関西や関東への渡航から定着にいたるパターンを整理するとともに、労働と生活をめぐる往時の状況がいかに劣悪であったかを確認する。加えて、沖縄人を他の民族とともに他者化し、好奇の眼差しに晒した1903年の「人類館事件」を振り返り、今日の沖縄問題に通底する問題性について論及する。

1. 移民政策による国外出移民の展開

(1) 黎明期の移民政策

　前章で参照したとおり、日本における出移民の時間的な区分（石川分類）としては、①契約移民時代（1885-1898年）、②自由・契約移民時代（1899-1945年）、③自由移民時代（1946-1972年）に分けられる。沖縄から一世の移民が本

表 5-1　日本における府県別出移民数および住民 1 万人に対する出移民数（1925 年）

府県名	出移民数（人）	住民 1 万人に対する出移民数（人）
沖　縄	2,453	429
和歌山	827	110
広　島	1,067	69
熊　本	725	59
山　口	530	51
滋　賀	298	46
鳥　取	203	45
福　岡	880	40

（出典）　石川（1997: 332）。

格化するのは，②の前半からである。

　日本人が斡旋によって集団移住を始めた時期となると①よりも少し早く，1868（明治元）年の横浜発サイオト号によるハワイ行き（男女 150 人）まで遡ることになるが，もちろん移住という行為そのものはそれよりさらに数世紀前から各地で見られた。6 世紀末には海外交易を始めていた沖縄では，14 世紀末には南洋，アジア各地に移住者が出るようになり，また反対に海外から沖縄にやってきて帰化する人も出はじめた。

　日本が移民時代に入り，沖縄でも第 1 回ハワイ移民団（1899 年 12 月出発，1900 年 1 月到着，27 人）に端を発し，本格的な移民送出が始まる。移民県の代表格である和歌山，広島などと比べると沖縄は年代的に遅れたのだが，それでも送出規模の大きさと継続性により，すぐに移民県として比肩することになる。表 5-1 は，1925 年時点のものだが，移民総数としても住民全体に占める移民の割合としてもすでに沖縄が他の移民県をはるかに上回っていたことを示している。

　当初の斡旋役として尽力したのが，「移民の父」と呼ばれる當山（當山）久三（1868-1910）であった。當山は，当時移民に反対していた県知事・奈良原繁に再三掛け合い，第 1 回移民団を実現させた人物である。移民送出はその 1 回で中断させられるものの，3 年後の 1903 年には，やはり當山の仲介の労もあって第 2 回ハワイ移民団（96 人）として再開され，以後の大規模な送出につながるのである（表 5-2）。

表 5-2　沖縄県および全国における年次別出移民数

年	沖縄県	全国	年	沖縄県	全国
1885		2,271	1912	2,351 (2,155)	14,912
1886		1,303	1913	1,185 (1,253)	20,966
1887		2,354	1914	940 (940)	17,974
1888		4,065	1915	616 (602)	12,543
1889		4,843	1916	774 (745)	14,586
1890		5,151	1917	3,633 (3,512)	22,862
1891		8,813	1918	4,187 (3,654)	23,574
1892		4,869	1919	2,251 (2,191)	18,244
1893		7,877	1920	1,233 (1,208)	13,541
1894		6,312	1921	1,140 (1,094)	12,944
1895		3,948	1922	798 (722)	12,879
1896		11,799	1923	1,256 (964)	8,825
1897		8,064	1924	1,442 (1,541)	13,098
1898		16,929	1925	2,606 (2,453)	10,696
1899	27 (27)	31,354	1926	3,155 (3,038)	16,184
1900	− (−)	16,758	1927	3,286 (3,183)	18,041
1901	− (−)	6,490	1928	2,636 (2,902)	19,850
1902	− (−)	15,919	1929	4,004 (4,942)	25,704
1903	96 (45)	14,055	1930	2,883 (2,490)	21,829
1904	845 (843)	14,663	1931	1,333 (1,400)	10,384
1905	1,620 (1,620)	13,302	1932	1,480 (1,216)	19,033
1906	4,670 (4,670)	36,124	1933	1,797 (1,775)	27,317
1907	2,985 (2,985)	25,060	1934	3,099 (2,659)	28,087
1908	1,354 (1,611)	10,447	1935	1,699 (1,872)	10,813
1909	232 (242)	4,278	1936	3,316 (2,552)	11,040
1910	600 (661)	6,951	1937	3,893 (3,086)	10,744
1911	906 (797)	8,071	1938	2,461 (1,995)	6,515

(注)　沖縄県の（　）内と全国の数値は，外務省通産局（1921年）などが出所，
　　　それ以外の沖縄県の数値は安里延（1941年）などが出所。
(出典)　石川（1997: 329-330）。

　ところで，沖縄県民にとっての政策的移民の歴史は，厳密にいえば18世紀半ばの八重山移住に遡る。この出来事は，強制移住という性質であった点においても注視に値するため，ここでもその概略にふれておきたい。琉球の政治や

農林業の発展を指導した著名な政治家・蔡温(さいおん)(1686-1762)[7]は,八重山群島(西表)開拓のため,多良間,宮古,波照間といった高人口密度の離島からの移住を法令により強制した。その人選方法はきわめて非人道的なものであり,「部落のなかの適当なところに一線を画し,親兄弟であろうが,夫婦であろうが,恋人同志であろうが,その画された一線を境に一方は居残り,一方は強制移住組と,血も涙もなくいとも簡単に引き離される(無期)」[8]というものであった。

目的地である八重山では,当時マラリヤが蔓延していて,移住者を送っては全滅し,全滅してはまた送る,という繰り返しであり,さらには渡航の船中で荒波に呑まれて命を落とす者もいたため,八重山移住は死と同義といえた。無論,開拓もままならない状態である。移住を命じられた者には辞退が許されていなかったものの,このような実態であったことから,集団逃亡を企てる者,それが発覚して処刑される者もいた。

八重山移住の背景には,開拓以外にも人口調整という目的があった。人口過剰への対策という意味ではこのほかにも事例があり,部落民を集合させて「桝」に入らせ,入りきれなかった村民を"処分"したということもあった(必然的に,体の弱い人は間に合わずに"処分"対象となりやすい)。移住者の中には苦労を厭わず,先覚者として自ら率先して出ていく者もいたが,八重山の場合は基本的に「桝」と同様の要領だったのである。

(2) 海外移住先の分布・変遷

ハワイ行きにより端緒を開いた沖縄への出移民であったが,自由・契約移民時代の間にも渡航先の傾向には変化があった。図 5-1 に見られるように,開始当初は大半を占めていたハワイ行きが徐々に数を減らし,ペルーやブラジル,フィリピンが中心的な移住先となる。

地理学的には,沖縄からの移民は熱帯から亜熱帯へかけてのエリアが移住先の大半であり,温帯から寒帯にかけての移民は比較的少なかったととらえられている。とはいえ,移住は中央アジアやアフリカにまでおよぶ広範なものであった。1940 年時点での海外在留沖縄出身者総数を表す表 5-3 からは,筆頭格のブラジル,ハワイ,ペルー,フィリピン以外にも,規模の小さな移住先まで含めると,沖縄からの移民がいかに広域におよんでいたかを知ることができる。

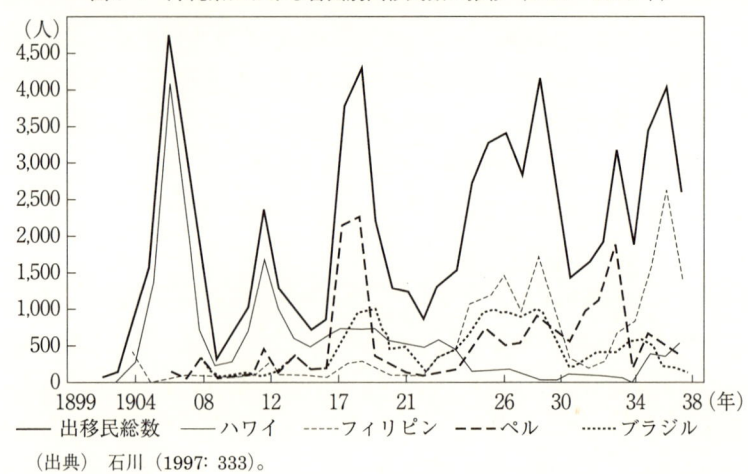

図 5-1　沖縄県における各国別出移民数の推移（1899～1938 年）

（出典）石川（1997: 333）。

なお，第二次世界大戦後はペルーやフィリピンなどの東南アジア，オセアニアへの移民が減少，もしくは途絶える一方で，ボリビアへの渡航が開始され，ほとんどの移民が南北アメリカに集中していくのが特徴である[9]。

(3) 開拓移民の実態

① コロニア・オキナワの開拓

　移住先における定着までの道のりは，もちろん平坦なものでなかった。具志堅興貞（1998: 51-53）は，戦後移住地であるボリビアへの第一次移民団の一人であった兄・興徳からの手紙の内容（L_1～L_5）をもとに，現地の凄惨さと，沖縄にいて葛藤する自らの心情を次のように記している。

　　「ボリビアからの兄の第一報は私のその後の安否を案ずる手紙となった」
　　「その後も兄からの手紙は頻繁に届いた。どれも調子のよい内容である」
　　L_1：今は共同作業を行い，みんなで助け合いながら頑張っている。食べ
　　　　物も存分にある。肉類は食い残すほどある。
　　「しかし，兄からの手紙は次第に現実味を帯びてくる。1954 年 8 月 15
　　日にサンタクルス県の『うるま植民地』へ入植した一次移民と，9 月 14
　　日に入植した二次移民は，住宅用の小屋の建設，測量，農作業など，さま
　　ざまな作業を班ごとに分担して村づくりに励んだという」
　　L_2：アリのように働きづめだが，新天地で希望に満ちあふれての労働は

表 5-3　沖縄県における在留国別男女別海外在留者数（1940 年）

	在留国（地域）	男（人）	女（人）	総数（人）
1	ブラジル	8,802	7,485	16,287
2	ハワイ	7,080	6,066	13,146
3	ペルー	6,214	4,503	10,717
4	フィリピン群島	6,389	3,510	9,899
5	アルゼンチン	1,813	790	2,603
6	英領馬来	990	105	1,095
7	中華民国	444	439	883
8	アメリカ合衆国本土	524	330	854
9	蘭領東印度	416	91	507
10	英領北ボルネオ／英国保護サラワク	223	117	340
11	豪州及び大洋州諸島	267	23	290
12	メキシコ	159	78	237
13	カナダ（英領）	138	73	211
14	キューバ	79	27	106
15	ボリビア	51	19	70
16	英領印度・ビルマ・錫蘭	9	−	9
17	タイ	7	−	7
18	コロンビア	4	2	6
19	チリ	4	2	6
20	アフリカ	2	−	2
21	ホンコン	1	−	1
22	その他	3	4	7
	合　計	33,619	23,664	57,283

（注）　国・地域名表記については石川の用いた当時の表現をそのまま使用した。
（出典）　石川（1997: 335）。

　　　疲れることを知らない。
　L₃: 病名不明の高熱病がはやっている。熱を出してから3日以内に生か死かの命運が確定する病気だ。
　L₄: 作業の開始と終了を意味する鐘の音が，今では葬式をはじめる合図に変わった。

　「地球の反対側にある見知らぬ国の原始林での生活。病魔と闘いながらの開拓。沖縄にいる私には想像すらできかねた」「兄の手紙は届くごとに

悲壮な内容になっていった」

 L$_5$：もはや開拓作業は放棄した。病魔に襲われるのを順番待ちしているような気持ちだ。移住者はみな放心状態にある。アメリカ政府からも医師団が来たが病名すら判明せず，なす術もないままわずか6カ月間で15人もの人がこの世を去った。

　この時の奇病は「うるま病」と名づけられた。亡くなった人たちはコロニアの共同墓地に祀られ，毎年の入植記念日（8月15日）には慰霊祭が行われてきた。ボリビア移民団はこの後何度も総会を開き，「うるま植民地」を1年で放棄し，別の地区に移動した。沖縄からの送り出しは，これを機に一時中断されている。なお，ボリビアでは第二次世界大戦後，焦土と化した故郷のために「沖縄救援会」が結成され，移住者を迎え入れている（嘉納 2010: 82）。

　日系移民の当初の期待の大きさに反し，その移住先での凄惨さは，高橋幸春によるノンフィクション，『蒼氓の大地』（1994年）に克明に記録されている。沖縄移民の場合も同様で，このような記録は数に限りがないほどだが，それでも大局的に見て沖縄移民は「成功」したと評されているし，実際半世紀以上にわたって移民送出は続けられた。本研究で本題として扱う関西への移住者に対する評価軸としても，海外移民の当時の状況を理解しておくことは重要である。ここではブラジルとハワイでの移民について，その職業や生活の様子をそれぞれ確認しておくこととする。

　a）ブラジルでのプランテーション

　ブラジルへの契約移民の主たる渡航目的は，コーヒー・プランテーションでの労働であった。ファゼンダ（fazenda）と呼ばれるプランテーションは，16～19世紀のポルトガル領時代，功績のあった国民に分け与えられた領地制度に由来しており，概して大農場である。プランテーションでは奴隷による労働が不可欠であったが，1888年にブラジルが奴隷解放を行ったため，それに代わる労働力として国外からの契約移民を受け入れることにした。ただし，プランテーションの労働条件のあまりの過酷さに他国が撤退していくなか，日本に移民供給の矛先が向けられたのであった。

　初回移民は1908年，781人（158家族）だったが，沖縄県出身者はそのうち最多の325人（50家族）であった。12～45歳であることが移民の条件で，当初の契約期間は，コーヒー採集の周期に合わせて約6カ月である。夫婦ま

たは家族・親族単位（3～10人で1組）での渡航が中心とされたが，職工（石工，大工，鍛冶など）の場合は単身者でも認められた。渡航費は当初，サンパウロ州政府が補助金として給付していたが，途中からは日本政府が船賃や渡航準備金などを負担し，国策としての移民を促進した。1917年からは，媒介役として海外興業株式会社が移民送出業務を代行している。

しかし，入植は期待されたものとはならなかった。そもそもブラジル側は「純農業移民」を要求していたのに対し，日本での募集期間が十分でなかったために非農業従事者が多数含まれるという齟齬があったし，さらには当初の数年，現地ではコーヒー不作の年が続いており，思うような収穫が得られなかった。このため，契約賃金が支払われないことも多く，逃亡者が相次いだ。州農務局は，このことを嘆いて初回移民を「渡航1か年以内に，過半がプランテーションを逃げ出し，成績不良」だと評している。初回移民は，そのほとんどが隣接州やアルゼンチンなどに脱出し，移動を繰り返している。その理由には，耕地労働の過酷さ以外にも，渡航費の借金をしていて，少しでも稼ぎのよい仕事を見つけて早く返済したいということや，独身者が契約条件を満たすために「構成家族」（形式だけの偽の家族）をつくり，現地に着いたところでばらばらになるといったこともあった[10]。

b）ハワイ移民の経済的貢献

ハワイでは，各島嶼に沖縄県民が移住しているが，もっとも多かったのはハワイ島，次いでオアフ島である[11]。職業として最多は製糖耕地労働者で，移民の約8割がこれに従事していた。他にもパイナップル耕地労働者やコック，自動車業，白人家庭奉公，商店員，菜園業，日雇労働などの職業が選ばれたが，いずれも1～3％程度にとどまるものであった。

移民社会の典型ともいえることだが，理髪業，洗濯業，雑貨商などの商店が，移民の集住する地域ごとに開業している。専門職としても，医師，歯科医助手，薬店主，牧師，教育者，新聞雑誌記者，移民局通訳，船員，機関士，自動車修繕業，写真業，眼鏡師，金銀細工，産婆（当時）などが現れた。移民の定着が進むにしたがい，協会や店舗，専門職などがエスニック・コミュニティを構成し始め，移民社会としての形が整っていくことを，ステファン・カースルズとマーク・J．ミラーも論及していたのであったが[12]（序章参照），この状況からも定着プロセスの一端を説明できよう。

表 5-4　沖縄県における出稼地別海外移民の送金額及び構成比（1910 年現在）

出稼地	送金額 実数（円）	構成比（％）	出稼地	送金額 実数（円）	構成比（％）
布哇	592,752	82.2	秘露	7,940	1.1
墨西哥	27,418	3.8	馬尼剌	4,227	0.6
伯剌西留	25,306	3.5	ニューカレドニア	2,487	0.3
米国	22,381	3.1	比律賓	2,369	0.3
加奈陀	17,847	2.5	アルゼンチン	40	0.0
大洋島	9,394	1.3	不明	9,000	1.3
			合計	721,161	100.0

（出典）　石川（1997: 504）。

　ハワイ移民は，沖縄からの移民の嚆矢であったという特徴以外にも，多数の移民を送り込み，成功した事例としても知られている。その根拠には，他国移民と比べて県への送金額の規模が突出しており，経済的貢献が大きかったことがある（表 5-4）。

　このようにハワイ移民が経済的に成功したことで，当初3年で帰国するつもりであった移民の定着化が進んだ。ハワイでは女子の呼び寄せが多かったこともあり，結婚や出産によって永住を志す人も多かった。[13]

② 沖縄移民への差別と同郷出身者の結合

　例に挙げたブラジルとハワイの初期の移民をめぐっては，外務省からの渡航差別問題，現地での他県出身の移民から侮蔑されるという問題に直面していたことが確認されている。

　また，現地でできた同郷ネットワークがそれらに対する抵抗勢力としての役割を果たした点でも，この2例は共通している。

　ブラジル移民の逃亡や移動についての報告を受けた日本の外務省は，1913年以降，移民会社に対して沖縄（ならびに鹿児島）からの募集を禁止せよと再三迫っている。他県出身者より現地での成績が不良であることが直接の理由とされているのだが，沖縄人が内地移民と風俗などの面で異なること，現地住民から悪評を受けるということも根拠とされていた。ところが，第一次世界大戦下の内需拡大を受けて移民希望者自体が減少していたことから，移民会社は移民募集の再許可を外務省に申し出ている。このとき，沖縄県会も外務省に対し，

第5章 沖縄の移民コミュニティ形成史（2）

この差別を撤廃するよう陳情・請願を行った。

これらの要請を受け，外務省は1926年に沖縄移民を再開させたが，そのための付帯条件として「普通語を解し」とか「家長夫婦は3年以上同棲したる者」といったことを課した。この付帯条件に対して，球陽協会（ブラジルにおける沖縄県人の中心的団体）や沖縄県海外協会（在日本の団体）が撤廃を政府に訴えつづけ，1934年に一部，1936年に完全撤廃が実現し，ようやく他県出身移民と同基準となったのであった。[14]

一方，ハワイにおいては，日本本土の他県出身移民と融和が進まず，蔑視に晒されていた（名前でなく「オイ沖縄」と呼び捨てられるといったこともあった）。他県の移民が英語のみを勉強するのに対し，沖縄出身者は日本語（標準語）も学ばなければ話せない人が多かったこともあり，「少数集団の中の少数集団（minority within a minority）」と呼ばれ，〈大和人対沖縄人〉という対立構図ができていたのであった。

これに対抗する同郷組織として，ハワイ沖縄県人連合会（United Okinawan Association of Hawaii）や年長者組織（Senior Citizen Club），村人会，職業や文化（音楽・舞踊・詩歌など）のグループといった同郷集団が早期から結成されており，相互の助け合いやアイデンティティ保持の力となった。[15] このような移民の同郷ネットワークが差別に対して集団的解決力の源となったり，各般の便宜を図ることは，世界各地の移民集住地区で見られることであるが，言葉や文化のハンディがあり，差別にも遭いやすい移民にとっては当然の自衛手段といえよう。社会学的にも，「先駆移民が同族・同郷者を呼寄せ，所謂，門中などの血縁や同郷の地縁的紐帯による村落共同体が，移民先国においても形成されたものと見なされる」[16] という見解が共有されている。

苦労をしながらも異国の地に根を張り，「成功」を収めたといわれる沖縄移民であるが，それを支える結束力や精神性において，他県にはないものがあった。石川は，中世から近世にかけての海外貿易の経験にそのルーツを見出し，「海洋民族としての進取の気性，心身両面にわたる強靭さ，誠実さと勤勉さ，互助の精神，団結心の強さ，自然環境への適応の早さ」がそれであると述べている。[17]

2. 国内への渡航パターンと就労

(1) 国内移住先の分布

石川（1997）による地理学的な模式図（図5-2）は，出移民が活発化した両戦間期における，沖縄本島や島嶼からの人口移動の動向を明解に示している。ここから，海外移民と同時期に，それと匹敵する趨勢で国内出稼ぎ者が渡航したこと，さらにはブロック別に一定の傾向があったことを，我々は知ることができる。

日本での国内出稼ぎが隆盛期にあったころ，大阪をはじめとする関西の工業地帯の労働力需要はそれを国内外から吸収する最大級の磁場であったことはよく知られているとおりである。国内をめざした沖縄出身移民の相対的位置や特徴について，冨山一郎（1990）による計量分析を手がかりに，以下で検討していく。

沖縄県下で糖価暴落，国税負担の超過などの苦境が重くのしかかり，人口超過への対策も推進されていく中，海外への契約移民開始とほぼ同時期である1910年前後に国内への人口流出が始まり，1920年代に入ると急増する（図5-3。本籍人口から現住人口を減じたもの）。沖縄からの移住先としては，関東，中京，関西，九州と広域におよぶが，圧倒的に多いのが阪神工業地帯を擁する大阪，兵庫である。表5-5は1940年代の状況ではあるが，京浜工業地帯の分布も少なくないといわれる中で，阪神地域の吸収力は文字どおりケタ違いであったことを示している。その大阪への流入の過程を他府県との比較で把握しようとするのが，冨山による次の分析である。

(2) 分析フレームと沖縄移民の特性

① 地域設定

冨山研究（対象：1920～1940年代）では，移民としての人口流出地域を3つのクラスターに分類して，大阪府下への人口流入が分析される。[18] 第1のクラスターは〈都市地域〉である。流入率が全国平均以上で流出率が全国平均以下と定義され，東京，神奈川，愛知，大阪，兵庫，京都，福岡，長崎の8府県がそれに該当する。冨山は，これらのうち大阪への流入のある隣接府県という

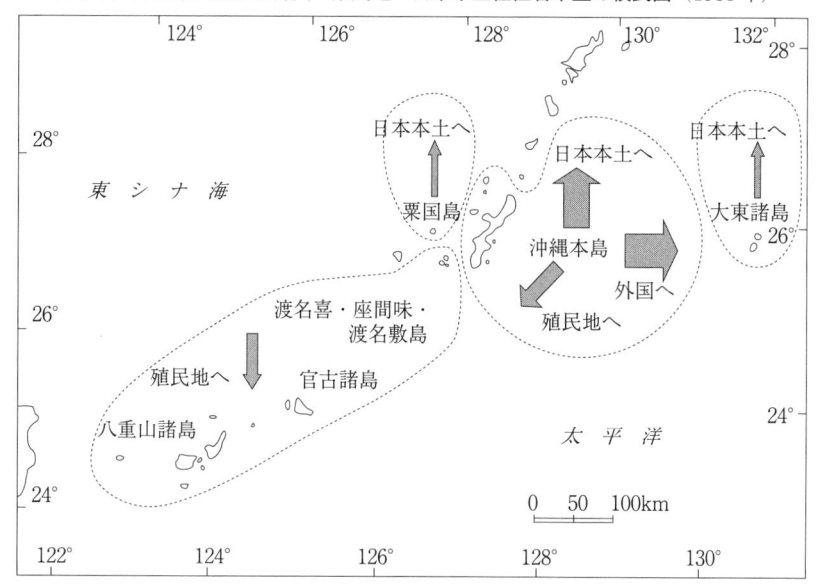

第 5 章　沖縄の移民コミュニティ形成史（2）

図 5-2　沖縄県における外国・殖民地・日本本土在住者率型の模式図（1935 年）

（注）　縮尺は原著のもの。
（出典）　石川（1997: 317）。

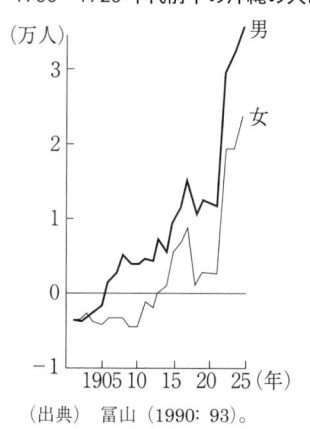

図 5-3　1900〜1920 年代前半の沖縄の人口動態

（出典）　冨山（1990: 93）。

ことで兵庫，京都を分析対象としている。

　第 2，第 3 のクラスターは，〈農村地域〉とされる 2 地域の 15 県である。このうち，1920 年時点で大阪への流入が相対的に高い〈A 地域〉と，高くない〈B 地域〉が設定される。〈A 地域〉は，奈良，滋賀，和歌山，福井，石川，

表 5-5　沖縄出身者の分布

(人)

	在住者 (1940)	帰還希望者 (1946)
東　京	6,738	3,334
神奈川	6,127	8,770
愛　知	2,968	2,801
大　阪	42,252	29,808
兵　庫	11,426	21,339
和歌山	315	1,652
山　口	1,015	1,661
福　岡	4,371	6,720
熊　本	406	16,630
大　分	300	9,941
宮　崎	482	14,912
鹿児島	2,673	10,492
その他	9,251	13,317
計	88,324	141,377

(注)　帰還希望者のうち 28,835 人は奄美大島出身者。
(出典)　冨山 (1990: 254)。

香川，徳島の 7 県であり，結果的には距離的にも大阪近県ということになる。〈B 地域〉は，佐賀，島根，鳥取，熊本，宮崎，大分，鹿児島，沖縄の 8 県で，遠方の県ということになる。この時点での沖縄はまだ他県に比して大阪への進出は小規模で，後者に含まれる。

② **大阪への流出率**

　冨山の研究では，〈大阪への流出率＝大阪現住者／本籍人口×1,000〉として，1920 年，1930 年，1940 年における各クラスターの数値が比較される。

　沖縄から大阪への流出が最多となる 1940 年では沖縄の流出率の値は男子 67.1，女子 62.5 であり，〈都市地域〉の平均値（男子 72.8，女子 65.2）に近い。沖縄は〈B 地域〉の平均（男子 37.1，女子 34.9）を大きく上回るものの，〈A 地域〉の平均（男子 105.4，女子 91.0）よりは下回る（表 5-6）。[19]

　したがって，流入率の低い遠方の県の中では群を抜いているが，近県と比べれば流入が突出して多いとまではいいきれない規模であった。

表 5-6　大阪への流出率（3クラスターの平均値による比較）

	1920		1930		1940	
	男	女	男	女	男	女
都市地域	68.0	63.0	73.9	69.6	72.8	65.2
A 地域	76.7	67.8	87.8	81.6	105.4	91.0
B 地域	12.5	11.5	23.9	21.7	37.1	34.9
沖縄	2.0	1.7	33.6	26.1	67.1	62.5

（出典）冨山（1990: 122）をもとに作成。

表 5-7　労働者率・出稼者率（3クラスターの平均値による比較）

(％)

	労働者率（1930）		出稼者率（1930）
	男	女	全 体
都市地域	4.6	2.0	3.6
A 地域	6.2	3.6	6.7
B 地域	15.6	20.8	18.3
沖縄	31.2	37.5	44.0

（出典）冨山（1990: 123）をもとに作成。

③ 沖縄の労働者率・出稼者率

　沖縄からの移住の多さが顕著に現れるのは，むしろ県内人口動向に目を向けた場合であり，労働者率，出稼率（1930年時点）にそれを見ることができる（表 5-7）。前者は〈労働者率＝労働者数／大阪現住人口〉，後者は〈出稼者率＝出稼者／大阪現住人口〉で算定されるもので，これらに関しては〈B 地域〉が高い数値を示すからである。

　労働者率では，沖縄は男子 31.2％，女子 37.5％で，〈都市地域〉の平均（男子 4.6％，女子 2.0％），〈A 地域〉の平均（男子 6.2％，女子 3.6％），〈B 地域〉の平均（男子 15.6％，女子 20.8％）のいずれをも大きく引き離している。出稼率は，〈都市地域〉が 3.6％（男女計），〈A 地域〉が 6.7％（同），〈B 地域〉が 18.3％（同）のところ，沖縄は 44.0％（同）で，やはり群を抜いていたことがわかる。

　ここに見られるように，沖縄ではどの県よりも高い割合で労働者や出稼ぎ者を大阪に送り込んでいる。沖縄経済がいかに厳しいものであったかを前章でも

(3) 流出時期と職業選択の男女差

次に，男女別・年齢別の流出人口（図5-4）を見ると，流出が激化する1920年代前半には2つの山があることがわかる。女子が10代後半をピークとするのに対し，男子は20代前半がピークであり，年齢層に差異が現れているためである。しかし1920年代後半に入ると，世界恐慌の影響で紡績工場が減産に転じたり，工場閉鎖に追い込まれた影響で，女子だけが大きく減少している。移住当初，紡績女工が求められ，やがて男性工員が集められるようになった時期（前者）と，紡績工場での不当待遇をめぐる労働争議に揺れた頃（後者）の時間軸上のコントラストを見ることができる。

平良盛吉（1971）は，この頃の紡績女工の働きぶりや帰郷していく様子について，以下のように言及している。[20]

>　沖縄女性はよく働く習性があり，勤勉で郷里に送金するもの，ためて将来を考える者など多かったが，空気のよい田舎から出てきて綿ほこりの立ちこめる中に入ったため胸をわずらうものも出た。
>
>　大正の末期から昭和五，六年にかけて世界的大不景気がおそってきた。そのため中小企業がばたばたと倒産し，暴動もおこり，大蔵大臣暗殺事件等も起きた。そこで紡績業も操短（機械を休め仕事を縮小すること）または工場を閉鎖されるに至ったので沖縄女工は帰郷するものも輩出したが，一方その足で大阪方面に踏みとどまり親戚・知人をたよって新たに仕事を求める者も多かった。
>
>　このときはすでに同郷の男性もたくさん大阪に進出してそれぞれ仕事に就いていたので，縁あって結婚するものも出た。いまりっぱな家庭をもち，二世，三世をもうけて安らかに生活しているかたがたに，その人を見受けられるのである。

具体的に職業選択の傾向を見てみよう。沖縄からの移民の就いた業種は，きわめて多岐にわたっていた。埋め立て造成整地，築港事業，工場建設事業，工場労働（紡績工場，製鋼所，鉄工所，製材所，鋳物工場，メッキ工場，ガラス工場，ゴム工場），造船所などでの港湾労働，運搬労働などが主であった。サービス業や商店などでも，映画館，ホテル業，食料品店，料理店，飲食店，アパート

図 5-4 年齢別社会流出

(1) 1915～1920 年

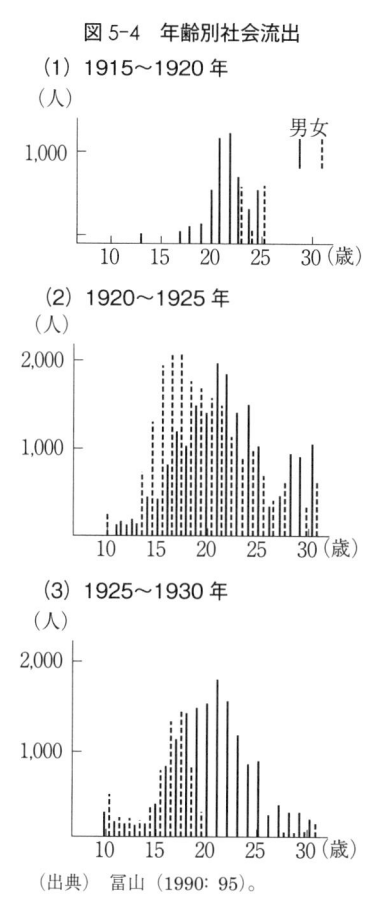

(2) 1920～1925 年

(3) 1925～1930 年

(出典) 冨山 (1990: 95).

経営，文化住宅経営，美容室，理容店，運送業，公衆浴場，幼稚園，結婚式場，タクシー会社，出版業，印刷業，豆腐製造業，パン製造業，養豚業などが挙げられる上，専門職や役人としても弁護士，医師，計理士，税理士，官公吏，教職員，警察官，消防官などであった。[21]

しかしながら，大半の労働者は特定の業種に固まって就労している。**表 5-8**は，男女別・業種別の分布（1928 年時点）を示している。沖縄の男性労働者の特徴は，「工業」「土木建築」が約 8 割という他府県に類を見ない高さで占められていたことに尽きる。巨大な製鉄工場を筆頭に，大小の重化学工業が密集する港湾エリアの労働力需要が強力な pull 要因となっていたことがわかる。一方女性労働者では，熊本，鹿児島とともに「工業」に集中したところが沖縄

表 5-8　大阪への出稼部門業種別分布割合（1928 年）

(1) 男　　　　　　　　　　　　　　　　　　　　　　　　　　　　　　　　　　　　　　(%)

	工　業	土木建築	商　業	戸内使用人	雑　業	総計(人)
都市地域						
兵　庫	20.0	4.6	54.5	11.4	7.0	6,859
A 地域						
奈　良	11.8	8.5	31.6	26.5	16.3	3,231
滋　賀	28.6	6.8	24.2	26.8	12.1	2,587
和歌山	19.1	16.9	18.1	27.0	17.4	6,184
福　井	35.0	3.9	14.4	24.2	21.6	2,095
石　川	30.2	8.2	16.6	15.7	29.2	3,272
香　川	27.3	5.6	22.3	9.9	31.5	5,030
徳　島	24.7	7.0	27.1	17.9	21.8	4,025
B 地域						
島　根	30.7	21.5	17.2	14.5	15.8	5,000
鳥　取	32.4	11.8	22.3	11.0	21.7	1,867
熊　本	64.5	6.3	8.2	5.2	13.9	1,406
宮　崎	51.7	9.0	13.1	6.4	17.5	1,629
大　分	40.7	9.2	20.7	13.6	11.3	1,492
鹿児島	51.2	10.5	11.7	5.2	20.7	7,679
沖　縄	59.5	20.4	3.4	2.5	13.5	4,852

(2) 女　　　　　　　　　　　　　　　　　　　　　　　　　　　　　　　　　　　　　　(%)

	工　業	商　業	戸内使用人	雑　業	総計(人)
都市地域					
兵　庫	45.6	7.7	38.9	5.9	2,274
A 地域					
奈　良	20.0	11.2	51.0	16.3	1,864
滋　賀	28.8	28.4	22.5	12.1	2,163
和歌山	37.5	5.1	45.4	17.4	4,744
福　井	42.1	8.3	39.7	21.6	1,101
石　川	44.3	3.2	32.1	29.2	1,859
香　川	50.6	12.8	18.8	31.5	3,876
徳　島	27.2	19.4	33.6	21.8	3,346
B 地域					
島　根	59.1	7.3	17.3	15.8	4,149
鳥　取	50.4	11.6	17.9	21.7	1,264
熊　本	81.8	2.4	9.4	13.9	2,379
宮　崎	67.9	3.8	3.0	17.5	2,426
大　分	72.3	8.8	10.7	11.3	1,838
鹿児島	82.8	2.4	6.6	20.7	7,195
沖　縄	88.1	2.1	4.2	13.5	4,065

(出典)　富山（1990: 124）。

の特徴であるが，なかでも沖縄はその割合が9割に迫る。紡績女工が沖縄女性の出稼ぎの代名詞のように語られるのも，この所以といって間違いない。

(4) 労働市場と定住・帰還のパターン

さらに，冨山は沖縄出身者の大阪での就労およびUターン・定住の過程を，18人のサンプルのライフコースの分析によって明らかにしている。なお，18人全員が農業出身者である。分析の枠組みとして，まずは図5-5aにしたがって労働市場の類型が設定される（大阪労働市場〈Ⅰ，Ⅱ〉と沖縄労働市場〈Ⅲ〉）。まずは賃金水準の高い（個人給水準を上回る）部門の〈Ⅰ重化学工業労働市場〉である。これは「Ⅰ-a 機械，金属」，「Ⅰ-b『沖縄的』機械，金属」，「Ⅰ-c 1930年代の化学」によって構成される。次の〈Ⅱ低賃金労働市場〉は，個人給水準ぎりぎりの部門であり，「Ⅱ-a 繊維，1920年代の化学（沖縄的労働市場）」，「Ⅱ-b 日雇労働市場」を含んでいる。最後に〈Ⅲ沖縄県内労働市場〉であり，渡航前の就労やUターン後の就労が相当する。これには，「Ⅲ-a 農外労働市場」と「Ⅲ-b 農業労働市場」が含められる。農外部門としては那覇および周辺部における家内工業，日雇，雑役夫があり，農業部門には，農業日雇，年雇，奉公人が相当する。

なお，前章で問題を指摘した「沖縄的労働市場」が，Ⅰ，Ⅱの両方に含まれている。化学部門においては年代によって雇用の調整弁としての「沖縄的労働市場」が用いられている。また，相対的に賃金水準の高い機械，金属部門でも格差があり，「沖縄的労働市場」までしか到達しなかった人と，上のランクに職を得た人に分かれている。

この類型に基づいて18人の職歴を分析すると，①Uターン型，②定住型，③女子型の3つのパターンが見られることを冨山は指摘している。第1のUターン型（3人）では，沖縄での農業部門にスタートし，その後〈Ⅱ低賃金労働市場〉の2職種のいずれかに従事している。その仕事での勤務期間には長短あるが，その次には沖縄での農業に全員が戻っている。〈Ⅰ重化学工業労働市場〉には一度も従事することなく沖縄にUターンしていることが特徴で，低賃金の職にしか就けない場合は帰郷していた実態が窺える（図5-5b）。

続いて定住型（7人）といわれるパターンだが，こちらは逆に例外なく高賃金部門である〈Ⅰ重化学工業労働市場〉に従事している。最終的に沖縄の農業

第Ⅱ部 《事例編》A市B区における沖縄人コミュニティの形成と排除

図5-5a　労働市場類型

Ⅰ　重化学工業労働市場 ｛ 機械，金属 ……………………………………（Ⅰ-a）
「沖縄的」機械，金属 ……………………（Ⅰ-b）
1930年代の化学 …………………………（Ⅰ-c）

Ⅱ　低賃金労働市場 ｛ 繊維，1920年代の化学（沖縄的労働市場）……（Ⅱ-a）
日雇労働市場 ………………………………（Ⅱ-b）

Ⅲ　沖縄県内労働市場 ｛ 農外労働市場 ………………………………………（Ⅲ-a）
農業労働市場 ………………………………（Ⅲ-b）

（出典）冨山（1990: 136）。

図5-5b　Uターン型

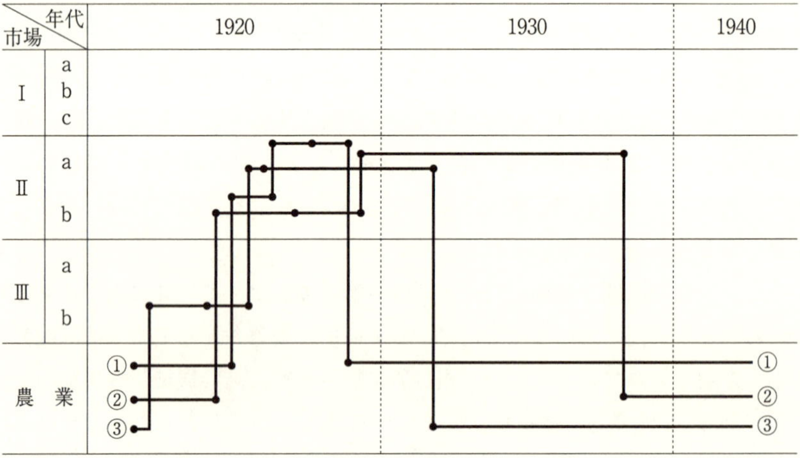

（注）①●は転職を表す。②左から右へ時系列的推移を表す。
（出典）同上書，138。

に戻った人（④⑤）もいたが，基本的にはほとんどの人がⅠの職に長期にとどまりつづけている。④⑤の2人も，少なくとも10年前後の長期間にわたってⅠの職に従事していることから，賃金水準の高い部門に到達した人は長くそのポジションを保持したということがいえるだろう（図5-5c）。

最後に女子型（8人）である。女子もまた，1人も〈Ⅰ重化学工業労働市場〉に従事経験をもっていない。また，短期間にⅡの職と沖縄県内の農業を行ったりきたりして，図上では細かい山をたくさんつくっている人が多いのが，女子

第5章　沖縄の移民コミュニティ形成史（2）

図5-5c　定住型

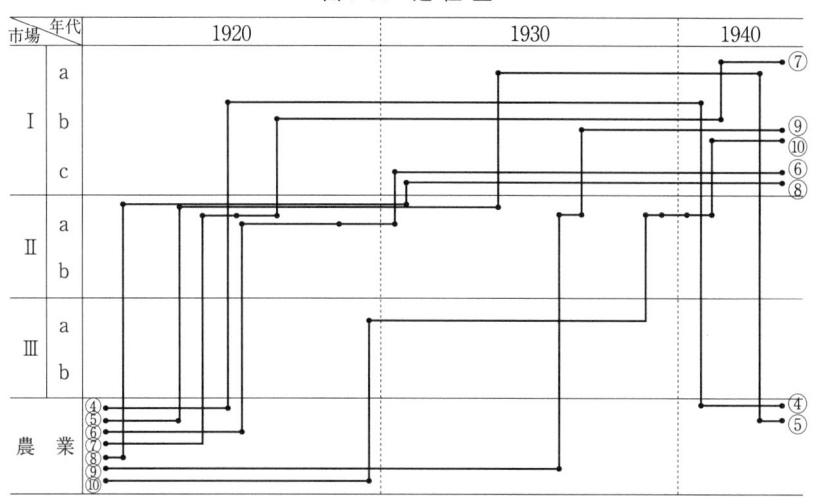

（出典）同上書，139。

図5-5d　女子型

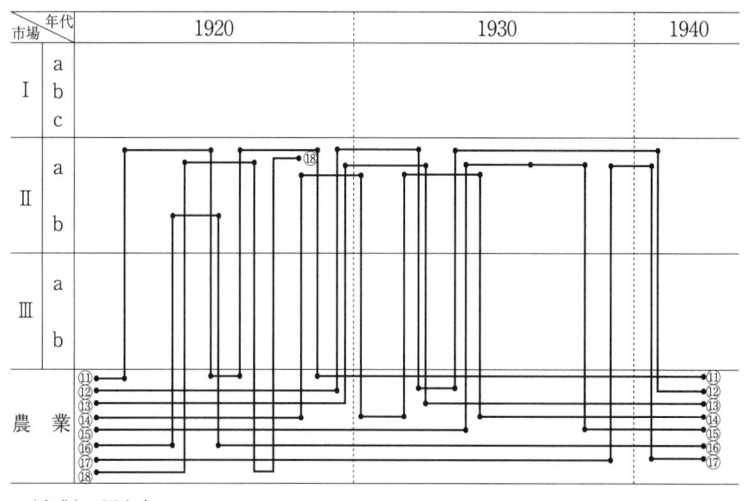

（出典）同上書，139。

型に特有の傾向である（図5-5d）。つまり，〈Ⅱ低賃金労働市場〉に職を得ても大半が比較的短期間で辞職し，辞職して帰還→Ⅱへ再就職→辞職して帰還を繰り返しているのである。このことからも，紡績女工たちが置かれていた労働環境の過酷さが推察できる。

(5) 親戚，同郷人による居住・職の確保

　移住後の居住先と雇用機会の確保は，ともにもっとも基本的な問題である。冨山の研究では，上のUターン型，定住型の10人についての「いそうろう」と職業斡旋の過程についても分析が行われている（表5-9a・5-9b）。

　「いそうろう」は，ここでは「とりあえず」の住まいと定義される。Uターン型と定住型の男子の場合，前者は全員が親族（兄やいとこ）を訪ねて大阪に入り，その状態でUターンしている。後者の場合も親族や同郷人を頼っているケースがほとんどである。就職先に寄宿舎制度が未整備な場合が多いため，自ずとこのような流入の仕方になるのである。定住型の場合，第2の住まいも「いそうろう」になる場合は，同郷人のつながりで共同宿泊所に入るか，工場住込である。

　職の紹介についてはUターン型は募集によるものが多いが，定住型の場合は親族や同郷人の紹介による就職・転職が比較的高い。この背景には，斡旋者に企業からマージンが支払われる構図があった。[22] Uターン型はとりわけ2つ目以降の就職先の選択も募集によることが多いのに対し，定住型はほとんどが同郷人の紹介である。このことからすると，〈Ⅰ重化学工業労働市場〉に到達して定住ないし何年も職にとどまる人は，親族も含めた同郷ネットワークに所属し，有力なツテを頼って高水準の仕事も得やすい状況にあるが，Ⅰに到達せずに帰還する人はそうしたネットワークに所属しないか，していたとしても庇護下に置かれがたかったのであろう。

　こうした実態からも，同郷ネットワークがいかに重要かがわかるとともに，外部（移住先住民など）からの支援がないに等しい状況だったことが明らかである。

3. 過酷な労働環境下での堅忍と逃亡

　前章において，沖縄的労働市場には，劣悪な賃金水準・労務管理による雇用と，そもそも雇用しない（雇用拒否）という2つの形態が見られたことを指摘した。故郷への送金を目標に志をもって新天地に足を踏み入れた若者たちが，「朝鮮人，琉球人お断り」と書かれた鉄工所の求人ビラによってシャットアウ

表 5-9a　居住場所の保証　　　　　　　　表 5-9b　職の紹介

	番号	出沖縄いそうろう1	いそうろう2	いそうろう3	職1	職2	職3	職4
Uターン型	①	親族（兄）			募集	募集	募集	
	②	親族（いとこ）			募集			
	③	親族（いとこ）			募集	親族（いとこ）	募集	
定住型	④				[募集]			
	⑤	親族（いとこ）			親族（いとこ）	[同郷人]		
	⑥	親族（いとこ）	同郷人（共同宿泊所A）		募集	[同郷人]		
	⑦	親族（いとこ）	工場住込	同郷人（共同宿泊所B）	募集	同郷人	[同郷人]	
	⑧	同郷人（共同宿泊所B）			[同郷人]			
	⑨	親族（いとこ）			募集	[同郷人]		
	⑩	親族（兄）	工場住込	工場住込	親族（兄）	募集	募集	[同郷人]

（注）　□は重化学工業労働市場へ紹介した場合を表す。
（出典）　冨山（1990: 142）。

トに遭い，また雇われたとしても日本人に対するものとは別の基準による低賃金労働，方言を理由とする不当解雇，長時間労働，不衛生な「タコ部屋」での寮生活など，公然と存在する数々の差別待遇に屈せざるをえなかった。

このような劣偶への対抗手段として，就職のために本籍を移したり，改姓を余儀なくされる労働者もあり，また中には自殺，犯罪，逃亡に追い込まれる労働者もいた。以下では，ミクロ的視点でその様子を確認しておきたい。まずは女工と男性労働者の労働事情の概況について整理し，次いで当事者の語りを取

(1) 『女工哀史』に綴られた紡績女工の労働

　繊維部門の女工は，横山源之助が著した『日本之下層社会』（1985年。原著は教文館，1899年）においては被差別者という位置づけで扱われている。細井和喜蔵による『女工哀史』（改造社，1925年）では，繊維工としての自身と女工であった妻の経験を通し，女工が労働問題と婦人問題の2つを背負いながら，いかに多くの制約の中で生きざるをえなかったかが微に入り細にわたって告発されている。農商務省による報告書『職工事情』（1903年）では，繊維業の職工の待遇の問題を取り上げており，年少労働者の多さ，長時間労働（深夜業を含む）とその隠蔽（経営者が時計の針を後戻りさせるなど），未成年女工への虐待記録などを指摘している。[23]

　名護市史編さん委員会編（2008）においても，女工への詳細な調査に基づき，当時の惨状が記録されている。当時を回想する女工たちの言葉は，忍び難い生活を耐えていたことを伝えるに十分である。「琉球人，琉球人されてよ，アッサビヨー[24]，私たちはとっても軽蔑された」「会社は仕事をみる。沖縄の人はまじめと言われた。（寄宿舎では）沖縄の人はリュウキューとバカにされた」などというものである。回顧録からは，当時の様子を垣間見ることができる。[25]

- 沖縄の人は採らないと募集人がいうため，名前と住所を変えて鹿児島県人になりすまして入社した。
- 他県出身女工から，琉球人であることを理由として蔑まれ，喧嘩が絶えなかった。「リュウキュウ，イモクイ，ブタ」といわれていた。
- 工場の食堂で，沖縄人を蔑視する男性炊事係が，「ヤマトゥーたちには熱いご飯」を，「沖縄の人のご飯は熱いのと冷たいのをかき混ぜたもの」「悪い匂いがする」ものを配膳することがあった。
- 2交代制度下では，寄宿舎で常に布団（「ションベン布団」と呼ばれた）が敷かれていて非衛生的で結核の温床になっていた。
- 他県出身女工に迷惑をかけてしまったとき，「ごめんなさい」という日本語がわからず戸惑っていたら「琉球人のバカ！」と怒鳴られた。
- 休日に外出して門限に遅れると，差別意識の強い門衛は「また，沖縄か」と嫌味をいった。

・和歌山紡織本社工場のリングに（13歳から）16歳まで働いた。「オキナワさんか」と蔑まれることもあったが，一生懸命働きリングから全体見廻りの役に5ヵ年付き，表彰もされた。
・他県出身者による「沖縄の人はきたない」という発言をきっかけに，沖縄出身者ばかりによるストライキもあった。

このような環境に耐えられず，女工の中には逃亡する人，他社の紡績工場に移る人も多かった。工場を頻繁に変える人は「会社グンボー」と呼ばれ侮蔑されていた[26]。逃亡者の存在は，契約不履行の道義的責任が指摘され，沖縄差別を正当化する根拠とされた。

(2) 男性労働者の実態

大阪での集住地区において指導者として知られる宮城清市（1905-2004。県人会初代会長であり，教師，区議会議員などであった）は，大阪紡績，大林組，大林製材が沖縄からの労働者を大量に募集したことが，大阪における集住の誘因であったと述べている。大量募集の背景には，第一次世界大戦後の好景気による増産のための要員として，それらの企業が沖縄の余剰労働力に目を付けたことがあった。

仕事の斡旋については上でもふれたが，職と下宿の紹介と身元引受人を兼ねた「人夫出し」「親方」と呼ばれる人物がいた。縁故のない移住者は，日雇労働の手配師が回ってくるのを待つ，いわゆる「立ちん坊」となった[27]。出稼ぎ者が増えると，公的な職業紹介所が増え，沖縄人の利用も進んだ。

男性労働者もまた，「沖縄的労働市場」に組み入れられ，不利な条件下での求職・労働を余儀なくされた。「会社グンボー」や逃亡は，男子の間でも珍しいことではなかった。会社側は，言葉の違いなど「沖縄人であること」を理由とする周囲とのトラブルを嫌い，沖縄人の採用に消極的になっていった。沖縄人の中で，労働運動を先導する人，会社側に立つ第二組合的な活動をする人も出たが，会社側は沖縄人工員によるストライキや労働争議によってますます沖縄人の雇用を忌避した。

男性労働者の過酷な労働環境を挙げてもきりがないほどで，ここではその一端にふれることしかできないが，当時工員として働いた人たちの回顧録から典型的なものを記しておく（名護市史編さん委員会編 2008: 63-99）。

- 肉体1本でモノを運搬するカタミヤー（担ぎ）は，学歴や技術，言葉の重視されないもっとも手軽な働き口だった。人夫出しが斡旋する仕事場は大企業だが，実際の仕事内容はカタミヤーなどの運搬業がほとんどだった。これらは日給1円50銭から60銭と高かったので，好んでカタミヤーに就く出稼ぎ者もいた。実際には天候に左右され仕事にあぶれることもあり，不安定な働き方だった。
- 製材所や工場で採用されることの多い雑役夫は，掃除や合間繋ぎの雑用をする者だが，先輩の技術を見様見真似で覚え，先輩に気に入られれば機械の扱いを教えてもらうこともあった。
- 旋盤工の広告を見て大阪へ出た。大阪に行けば背広や靴を履いた仕事や生活ができると単純にあこがれていた。自由応募で旋盤工見習いとなったが，日給75銭，下宿代が18円で，生活ができないので履歴書を持って会社回りをした。「内地の人に限る」の貼り紙がある工場でも構わず事務所に行くと，事務員が「カベの貼り紙を見なかったのか。中学も出ているのに，書いてある意味もわからないのか」というので，「沖縄は日本だ」と食ってかかった。
- 仕事は朝7時半に始まり夕方5時には終了した。初めて触れる旋盤機械，回転するモーターの騒音，大阪弁の難しさ，職人のいいつける言葉を聞き分けて，行動するのにくたくたの毎日が続いた。自信喪失に陥り焦りを感じるようになっていたとき，先輩同僚が仕事終了後の1時間ほど研磨がけや穴あけの仕方を教えてくれた。

(3) 当事者の語りから

　上のような本土移住当初を知る人の回顧録では，町村史に所収のものもある。『北谷町史』（北谷町史編集委員会編 2006）では，関西や関東に渡った一世やその子らによる膨大な記録がテキスト・データとして残されているのだが，ここでも労働事情の劣悪さを伝える証左として，3人の回顧録（2004〜2005年に調査が行われたもの）を抜粋して取り上げたい（引用文中の二重カッコは本資料における見出し，太字は文中の小見出しをそのまま掲載したもの。「……」は省略部分を表している。個人名や地名は匿名化する）。

第 5 章　沖縄の移民コミュニティ形成史（2）

① Y・M 氏（男性・大正 4 年生まれ）『住友金属の旋盤工として静岡市に定着』
大阪に出て旋盤工として働く
　……私たちは，大阪市○○に住んでいました。○○は妻が結婚前に住んでいた場所で，ウチナーンチュがたくさんいました。……大阪では，住友金属工業株式会社という会社に入りました。……1 年間，ねじを切ったりいろいろな勉強をしてから，住友金属工業プロペラ製造所××工場で旋盤工の仕事に就きました。……

静岡に転勤，終戦を迎える
　……静岡市の△△というところに東洋モスリンという大きな紡績工場があり，沖縄出身の○×さんという人が勧誘員だったのか，沖縄からたくさん人を連れてきていました。……

ヤミ商売で家族を支える
　……（終戦後）工場は 9 月に閉鎖になりましたが，もともと住んでいた人は，「出ていけ」とはいわれませんでした。しかし，妻と子どもを 2 人抱えて仕事もないし，頼れる親戚もいない。そこで，家族を養うためにヤミ商売を始めました。

　まず，イモの買い出しをやりました。……巡査に見つかったら手に入れた物をみんな没収されてしまうので……巡査がいなかったらイモを担いで駅まで行きました。

　次にやったのが，ゴム製品の買い出しでした。神戸辺りまで夜行列車で行き，自転車やリヤカーのタイヤ，チューブの新品を買ってきて自転車の問屋に卸しましたが，これは相当売れました。……

　捕まらなかったから良かったようなもので，何回も危ない目に遭いました。……

長男・M の証言
　……私自身は沖縄出身の二世という意識を強く持っていますが，子どものころは名前で嫌な思いをしたことがありました。……先生が名前を読めなくて，「何だこりゃ？　何て読むんだ？」といわれたこともあります。田舎に行くと，沖縄の名前というだけで白い眼で見られたこともあります。でも，今はこちらの人もだいぶ沖縄のことを分かってくれて，「観光で沖縄に行きたい」という時代になりましたから，「親父の故郷は沖縄」とい

うことに誇りを持っています。

② T・M氏（男性・昭和17年生まれ）『川崎のウチナーンチュ二世として生きる』
沖縄連盟の結成に関わった父
　終戦後，両親は本当は沖縄へ引き揚げたかったそうです。しかし，妹が1944年（昭和19）に生まれてまだ小さかったですし，母のお腹には二男（弟）が入っていた。そういう状況では沖縄に帰りたくても帰れなかったようです。

　父は川崎の沖縄連盟の結成に関わっています。沖縄連盟は1946年（昭和21）に発足していますが，父としてはおそらく，沖縄に帰れなくて寂しいという気持ちがあり，周りの沖縄の人の中に入っていって沖縄を思い出そうとしたのではないでしょうか。

　……仕事のほうは，勤めていた工場が空襲で焼けてしまったので，ヤミ商売を始めたそうです。……リュックいっぱいに食料を詰めて列車にしがみつくようにして持ち帰ってきて，駅を降りた途端に待ち構えていた警察に没収されたという話も聞いています。

　その後は，スクラップ（屑鉄）集めの仕事をやっていましたが，体を冷やしたのが悪かったのか，座骨神経痛になってしまいました。……

あんたも英語をしゃべるのか
　同級生にはウチナーンチュが多いですが，私たちみたいに「沖縄を誇りに思ってる」という人より，「沖縄は関係ない」という人間のほうが数は多いですね。下手したら苗字も直したいというような。本籍をこっちに移している人も多いですよ。自分の場合は長男だし，本家の家を継がないといけないというのがあるので，本籍はそのまま△△に置いてあります。

　私は，中学を卒業後，「あんたは沖縄人」ということでなかなか就職ができませんでした。職安に行っても受け付けてくれず，しばらくタクシーの運転手をやっていました。

　そのころの話です。あるとき，お客さんを乗せて羽田空港に向けて走っていました。……「運転手さんも沖縄人？」って聞くので，「そうですよ」と答えたら，「あんたも英語をしゃべるのか？」っていうんです。私，高速道路の真ん中で車を止めちゃいましたよ。それで，「下りなさい，あん

た」って。「俺，日本人だよ。何で英語を使わなきゃいけないの？」って。自分が就職で苦労したのもあったから，プツンと切れちゃった。

集団就職者の支援活動
　青年部時代には……集団就職者を支援する活動をしました。川崎には日本電気（NEC），東芝などの大きな工場があります。……ただ，せっかくそういう活動をしていても，仕事を続ける人が少ないんです。あれは沖縄の両親がいけなかったようです。[28]

　「3年ビケーンセーカラー，ナーウチナーンカイ，ケーティクーワヒー（3年ぐらいたったら沖縄に帰ってきなさいよ）」なんて言って送り出すもんだから，3年ぐらいたつと辞めて帰っちゃうわけですよ。……私たちのところに琉球政府の労働局の人が「何で帰っちゃうんでしょうね」って相談に来たこともありました。そうするうちに，今度は会社のほうが「沖縄の人は使わない」ってなっちゃったわけ。あまりに入れ替わりが激しいものだから。

　しだいに，看護の勉強や看護婦として来る人が多くなりましたね。……翌年にはもう辞めていないんですよね。

あるウチナーンチュの悲話
　……その人（注：集団就職者）は，勤めるときに「パスポートを預かっとく」といわれてパスポートを預けて働いていた。ところが，そこがいわれていたのと全然違うタコ部屋のようなところで，ある日，塀をよじ登って逃げたそうです。そこの経営者からはつねづね，「逃げたら必ず警察に捕まるから」といわれていたみたいで，「十何年かダム工事の現場を転々としていました。警察官が何かを調べに来ると，『自分を捕まえに来た』と思って，給料ももらわないで逃げたこともあります。……」なんていうもんだから，びっくりしてね。……こんなウソを真に受けて，山の中で十何年も仕事をしながら暮らしていたんだから。周囲と接触していない沖縄の人たちには，わりとそういう話が多いそうですよ。

③ N・S氏（女性・大正11年生まれ）『本土で働いたあと大陸に渡る』
先輩について和歌山の紡績へ
　……私たちの時代はもう，紡績ですよね。みんなが行くもんだから。あ

のころはお金も何もないし，働かないとお金も貯まらない。こっちよりはいいだろうと思って行ったわけです。

　私は，××さんという募集人を通して行きました。当時，紡績にはみんな募集人を通して行っていました。……船賃は××さんから18円を借り，毎月もらう給料から差し引かれました。

　最初は，和歌山県の松田紡績という会社で働きました。会社の寮では……同じ部屋には沖縄の人しかいませんでした。ちゃんとした布団もあり，畳のきれいな部屋でした。

沖縄をバカにする人をいい負かす

　和歌山では，沖縄の出身だということでずいぶんバカにされました。私はとてもウーマクー（わんぱく者）で，口がブシ（達者）だったので，「負けたらいけない」という意地がありました。「琉球人」といわれると，「琉球人が何って？」とすぐいい返して，ケンカをしました。

　ところが，沖縄出身のネーネー（年上の女性）たちは，方言しか使ったことがなくて，しゃべるのが怖いのか，「これいっていいかな，あれいっていいかな」という感じでした。……

　……高知の人が「あと片付けは，琉球人にさせればいいよ」と話している声が聞こえました。それで，「お前，今，なんていったか！」といい返すと，向こうは黙りました。こっちが何もいえないと思っていたのでしょう。

おじを頼って大阪へ逃げる

　和歌山に行って半年が過ぎたころ，工場の仕事があまりに厳しいので，大阪に逃げることにしました。……

　私たちは夜になるのを待ち，あるだけの着物を着て風呂敷に荷物を包んで，（一緒の工場で働いていたおばと）2人で寮を抜け出しました。……

　その後，私は貝塚にある紡績工場で働きました。……大阪では，あまりバカにされることはありませんでした。大阪の工場のほうが和歌山の工場より規模が大きく，また，沖縄の人もいっぱいいて，「負けてたまるか」という雰囲気がありました。たまにバカにする人もいましたが，沖縄の人が一緒になって反撃するので，私がケンカするまでもありませんでした。

（原文まま）

4. 移民集住地区の形成と苦難

(1) 移民社会の形成

① 出稼ぎから集住，定住へ

沖縄人が移民の集住地区，すなわち沖縄人集落をつくったのは，規模の大きなところで大阪，兵庫，和歌山，横浜，川崎などである。多くの移住者が，当初は帰郷を前提とする「出稼ぎ」のつもりだったものが，ある程度落ち着いて「定着」していき，やがてそこで人生を全うする「定住」へと移行するようになり，集落を形成するにいたるのである[29]。ここに，海外へ移住した沖縄人のコロニアや，世界各地に見る移民コミュニティの定着プロセスとの共通性を見ることができる。

関西地域では，1935年時点で4～5万人の沖縄人が住んでいたといわれる。集住地区は拡散していて広範囲におよぶが，最大の集住地区（A市B区）でこの時6500人超（850世帯超）が暮らしていた[30]。

② ゼロメートル地帯に形成された「沖縄スラム」

沖縄人が集落を形成した場所は，概して川沿いの湿地帯であった。関西でも関東でも同様だった。B区では，「ニッポンジン」，沖縄人，朝鮮人の棲み分けは明確であり，最大の沖縄人集住地区は運河沿いのいわゆる「ゼロメートル地帯」にあった[31]。文字どおり海抜0mの湿地で，満ち潮のときには側溝が増水した。移民はそこにバラックや長屋を建てて暮らしたのだが，不法建築のものも含まれており，悪天候に耐えられない脆弱なものだった。違法に立てたバラックの屋根の上にさらに囲みをつくって部屋を付け足し，親戚や同郷の後輩を住まわせるようなこともあった。タクシーで運転手にこの地域をつげると，車が汚れるからといって乗車拒否されることも日常化していた。

名護市史編さん委員会編（2008: 70）による次の記述は，集住の経過を詳しく伝えている（地名は匿名化する）。

　　○○の場合も初めに沖縄人が集住した地域は，地元の人が鼻にもかけない荒蕪地や川べり，そして海端の湿地帯だった。海抜ゼロメートル地帯の大阪湾一体は高潮の被害が頻繁で，常に湿潤な環境は住宅地として不向きだった。そのような湿地帯△△へ沖縄人は戦前から三々五々と住み着いた。

隣の××には朝鮮の人々が多く住み，この一帯は行政からは不良住宅地としてマークされていく。地代無料，製材の街である○○では端材は容易に入手でき，県人は大工仕事は得意だった。ユイマール精神旺盛で人手にも困らない沖縄人は安くまたは無料で手に入れた端材で次々とバラック小屋を建てていった。新たに郷里を出て来た地縁血縁の者が頼ってきたときには，借家であっても張り出しや建て増しで新参者を受けいれ，クブングヮー（窪地で湿地帯を意味した）と呼ばれて親しまれた△△は，戦後にかけて沖縄人集落を代表する地となっていった。[32]

親族や同郷人の結びつきによって居住場所（ことに，最初の住居）を確保する傾向があることについてはすでにふれたが，男子の場合，とりあえず先輩の世話になりながら日雇いなどで日銭を稼ぎ，慣れてくれば本格的に職探しをするという人が多かったため（女子は紡績工場に内定してから渡航するのが一般的だった），同郷によるネットワークは労働と相互扶助の基盤として不可欠なものであった。こうして形成された集住地区を拠点に，複数の同郷集団が組織されていくことになるのだが，コミュニティとしての機能を強め，確立していくプロセスにおいて，そうした組織づくりは必然であったと理解できる。

③ 市の土地区画整理をめぐって

ところで，このクブングヮーが市の土地区画整理事業（1956年から順次開始）の対象となり，区内の別の小学校区への換地転居が行われることになった。新たに開発された集合住宅群への転居は，市にとっては高度成長下の国是にしたがう開発であっただろうが，当事者である沖縄人の間では，この換地処分は慣れ親しんだ集落からの「強制立ち退き」としかとらえられていない。区画整理が進められている最中の1968年，朝日新聞は特集記事を組み，沖縄差別を非難する立場を取りつつ，「沖縄スラム」を放置することは構造的差別を解消しないとして，区画整理を支持している。次はその抜粋である（地名は匿名化した。「……」は省略を指す）。[33]

　　……B区のかたすみに"沖縄スラム"とよばれる一角がある。ジメジメした湿地帯の上にひしめくバラック。……一歩路地へ踏込むと，バラックの密集地だ。荒けずりの廃材を打合せただけの軒先をぬって，迷路でいり組んでいる。おとなの肩幅すれすれ。その奥に，4畳半から6畳ぐらいの部屋がならぶ。……

バラックの床下をドブが流れている。板切れのミゾは，ほとんどドロに埋まり，あふれた水は家の土間へ流れこむ。ちょっと雨がふれば，地区全体がドロにぬかるみ，一向に乾かない。床上浸水は，年に2，3回は必ず起る。そして，町をおおう下水とゴミの腐ったにおい。……
　「火が出たら，と考えるだけでぞっとする」と，住民はみなおびえている。地元の消防署も「火を消すことは不可能。人命救助だけを考えているが…」と診断する。……
　A市民生局も，この地区にいままで何の対策も打出してこなかった事実は率直に認める。……
　市がいま検討している対策は，区画整理事業。バラックをとりこわし，新しい換地に不良住宅改良法の適用を受け，鉄筋アパートを建てて住民を移すことだ。……いちばんやっかいな〇〇地区は最後に手をつける，という。だから，いつになったら，この地区の人が大水と火事の心配なしに暮せるようになるのか，見当もつかない。
　市の幹部にいわせると「沖縄の人が多くても，市としては同じ市民というあつかいだ。特別の施策が必要だというのなら，出かせぎ労働対策など国の責任でやるべきだ」と，いうことになる。
　だが，大藪助教授（注：市の「沖縄スラム」調査を担当）は「すぐにでも手を打たないと，大変なことになる」と警告する。「〇〇地区は，日本の中に持ち込まれた沖縄そのものなのだ」ともいう。……
　……他の都市スラムのように道徳的荒廃まで進んでいない。住民は差別されているとは思っていないが，スラムに流れこむこと自体が構造的な差別を受けていることを物語っている」というのだ。
　この記事は，沖縄人の構造的差別を危惧し，かつ生活の衛生化を進めようという論調で書かれており，また市当局の対応のなさ，官僚主義を牽制しようとする示唆を含んでいる点では，沖縄人の生存権を擁護するものと評価できる。しかしながら，当事者の「クブングヮーを手放したくない」という思いを汲んだ手法を検討することなく（たとえば，別の小学校区ではなく，地区とコミュニティの維持に配慮した建て替えなどの代替案は検討し得なかっただろうか），一律に区画整理の早期実施や集住地区の解消を促すような記事であった。
　区画整理の結果，1970年代に入るとバラックや長屋は姿を消し，新しい場

所での生活が始まった。新しい商店街が作られ，沖縄物産店や沖縄料理店ができた。寄付が集められて沖縄会館も落成した。沖縄人の生活水準は向上したといえるだろうが，その思慮を欠いた手法によって禍根はいつまでも残されることとなった。

(2) 同化志向による適応

　劣悪な労働環境，生活環境の中で，移民一世の間には，異質性（沖縄としての独自性）を隠し，同化しようとする傾向や「関わらない態度」が浸透していくこととなった。「ヤマト風の名前」はその象徴といえ，たとえば「カネグスク（金城）」を「カネシロ」とヤマト読みさせるようなことはよくあった。そこには，「目立つな。不平をいうな。我慢しろ。沖縄を出すな」と自己を抑制することによって，あるいは「ウチナーンチュ（沖縄人）であることを意識されないよう」同化に努めることによって適応する意図があった。
　一世世代のこの「同化」のため，二世世代は音楽，舞踊などの伝統文化が「差別の対象になるから」と隠すよう教育された。また親から「結婚するならウチナーンチュと」などと制約されることもあった。A市で暮らしたある一世の女性は，当時を振り返ってこのように述べている。「やっぱりこちら（注：A市）は沖縄と違って，よその国。だから一目で『あれはウチナーンチュである』ということを意識されんようにしようと同化を訴えた」「子どもたちには，まず良いA市民であれと言い，次に沖縄を忘れんでほしいと言っている」[34]。
　ただし，この同化志向には単なる自衛・適応の手段では済まされない政治的文脈が含まれていた。1940年前後に展開した「生活改善運動」，つまり沖縄を払拭し日本人化しようとする官製主導の運動が沖縄で展開したころ，関西でも（革新的な指導者の退場後）県人会を再編成したエリート層たちがこの運動に賛同したことが，同化の背景にはあった[35]。〈沖縄語の廃止・標準語の奨励＝県外流出＝近代化＝沖縄の繁栄〉という了解に立ち，沖縄のアイデンティティに「小成，狭い観念，ヒガミ根性，僻見」，あるいはその地理的環境や伝統・習慣に基づく「怠惰，頑張らない，ズボラ，仕事をすぐ止める」といったネガティブ・イメージを付与することで，これを払拭すべきだというのがこの運動の主旨である。沖縄語だけでなく，風紀（はだし，不潔，飲酒）や文化（舞踊や音楽，芝居，相撲）なども「改善」の対象であり，「知らさぬよう」心掛けることが

強いられた。具体的な指標としては,「沖縄の年中行事はここではやらない事」「沖縄型の生活様式を清算せよ」「文化的な普遍的な生活水準を目指して」「風俗,言語,習慣は特に注意して早く同化して貰いたい」「家庭生活並びに夫婦生活に於て因習的な沖縄型の観念,所作を放棄して文化人としての自覚の下に新しい生活基準を確立せよ」「日常生活様式を合理的に大阪化させる事。イ 言葉,ロ 料理献立,ハ 身だしなみ,ニ 近隣町内のつきあい」「琉球音楽はなるべく夜分に弾くようにして貰いたい」「泡盛商売人は相手を見て適宜に売るようにしなければならぬ」「沖縄型の誕生祝い,出産祝い等は全廃して貰いたい」というふうに,生活のあらゆる場面にまで細かくおよぶものであった。[36]

そして,このような沖縄習俗に対置されたのが,「めざすべき存在,日本人らしい存在」としてのエリート層である。彼らには〈実業家＝成功者＝日本人〉という認識枠組みが設定された。これによって,沖縄のアイデンティティをもつ自己を否定し,日本に同化しようという運動に,自らを駆り立てていくことになったのである。

5. 結集軸としての同郷性

(1) 同郷集団の組織化

那覇の教職を辞し,大阪の小学校教員となった宮城(前述)は,「細帯姿でナークニーを声を張り上げて歌いながらほろ酔い加減で歩く」県人の姿を見て失望する。そして「郷里沖縄県人の大阪における将来の発展を考えたときに,県人とともに歩み改革と向上発展をはからねば成らぬ」「大阪における私の一生は県人の振興と福祉に資す」という強い信念を掲げ,大阪沖縄県人会を発足させて初代会長となる。[37]

このような同郷組織(または県人組織)としては,県人会(沖縄出身者),村人会,郷友会(市町村ごと),同志会(出身字ごと)などがあり,日常的な結びつきは同志会,県人会の集会は村人会を単位とし,沖縄から要人を迎える時などは会員数の多い県人会が歓迎行事を開いた。県人会には,さらに大阪沖縄県人会連合がつくられた。[38] 平良(1971: 156)によれば,県人会,町村人会などの各組織の目的や行事は概ね共通しているという。目的は「お互に同郷の誼(よしみ)で一層の親睦をはかるとともに相扶けあい,生活改善や文化向上等に努力し,共

通の利益をはかる等」であり，このために「学事奨励，運動会，演芸会，敬老会等」の定例行事を開くというものである。

(2) 「同郷人的結合」の機能と政治的変遷

冨山 (1990: 141-169) はこうした集合心性としての「同郷性」に着目し，それに基づく社会的ネットワークの形成を「同郷人的結合」と呼んで概念化している。**表5-9a・5-9b**でも見たように，居住（いそうろう）や職の紹介，集住地区の形成とともに沖縄人の定着を支えた主因は，このネットワークのもつ互助機能にあるものだとされる。冨山は1925年の『同胞』誌から，在阪県人会の諸活動を整理しているのだが，各会によって実績値に違いがあるものの，概して活動レパートリーは次のようにまとめられる。その活動は「福利的」活動と「労働組合的」活動に大別され，前者には「死体引取」「病人世話見舞」「病人帰郷」「葬儀カンパ」「職紹介」「宿泊」が，後者としては「復職交渉」「労災補償交渉」「解雇手当交渉」「法廷闘争」が含まれる。[39]

就職斡旋に関する情報が「特定の人」に偏在し，その人が同郷人からの感謝，信頼，服従を獲得しつつリーダーや権力者となり，その人物を中心に同郷組織がつくられていくのだが，それが労働運動へと発展しうることは，前章で確認したことであった。沖縄人を雇用する企業が県人による組合活動や労働運動を忌避することの背景に「同郷人的結合」が転職，逃亡を促すことへの警戒があった。

旧・赤琉会メンバーを中心とする県人会ボル派の方法論は，同郷性を結集軸とする沖縄人の組織化と相互扶助機能の付与にあったが，プロレタリアートによる政治的自覚が尖鋭化した結果，1928，1929年の検挙事件によって解散に追い込まれることとなった。過激化したボル派とは距離を保っていたエリート層が代わって新しいリーダーとなり，県人会をはじめとする各種同郷組織や球陽クラブ（実業家集団）の幹部として先頭に立ったのであったが，彼らは，あからさまな沖縄差別の逆風が吹く中にあって多くの労働者にとって励みであったし，金銭的・物質的援助を惜しまない人もいて，実質的な支えとなる存在であった。[40] このエリート層の用いた方法論もまた同郷人結合であったが，「払拭すべき沖縄，めざすべき日本」という自己否定的なプロパガンダを掲げて進歩しようとする一世の新しい思想は，アイデンティティの葛藤の火種として次世

第 5 章　沖縄の移民コミュニティ形成史 (2)

代に引き継がれていくものでもあった。

6. 人間が展示された「人類館事件」

(1) 事件のあらまし

　1903 年，富国強兵，殖産興業，そして近代化の到達点を示す目的で，明治政府による「第 5 回内國勧業博覧会[42]」が大阪・天王寺今宮において開催された。その正門前に，民間による"パビリオン"として「学術人類館」が設置され，生身の人間が「陳列」「展示」されたという件がいわゆる「人類館事件」である。人類館設立趣意書には，次のように記されていたという。「各国から異人種を集め，生息の階級，程度，人情，風俗などの固有の状体を展示することは学術上，商業上，工業上最も有要である。文明各国の博覧会には人類館の設備があるが，万国博覧会の準備会とも言うべき我国未曾有の博覧会にもかかわらず公私共に人類館の設備がないのは遺憾である[43]」。展示の対象としては，沖縄人，アイヌ民族，朝鮮人，清国人，台湾や印度（インド），爪哇（ジャワ）の先住民族など「内地に最も近い異人種」（同趣意書）が集められた。この内地に近い異人種とは，明治維新以後獲得した新領土（アイヌ，台湾の生蕃，琉球）と，将来的に獲得しようとする国を意味した。

　この"事件"は，沖縄人を含む「内地に最も近い異人種」に対する好奇の眼差しに基づいていただけでなく，彼らを他者化して辱めを与えることに疑念を感じない価値意識，日本への同化を促すという深い問題性が，学術的意義という美名の下に正当化された事象であった。

　このように植民地文化を展示することは，当時の「学術的」文脈としては，文化人類学の時流に沿った方法であった。つまり，植民地政策にねざして人類学的な「学知」を植民地展示という形で発表していたのであり，1851 年にロンドンではじめて万国博覧会が開催されて以来，取り組まれてきたことであった。「生身の人間」を実際に展示するようになったのは，1889 年のパリ万博が最初である。人類館も，この「学術的に妥当な」時流に乗ったものといえるもので，現にこれ以降の内国博覧会でも「生身の」アイヌ人や台湾人らが展示された（1907 年東京勧業博覧会，1912 年東京での明治記念拓殖博覧会，1913 年大阪での明治記念拓殖博覧会）。成人男女だけでなく，子どもが展示されることや，

169

鹿や水牛と一緒に展示されることもあった。

とはいえ，清国と朝鮮はこの企画に抗議し，それによる外交問題化を恐れた外務省が大阪府を通じて事前に展示を中止させており，沖縄からも展示後に打ち切りの要求がなされている。つまり，展示される対象側からすれば，仮に学術的意義を差し引いたとしても，人間の尊厳に対する侮蔑としてとうてい容認できるものでなかった。

「陳列」「展示」された沖縄人は2人の女性である。彼女たちは，琉球物産展の案内をする，今でいうところのコンパニオンという名目で募集され，食事，宿舎の待遇もよく，高賃金（1日1円，前金200円）という約束で沖縄から連れてこられた。しかし実際は「案内」ではなく「展示物」として扱われ，食事も1日2回に減らされるなど約束を反故にするものであったことが，現地で明らかになる始末であった。『琉球新報』は，「同胞に対する侮辱」という社説を掲載し，抗議した。エリート層たちも批判に加勢している。琉球婦人を斡旋した「吉田店」は非難の的になったあげく，展示撤去を交渉し，紆余曲折を経て展示打ち切りに漕ぎつけた。

(2) 露呈された本土・沖縄双方の問題性

本件は，根深い問題を多面的に含んでいた。まずは，いうまでもなく日本側が疑いなく抱いていた"異人種"への劣等視，ならびにそれにねざした同化の推進である。

その第1は，人間の展示が植民地主義の成果を称揚する場であり，動物と同じレベルで扱ったことの問題である。野村浩也（2005b）は，人類館の起源が動物園にあることを指摘し，同化に均しい性質のものであったことを批判している。日本政府が手本にしたヨーロッパの動物園や「植民地世界展示会」では，「エキゾチックな原住民」が「エキゾチックな動物」の隣で同様に展示されていたという。したがって，「エキゾチックな原住民」は「征服された自然（人）」，あるいは「特産物」として見せられたというのが，その主張である。[44]

第2は，この事件の本質にある問題が普遍的なものであって，その後の日本と沖縄の関係においても途切れることなく，今日まで継続している点である。2003年，「演劇『人類館』上演を実現させたい会」（関西で活動する二世のグループ）は，人類館から100年後を契機としてこの問題を問いなおす運動に取り

組んだ。ここには「見る側と見られる側」という〈分断された関係〉があるという問題設定がなされ，昨今の「沖縄ブーム・奄美ブーム」はこれと本質的に変わらないと，彼らは訴える。

しかしこうした日本側のもつ問題と同時に，人類館は沖縄人自身がもっていた偏見，差別を露呈する契機にもなったのである。

その第1として，『琉球新報』の抗議自体に問題を含んでいた点である。同紙が指摘したのは，「どこから連れてきたかわからないような娼婦」を琉球の貴婦人として紹介していること，アイヌや他国の先住民族と一括りに展示されたこと，といったことであった。すなわち，内地に対しては劣等感，周辺民族に対しては蔑視をあからさまにもっていたことを表している。

第2に，人類館に異論を唱えた沖縄人のエリート層たちの動機である。日本人に近づこうとして実業界での成功をめざしていた彼らからすれば，「怠惰で劣等で野蛮な未熟者」としての同胞の姿を強調されるのは耐え難い屈辱であった。

人類館事件は，明治後期から大正初期に向かう時代，つまり「琉球処分」(1871年)から制度上「他府県なみ」の地位を得るまでの間において翻弄される沖縄の姿を映し出す一つの史実であり，なおかつ事件の後，多数の職工がめざす先となる関西の都市部の"沖縄観"を知る手がかりとして，重大な出来事であった。

7. 小　括

本章では，19世紀末から20世紀初頭にかけての移民一世の渡航と定着の過程を，彼らがいかに過酷な状況に置かれてきたかに焦点を当てて検証してきた。同じ移民でも，海外移住と国内移住では一括りにできないとの見解も冒頭でふれたが，本稿のフレームではむしろ，コミュニティ形成の方法・過程や抱える問題の性質において共通点が多かったととらえられる。ただし，無批判にこの2形態を同一視するべきではなく，本章で確認できた次のような異同に留意してとらえることが重要であることはいうまでもない。

第1に，人口移動として，ハワイ，ブラジル，ペルーなどの諸外国への移住と同時期に，同じpush要因で国内移住が活発化したこと。

第2に，海外と国内では移民の主な業態に違いがみられること。また，ともに苦境に立たされ，逃亡に追い込まれるようなこともあったが，相対的に海外移民が厳しい自然環境の中でのゼロからプランテーションを開拓するという苦境に対峙したのに対し，国内の工場労働は沖縄や朝鮮からの労働力を最下層に位置づけ，調整弁のように扱い，また不利な労務管理によって搾取するという人為的な影響が強かったという点で差異があったこと。

第3に，移住先で一緒になった他府県出身者から，沖縄であることを理由とする蔑視や排撃にあうことが日常化しており，〈大和人対沖縄人〉という対立構図ができていたこと。これについても海外・国内ともに類似の状況であった。

第4に，これらの諸問題に対し，政府や自治体からの直接的な支援は得られず，むしろ当事者の意に沿わない施策が導入されることもあった点でも，基本的に同様であった。

第5に，このような厳しい状況に対し，ともに同郷のネットワークによる結びつきを強め，集住地区を形成し，県人会などの同郷集団をつくって互助機能を付与した点で共通していた。また，主要産業を支える商店や新聞社などをつくり，移民コミュニティとしての自律性を備えたことでも共通している。

さらに本章では，沖縄的労働市場がどのように展開したのかについて，また，国内最大の沖縄人移民を抱えるA市B区の「沖縄スラム」の様子についてミクロ的視点で明らかにした。労働における不平等な階層性については前章ですでに述べたが，一世として労働者を経験した男女の語りからは，肉体的にも精神的にも，いかに追いつめられた環境下にあったかを生々しく窺うことができた。生活状況も劣悪を極め，しかしながら土地区画整理事業による立ち退きはしたくないという当事者の心情に添った施策が打たれることはなかった。

権力も支持基盤ももたなかった彼らが集団生活を維持し，労働者として力で対抗するには，同郷集団の組織力を強固につくりあげる以外に手段はなかった。しかしそこでも，マルキシズムと体制寄りのイデオロギーとの相剋の末，自らのアイデンティティの抑制，そして同化へと自己を追い込むことにつながった。

最後に取り上げた学術人類館事件は，時期としては労働者の移住が活発化する前の出来事であったが，これについて確認することは内地の人がどのような目で沖縄人を見，迎え入れたのかを，別の角度から照らし出す意味があった。

沖縄移民のコミュニティを有するという特殊性のあるB区のような地域の福祉を分析する視点として，ここで指摘するような歴史的基盤や，当事者組織化の経過の上に今日の状況を見ることが肝要である。

◆ 注
1) 金城達己ほか編（1980）。
2) 名護市史編さん委員会編（2008: 71）。
3) 石川（1997: 318）。ハワイ移民に応募したが，出港前の横浜での身体検査に落ちて「移民にも行けず沖縄にも帰れずに」国内の港湾地区へ出稼ぎに向かったという人の記録もある。この人はそのまま川崎・鶴見に流れ，「浮浪者のような生活を始めた」。当時は衛生状態が悪く，同様の人も多かった。神奈川への定住はこうして始まったとされる。海外移住先への渡航費しか持たずにきたため，予期せぬ本土滞在費の工面のために肉体労働に就くという流れもあった（名護市史編さん委員会編 2008: 64）。
4) 石川（1997: 595-596）。
5) 比嘉編（1974: 44）。記録上の古いものとして筆頭格は，1690（元禄7）年大阪人のロシア移住が挙げられる。
6) 同上書，42。
7) 尚敬王時代の3司官の一人。
8) 比嘉編（1974: 41）。
9) 石川（1997: 335-336）。
10) 同上書，341-347, 543-544。
11) 1918年時点では，多い順にハワイ島3870人（ハワイ在留県人の36.2%），オアフ島2897人（27.1%），マウイ島（23.8%），カウアイ島（12.9%）であった。同上書，495。
12) Castles and Miller（1993=1996: 26-27）。
13) 石川（1997: 495-508）。
14) 同上書，549-551。
15) 同上書，510-512。
16) 同上書，558。
17) 同上書，337-341。
18) 冨山（1990: 46）。
19) なお，クラスターBでは沖縄は男の1位の鳥取（72.6%）に次いで2位，女は沖縄が1位で鳥取が2位（61.2%）である。
20) 平良（1971: 25-26）。
21) 同上書，35。
22) 名護市史編さん委員会編（2008: 105-106）。
23) 同上書，46-47。
24) 沖縄言葉のアッサビ（ミ）ヨーは，「あれまぁ」とあきれかえる意の感動詞。
25) 名護市史編さん委員会編（2008: 44-63）。
26) グンボーとは沖縄言葉で「ゴボウ」のこと。
27) 「立ちん坊」は，他県出身の出稼ぎ者や朝鮮人，台湾人などもしていた。

28) 川崎沖縄県人会青年部。
29) 名護市史編さん委員会編（2008: 64）。
30) 同上書，66-70。
31) 原尻（2003: 104）。
32) 沖縄言葉で「結びつき」や「助け合い」を意味する。平仮名で表記することが多く，「ゆい」は共同作業の「結い」，「まーる」は順番（平等に回す）を表す。
33) 朝日新聞1968年7月15日朝刊。
34) 産経新聞大阪本社人権問題取材班編（1998: 240）。
35) 冨山（1990: 195-249）。
36) 同上書，228-230。
37) 名護市史編さん委員会編（2008: 76-77）。ナークニーとは「沖縄民謡」のこと。
38) これ以外にも共栄会，共済会，公栄会，郷親会など大小のさまざまな名称の会が，数十団体は結成されていた。
39) 冨山（1990: 161）。
40) 同上書，159, 223。
41) 名護市史編さん委員会編（2008: 102）。
42) 明治政府は，ヨーロッパで始まった万国博覧会に倣い，内国博覧会の開催を始めた。1877年の第1回（東京）から計5回が行われている。
43) 演劇「人類館」上演を実現させたい会編（2005: 37）。
44) 野村（2005b: 23）。

第 6 章

近年までの沖縄人移住者コミュニティの展開と排除 (1)
ポストコロニアル状況における隔絶と排除

　本土で最大規模の沖縄人集住地区である関西のA市B区では，現在にいたるまで人口約8万人のうち4分の1程度を沖縄出身移民とその子孫や集団就職者が占めるといわれている。この地域で1970年代半ば以降，沖縄移民二世世代の青年たちは，先の世代とはまったく異なる考え方で自らのアイデンティティを再認識し，対外的にアピールしようと活動に取り組み，新たなアプローチによるコミュニティづくりに力を入れてきた。その大きなきっかけには，周囲からの差別に耐えきれず，自殺や犯罪にいたるケースが二世労働者たちの間で相次いでいだことがあった。自分たちのルーツとしての沖縄とは何かを知り，それに対する誇りをもち，もう一度つながりを取り戻そうという機運が彼らの間で高まっていた。

　青年たちは1975年，その象徴としてのエイサー祭りを企画し，この年から毎年開催するようになった。併せて，祭りを主催する青年たちの会として「D会」を結成した。それまで長年にわたり沖縄習俗を否定し，「日本化」に努め，子どもたちにも「沖縄を隠せ」と同化を教えてきた一世世代からすれば，対外的に沖縄を発信する二世たちのこのような取組みは，とうてい許容できるはずもなかった。世代間の隔絶は深刻なもので，一世たちは当初「差別を助長する」とエイサー祭りを厳しく非難した。しかし二世たちは，親たちの中にも沖縄への捨てきれない思いがあることを見出しており，活動をやめなかった。今では一世の多くがそれを容認するようになっている。

　エイサー祭りを機に，二世たちはほかにもさまざまな活動や組織づくりを始めている。とりわけ，青年たちの"居場所"であり諸活動の拠点である「E沖

縄文庫」には，毎日のように仲間が集い，沖縄人としての紐帯を強め合っている。こうした当事者組織化活動は，単なる伝統文化の継承にとどまらない。長年におよぶ被抑圧状況を乗り越え，喪失しかけていたアイデンティティを取り戻し，仲間同士の連帯を強めていくことを通して不平等への異議を唱え，生活権を堅持するものである。

　彼らは自分たちでつくった組織や拠点をベースに，出版物，音楽，演劇など多様な媒体を通じて「暮らしづらさ」の訴えを発信しつづけている。その訴えは，延々と続く人権侵害から基地負担の一方的な押しつけまで広くターゲットとするものであるが，本質的には沖縄差別への対抗という点で一貫している。しかしながら，周囲の人びと（マジョリティ）の多くはそれらに関心を向けず，基本的に耳を貸さないスタンスである。ここに，関係性における排除，ないしはタニア・バーカードら（Burchardt et al. 2002b）の示す「社会的相互作用における排除」（本書第2章参照）が見られるのであり，沖縄人たちと周囲との間に隔絶（しかも後者がそれに気づいていない）が横たわっていることに，我々は注意を払わなければならない。

　当の沖縄人が無関心だと感じる周囲の人びととは，近隣住民を指す場合もあれば，国民全体（46都道府県民）の場合もある。また，行政や会社組織のように，直接・間接に関わりのある組織ということもある。したがって，これを構造化する上では，「マジョリティ（多数者）対マイノリティ（少数者）」という関係性でとらえることが必要である。

　現在では一世が労働者だった時代と違い，制度的な不利益や労働市場における排除を二世以降の世代が日常的に経験することは皆無に等しい。しかしそうした目に見える問題が解消された分，「沖縄人に対しては何もしなくてよい」という冷ややかなとらえ方が浸透し，沖縄人と周囲との精神的な距離は開いたままだといえる。折しも「沖縄ブーム」があり，"癒しの島"として沖縄がもてはやされるようになって，「沖縄が好き」だと宣言する人はマジョリティ側に増えた。しかし，当事者たちからすればそういう人びとは「見たい沖縄」のみを要求し，「見たくない沖縄」には蓋をしてしまうという無責任なスタンスでしかなく，かえって問題を不可視化させているという側面もある。さらには，目に見える問題が薄れた分，本人たちが発信するメッセージにも無反応で，「（制度上）問題ない」「首をつっこむと厄介だ」と見て見ぬフリを決め込むこ

とが平常化してしまっている。長年の生活問題も，今日にいたる基地負担の屈辱も，当の沖縄人たちからすれば，すべて構造的につながり合った問題である。彼らは，他の住民や行政などの機関を「ヤマト」「日本人」と呼び，自分たちの呼称である「ウチナー」と区別しているのだが，長年の被抑圧状況に疲弊し，にもかかわらず「自分たちのことをわかろうとしない」という周囲へのあきらめ感を強く滲ませるところに，問題がまだ終わっていないことの現れがある。

他方，沖縄人の間でもアイデンティティのとらえ方は変化してきていて，二，三世の中でもとりわけ本土で生まれ育った層には，沖縄の問題に向き合うことを嫌う傾向が広がっている。二世の中心活動者たちはアイデンティティ喪失への危機感を強めており，内なる課題として新たに浮上してきている。

一世と二世の間に見られた隔絶はすでに過去のものとなりつつあるが，移民開始当初から時代とともに変質しながらも続いてきた沖縄人（マイノリティ）と外部（マジョリティ）の隔絶，そしてアイデンティティのとらえ方に関わる内なる隔絶というように，沖縄人の諸関係をめぐって複数のジレンマが交錯している。こうしたさまざまな矛盾を抱え込まされているのが，今日の沖縄であり，本土の集住地区の内情でもある。こうした実情をふまえ，近年，沖縄人の置かれた立場をポストコロニアリズムの枠組みで自己規定する研究の動向が見られる[1]。一般的に移民社会において，エスニシティをめぐる混淆をこの概念で説明する論考が近年増えているが，沖縄人の場合にもあてはまるものである。

社会福祉学（地域福祉論）における社会的排除の論究でもこのタイプの問題は未着手に近いため，本章ならびに次章では，二世世代をめぐる状況を主題として考察する。本章ではまず，二世世代が就職した高度成長期の労働事情を概観し，そこでの問題をふまえてコミュニティ活動に注力する過程やその内容を整理する。その上で，今日沖縄人集住地区を取り巻く問題群としてどのようなものがあるか，またどうとらえる必要があるかを検討し，沖縄人固有の心性としての〈沖縄人気質〉およびアイデンティティ喪失への危惧，そして最後にポストコロニアリズムとの関係でそれらの問題の再定式化を図る。

1. 高度経済成長期の労働環境

(1) 沖縄人移民の戦後

　戦前の労働者の中には，本土に定着しながらもいずれ帰還しようと沖縄に戸籍を残したままの人が多かった。しかし終戦後，沖縄が地上戦の甚大な被害を受けたこと（戸籍の消失もあった），GHQ占領下で情報が途絶えたこと，沖縄－本土間の往来が禁止されたこと，さらには二世が生まれたことなどを契機として，滞在先にそのまま定住することを決意する人が増えた。一方，外地引き揚げ者で沖縄に戻るに戻れない人や，親戚関係などを頼って沖縄を非合法に脱出する人，集住地区間での避難移動などによる本土の集住地区への流入も見られるようになった。

　戦後はヤミ物資の運搬などで生計を立てる人もいたが，朝鮮特需を経て沖縄人の個人事業にも高度経済成長の好影響が見られるようになった。親の仕事を継いで，好況の波に乗せて会社組織へと成長させる二，三世も出はじめた。一方，昭和30年代に入ると，鉄屑回収をはじめとして鉄鋼部門に連なる業種が栄えるようになる。沖縄からパスポートをもった集団就職者が訪れるようになったが，油まみれの肉体労働に我慢できず，1年ほどで挫折して郷里に戻ることも珍しくはなかった。

　沖縄人であることを理由とする解雇（不当解雇）は，沖縄返還後でさえ起きていた。1977（昭和52）年頃には，B区の病院に勤務していた沖縄出身の看護婦（師）が，標準語が離せないとか，対応が下手ということで解雇され，青年たちが交渉に乗り出したこともあった[2]。

(2) 好奇の眼差しとUターン

　日本が高度成長を迎えても，沖縄人に対する周囲からの蔑視や無理解は払拭されなかった。谷富夫（1989）は，高度経済成長期および日本復帰後の移動世代に着目し，本土から那覇にUターンした31人を対象とした生活史法による調査を行っている[3]。それによれば，周囲の人びとが沖縄に対する誤った情報を鵜呑みにしていることによる偏見や好奇心に満ちた言動をされたりすることで，内地の沖縄人が多かれ少なかれ精神的な苦痛を抱え，委縮したりやりきれない

思いをしていたことがインフォーマントたちの語りとして証明されている。以下は谷の調査結果を筆者が大まかに分類し、問題部分を抜粋したものである。

① 沖縄に対する理解や情報のなさ，誤った情報に基づく認識

　アメリカの統治下に置かれ，本土への渡航にもパスポートが必要だったこともあり，沖縄に関する知識や情報がまったく不足した中での本土人の以下のような言動は，(仮にそれが悪意のないものであったとしても)当事者たちの心理的な傷をさらに抉るような棘のあるものであった。

- ・「沖縄はどこにあるか」と聞かれる。
- ・「沖縄は日本か」と聞かれる。
- ・「沖縄に電気はあるか」と聞かれる。
- ・「お前ら，英語使ってるのか」「お宅ら，日本に来るときは日本語習ってきたんですか」と聞かれる（この種の質問はとくに多い）。
- ・「ここ（本土）で食べてるものは全部あるか」と聞かれる。
- ・（本土人は自分たちを）認識不足，生活程度が低いと思ってる。テンポがのろいとか。このぐらいの知識もないのかな（と思う）。

② 沖縄人に対する偏見・劣等視，好奇の眼差し

　沖縄そのものに対するのと同様に，本土人が疑いもなく自らを異人種視することで，単なる偏狭な好奇心による質問を沖縄人たちは浴びせられた。彼らはその自分たちを蔑んだ言動に辟易するばかりか，自身を卑屈にとらえることさえあったようである。

- ・「琉球」という人もいる。今さら。
- ・「あなたは本当に沖縄なの」とよくいわれる。沖縄の人はものすごく肌が黒くて，眉が太くてとか（話者の場合その外見的特徴がないため）。
- ・勤めていた新聞屋の主人に「沖縄のやつはあんまりまじめに働かない」と罵られる。あとから入ってきた年下の新人が，自分より高い給料をもらっていたことが判明した。
- ・土方の親父さんとかは，やっぱり沖縄には先入観があるっていうか，興味本位で，女の話とか，売春宿がどうとか，そんなのばっかしで，いやだなと思った。
- ・卑猥な方言のことなんかをしきりに聞いていました。卑屈になりましたね。

③ 沖縄人であることにコンプレックスをもつ

　沖縄であることを相手に知られたくない，向き合いたくない，沖縄人同士で話したくないといった意識は，内地の沖縄人には強かった。なかには取り越し苦労もあったようだが，被害妄想的になるまで追いつめられていたのは事実である。また，その逆境をバネにして頑張れる気丈な人もいた。

- 言葉のコンプレックスがあり，ノイローゼにもなった。店で「何々をください」の「何々」がいえない。通じないのではないかと恐ろしくて，「おかしい」と思われないために「コレください」とだけいった。
- 下宿を探す時，「沖縄の人だからかしてくれないかなぁと考えちゃってね。実際には，偏見というのはなかったような気がしますね」。
- 自分が沖縄の奴だから（悪い）と見られてるのを意識してるわけ。
- 自分が沖縄人だということは，東京へ行ってからずっと根底にあったと思う。自分は沖縄の人として誇りをもって生きたいということを思ってたから，どこに行っても，他人から「あいつはだめだ。沖縄の奴はだめだ」といわれるのがいやだから頑張るとかね。
- 沖縄同士でふっつくのはいや。対面すると沖縄の特殊性を意識してしまうから，つきあいたくなかった。

④ 本土人（ヤマト，日本人）と距離を置く

　周囲の無理解に辟易し，深い関わりをもとうとしないということもあった。

- 問題は自分で解決してましたね。わかってくれないだろうという気持ちが先行してしまう。

　1972年の本土復帰前後では，関東や関西での本土人，沖縄人の意識や実態はこのようなものであった。Uターンの理由には，「解雇」「労働条件に不満」「生活環境になじめない」のほかにも，「県内で就職したい」や「家庭の都合」などもあったため（表6-1），ただちに被差別体験や挫折との因果で結論づけることは適切ではないが，希望をもって本土を訪れた人の多くが失意のうちに帰郷していることだけは確かである。

　谷は沖縄人（インフォーマント）がこうした「本土人の無知偏見」に対抗する「自力主義」，あるいは「人生を切り開く意志」や「逞しさ」を身につけていたのだと分析しているが，それにしても対応は人によってさまざまであったという（異議を申し立てる人，腕力にうったえる人，鷹揚に聞き流す人，何とも思

表6-1 Uターン失業者の離職理由

(単位：人)

	1975年度	76年度	77年度	78年度	79年度	80年度
県内で就職したい	1,266	1,354	1,890	1,859	1,774	1,942
家庭の都合	985	645	341	347	456	436
契約期間満了	581	51	24	51	38	76
事業所の都合による解雇	236	167	133	115	78	73
労働条件に不満	226	262	113	74	228	214
健康上の理由	79	98	72	69	82	71
結婚のため	71	61	24	23	37	42
生活環境になじめない	-	56	29	13	42	24
その他	434	194	129	197	100	114
計	3,878	2,888	2,755	2,748	2,835	2,992

(出典) 谷 (1989: 138)。

わない人，委縮してしまう人[4])。

2. B区の二世によるコミュニティ活動

(1) エイサー祭りに込めた思い

　沖縄人に対する風当たりの厳しさのなかで，二世の若者や集団就職者の中で差別に耐えかねて自殺したり犯罪に手を出す人が続発したのは，沖縄が施政権を取り戻した1972年前後のことである。このような状況を受けて，青年たちが自らの生活と命を守ろう，沖縄を表現することで差別と闘おう，という志のもとに団結し，1975年にD会を設立する。そして，同会を母体にしてエイサー祭りを企画し，同じ年に開催したのである（金城正樹 2001；金城馨 2003）。

　関西で育った二世たちにとっては，エイサーどころか沖縄文化そのものが敷居の高い存在であった。第1回のエイサー祭り（当時は「沖縄青年の祭り」と銘打っていた）の報告書には，その当時の青年の率直な思いが綴られている。「村の祭りなどに参加しようものなら，生徒の参加は許さん，不良化につながるからダメだ，などと厳しい規則がしかれました。このようなことがあって，若い私達ととりわけ生徒であった私達が，祭りへ参加できる機会は，少なかったと思います」。そして祭りを（反対を押してでも）開催する目的として，「私達が祭りをやろう，沖縄の文化について学ぼうということは，つまりは，沖縄のことを理解し，沖縄と自分との関係をとらえて，自分の生活を守る為の権利

第Ⅱ部 《事例編》A市B区における沖縄人コミュニティの形成と排除

写真 6-1 第 30 回エイサー祭り

(出典) 筆者撮影(2004 年)。

意識に，めざめるということだと思うのです」と書き記されている[5]。物心ついたころから親世代から遠ざけられていた沖縄を主体的に学び，祭りを若者だけの手で成功させようということである。いかに思いきった決断だったか，いかに固い意志であったかが窺えよう。

　第1回の祭りを準備しているころは，年配の一世たちから「恥さらし」と罵られた。「今まで静かに生活してきたのに」という電話が自宅にかかってくることもあった。祭り当日は，石を投げつける一世もいた。会場のグラウンドを囲むネットの向こう側で，祭りをじっと見つめている一世もいた。「恥さらし」としつこくいわれても祭りを中止にしなかった理由は，彼らが一世の心の奥に沖縄への強いこだわりを見出していたからであった。祭りは自分たち活動者のためでなく，辛い思いを抱えて孤立する二世の仲間を救い出そうという願いや，それと同時に，祖先の力を借りて親たちを長年の試練から解き放とうとする思いが裏に込められていたのだ。祭りは翌年以降も欠かさず開催され，35年以上が経った。今では一緒に参加している一世も多い。反対に，今も眉をひそめる一世もいる。

(2) 当事者組織で強められる紐帯

① 多岐にわたるコミュニティ活動

　冒頭で述べたとおり，B区は沖縄人とその子孫が区民の約4分の1を占めると今もいわれる集住地区で，「リトル沖縄」とも呼ばれる。町を歩けば門柱にシーサーや石敢當[6]のある家をよくみかけ，商店街には沖縄そばや琉球料理を出す店，ゴーヤーやサーターアンダギー，島らっきょうなどの沖縄の食材を売る店が目に入るというのが現在の姿である。

　そのB区で，エイサー祭り開催とD会の発足を発端として，二世たちによって数々のコミュニティ組織・活動が始められた。当事者組織であるD会は，祭りを主催するほかにも年数回の行事（メッセージ性のあるコンサートや映画上映，シンポジウムなど），舞踊や三線の教室などのプログラムを運営し，自らのアイデンティティ再構築をめざしてきた。つまり，沖縄差別に翻弄される青年たちにとって「自己防衛」と「社会変革」という2つの機能を，これらの活動に付与したのである（金城馨 2010: 19）。

　それ以外にも主なものとして，「B区沖縄子ども会」の発足（1978年），情報拠点でありかつA市における"沖縄コミュニティセンター"であろうとするE沖縄文庫の開設（1985年）がある[7]。また，大学教員，大学院生，学芸員などが集まって研究会（1997年）もつくられている。

　ほかにも，公民館である「F会館」では琉球舞踊の教室が開かれ，琉球人がもつ「人間同士の助け合う心」を培う活動がなされる。「G保育園」（社会福祉法人）は，ヤマトとの交流やインクルージョン，メインストリーミングを理念とし，沖縄出身者の子どもとそれ以外の子どもが一緒になって沖縄文化にふれられるよう，沖縄の音楽・踊りや食べ物を保育に取り入れている。

② E沖縄文庫でのゆんたく

　集住地区の住宅地にあるE沖縄文庫は，沖縄文化継承と交流の拠点である。沖縄に関する書籍約6000点を所蔵し，沖縄の物産や食品が販売されるとともに，インターネットによる情報発信なども行っている。住宅の2階部分にある文庫の入り口は，外階段を昇ったところにある。入り口を入ると手前と奥に部屋があり，手前は事務作業や面談のできる机と椅子，販売スペースのある部屋，奥が書棚やパソコン，三線などが置かれた部屋というふうになっている

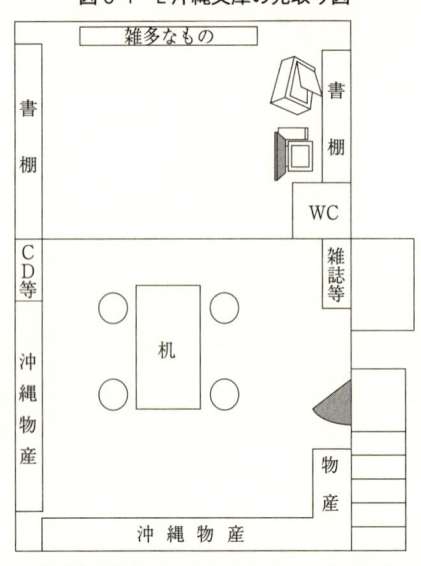

図 6-1　E 沖縄文庫の見取り図

（出典）　筆者がフィールドノーツ（2004 年 4 月 27 日）に作図したもの。

（図 6-1）。D 会の活動も，エイサー祭りもここを拠点としており，B 区の二世たちにとっては欠かせない寄り合いの場だ。

　文庫は二世やその子どもたちが自由に集まれる雰囲気で，メンバーシップに基づくというよりは，オープン・システムによるゆるやかな結合に近い。この場で仲間同士の連帯感が共有されるのだが，それがシンボリックに表出するのが，文庫の奥の部屋で行われる「ゆんたく」（車座の歓談）である。そこでは沖縄料理や泡盛が振る舞われ，話すうち誰ともなく三線や島唄を始める。出入り自由なその場を通じて仲間意識が確認され，集団の紐帯が強められるのである。

(3) 関係性における隔絶の表出

　本来，エイサー（Eisas）とは，沖縄の文化的伝統に基づく太鼓演舞による旧盆祭りであり，沖縄でも地域によって踊りに違いがある。祖先の霊を祀る念仏踊りという意味があり，D 会のメンバーたちも自分たちが楽しむ目的や見せ物としては取り組んでいない。あくまで「沖縄人としての誇りを取り戻す」「差別をはね返す」ため，祖先や歴史と向き合う手段なのである。

第6章　近年までの沖縄人移住者コミュニティの展開と排除（1）

　近年の「沖縄ブーム」の影響か，そうした認識をもたないまま，マジョリティ側の人びとがエイサーを見たい，やりたいと近づいてくることに，D会の活動者たちは不快感を露わにしている。金城馨（2003: 8-10）は，次のように述べる。「ヤマトンチュ（大和人＝日本人）というのは，『楽しみたい』とか『沖縄を知りたい』とかいう言葉をつかいながら，彼らの都合のいいものを要求してくる」「たとえばヤマトンチュがエイサーのまねごとをして，沖縄の文化に触れて楽しいという。『楽しいことはいいことだ』という論理があって，楽しいことから入りましょうと。それで終わってるんです。それは文化ではない」。

　金城のいう文化とは，歴史にねざしたものである。歴史にねざすとは，物事の本質を経験的に知っていることと等しく，二世たちでさえその歴史性や文化を知ることは容易でない。金城はこういう。「地域のオジィ，オバァがカチャーシー（沖縄独特の踊り）を踊りだす。そのカチャーシーそのものに時間が詰まっている。それは自分たちがいくらまねても超えられない動きなんですよ」。そして，「そういう文化というものの基準をきっちり押さえておかなければ，はやりのファッションになってしまう」というのだ。

　にもかかわらず，マジョリティの人びとが外面的なイメージでエイサーに興味をもち，容易に「ファッション」としてショーアップすること，あるいは自分に「体験」させることを要求してくる。金城は，その無神経さ以上に，背景にある「マジョリティ対マイノリティ」という，自分たちにはどうにもできないのほどの力の差に厳しい視線を送る。

　　自分たちはもうイヤというほどエイサーの出演を依頼されるんです。「エイサーをきっかけにして沖縄を理解したい」と。だけどきっかけになってないんじゃないか。「自分たちはなにも知りません」と開き直りながら，「きっかけ」や「入り口」という言葉をつかうことによってその開き直りを正当化しているんです。入り口は入り口でも「閉じた入り口」でしょ，それは。はっきり「壁」だといわれたら反撃できるのに，「入り口」というのは言葉としては肯定論だから，こちらとしてはそう言われたら応えないといけない立場になるわけです。

　　（中略）

　　もし彼らが沖縄のことを理解したいと思うならば，「ひく」という行為

をしないとあかんわけです。つまり距離感をもつということ。それなしに理解するというのはありえない。その距離感をもてないヤマトンチュは，自分たちがウチナンチュのなかに踏みこんできて，かき回して，グジャグジャにして帰る。それはマジョリティ（多数者）によるマイノリティ（少数者）に対する文化的侵略ですよ。マジョリティというのは数の多さ自体が暴力ですから，無意識のうちにそういうことをやるんです。[8]

　圧倒的な権力をもつ者は，興味本位で支配対象の内的世界に踏み込むことを否定されない。そこに悪意があろうとなかろうと，もともと双方向の関係性ではないので，対象側の要求や訴えは聞き入れられることもなく，結果として冒瀆にしかならないのが通常である。つまり弱い立場にある者は一方的に踏みにじられるだけなのである。金城は，マジョリティによってエイサーという精神世界に踏み込まれ，かき回されること，つまり「エイサーを踊れ／踊らせろ」と軽々しく迫られるようなことを「文化的侵略」と呼ぶ。そのタテ型の権力構造は，自分たちが日々発するメッセージにマジョリティが耳を貸さないことと同じであり，また県民にとっての琉球処分から今日の基地負担まで続く沖縄差別との違いがないというのが，その主張の根底にある。

3. 今日の地域福祉的課題

（1）集住地区住民との接点で表出する問題

　長い歴史にねざした沖縄への劣等視は，容易に払拭されることがない。平成に入って，それまでのような露骨な行動はさすがに見られなくなったが，それでも沖縄人に対する蔑視や偏見に基づく言動は今も地域のあらゆるところで見られる。例を挙げると，「ここは沖縄人がいるからイメージが悪い」「沖縄の子と遊んではいけない」といった発言が近年でも聞かれること，商店街で沖縄の店がマスコミ報道されることへのその他の店主からのやっかみなどがある。

　B区の商店街ではかつて，「沖縄タウン」化する構想が持ち上がったことがある。もちろん，商店街全体の振興が目的である。テレビや雑誌などでの露出の増えた沖縄の店を前面に押し出そうというもので，他の地域で見られる「コリアタウン」や「チャイナタウン」に倣い，商店街のゲートを沖縄式に改装したり，店先の随所に沖縄色を出してアピールしようとする企画であった。しか

し，そのときに反対したのが当の商店主たち（沖縄以外の店）であった。沖縄のイメージで見られたくないとか，沖縄の店ばかりがちやほやされることを受け入れられないといった排他的な感情が優勢となり，この構想は白紙撤回となった。*

このような出来事は，マジョリティにとっては取るに足りないことかも知れない。しかし，こうして事象化するものは氷山の一角といえ，水面下に沖縄人に対する断固とした劣等視があることを看過してはいけないであろう。

 ＊序章において，近年の区の体制変更について述べたが，区が沖縄文化をまちづくりに活かそうとする現在の取組みは，商店街とも連動したプロジェクトとして進められており，ポジティヴな展開が見られるようになった。

（2）移民の上にものしかかる米軍基地と沖縄経済

①「2つの沖縄」の狭間で

京都新聞は2006年5月14日，「2つの沖縄　関心に落差」という記事を掲載し，沖縄人が抱える問題に対する本土人の関心の希薄さを指摘している。本土人は自分が見たい沖縄にしか関心を示さず，"とげ"のある沖縄はむしろ避けようとするというのがその論旨だ。2つとは，「基地」と「観光」という，今日の沖縄のイシューの両極のことである。この記事は複数の取材に基づくもので，そのうち滋賀県にある沖縄の情報拠点には「ゴーヤーチャンプルーの作り方を教えて」とか「三線を買いたい」といった問い合わせは絶えないのに，米軍基地の現状を伝えようとすると話をそらす，手渡したシンポジウムのチラシは置いて帰る，というのが本土人の態度だという。そうしたことは日常化しており，その他の取材対象でも同様のエピソードが挙げられる。

また，沖縄をめぐる諸問題に関する執筆の多いライター，知念ウシ（2005）は，沖縄男性の自殺率の高さを例に挙げ，（経済構造上，優位に立つ）権力側の「日本人」が見て見ぬふりをしている，しかもそれを脇に置いて「沖縄の男性は穏やかでやさしくて，幸せそうだ」などと平気でいうことを痛烈に指摘している[9]。

沖縄を「癒しの島」だとか「楽園」だという「沖縄好きの人」が増えている。そのこと自体は決して悪いことではないだろう。しかし，沖縄好きを自認する人でさえ，不都合な話題が持ち上がると途端に口をつぐんでしまう（その瞬間

に，隠れていた問題が顔を出す）ということが，ここで指摘されているのである。「エイサーを踊れ／踊らせろ」と迫る態度も，基本的に同じ構図であることが確認できる。

1990年代以降，急速に広がったとされる「沖縄ブーム」は，60年代後半から70年代にかけての本土復帰前後の頃のブームと比べて，質的に違いが見られるという。復帰前後が政治的関心（施政権や米軍基地）を中心としていたのに対し，90年代以降のブームでは文化的側面への関心（青い海，音楽，オバァ，健康食，壺屋焼など）が強まっているというものである。

今日のブームの究極の形態が沖縄移住といえる。これも心情論的には「帰ろうと思えば帰れる（問題と本気で向き合わずに済む）ヤマト」「さんざん差別しておいて，今度は住みたいという」「ヤマトでいるのかウチナーンチュになるのか，自分に決定権があると思っている」など，沖縄人からの嫌悪感は非常に強い。[10] すなわち，経済学の視点でとらえなおすと，癒しの島という「島の商品化」の延長として「非琉球人」による移住者の増加があるのであり，文化の商品化，自然の破壊を移住が加速させ，その結果，商品価値が下がってしまったら移住者はまたどこか別の場所へ移り住むことができる，ということである。[11]

沖縄人の本音は，ポーズではなく実際に抑圧の構造と実態を知り，軽減に向けた取組みをしてほしい，ということだ。「沖縄が好きというなら，基地問題の解決に力を貸して」「（経済問題も含めて）癒されたいのは自分たちのほうだ」という言説がそれだが，わずかでもそれを口にすると本土の人は黙ってしまう。マジョリティは黙ること，つまり見て見ぬフリができるが，マイノリティは背負わされたものから決して目をそむけることができないのが常である。野村浩也（2005a）が概念化する「無意識の植民地主義」や「権力的沈黙」とはこういうことである。

② **基地問題と日本**

1945年4月からの3カ月間におよぶ沖縄地上戦は，米軍による本土進攻を遅らせるための戦略上の「捨て石」に使われたことがよく知られている。上陸した米軍の兵力は54万8000人で，実に沖縄県民約45万人を上回っていた。対する日本側は兵力約12万人でしかなく，3週間後には首里の司令部も撤退を余儀なくされ，多数の住民がガマ（避難場所に使った洞窟）などで避難している本島南端部に主戦場が移される。この時の「鉄の暴風」により，日本側が

約19万人，米軍側が1万2500人の死者を出すことになるのだが，住民犠牲者は日本側の半数近い約9万4000人にも上った。

その後も沖縄はアメリカの戦略上の「要石」とされ，日米安保上の手段として供されてきたことは，ここでふれるまでもない。2009年，民主党に政権が移るや普天間基地の県外移設問題で自治体や県民はいわゆる"梯子外し"に翻弄され，最近では安全性の疑問視される「オスプレイ」配備問題でも反対集会の訴えが聞き入れられることもない。

これまでも中央と県の主張の対立は延々と続いてきたが，基地は県経済との密接な関係があるだけに状況は非常に複雑である。もちろん，基地関連の雇用に就いているのも県民だが，とりわけ中央からの補助金に頼っていることもあって，県側が常に不利になる構図である。島袋純（2003）は「ゼロサム・ゲーム」だと表現するのだが，県側が米軍基地縮小を要求すると，沖縄開発庁（当時）は補助金カットを示唆して否認するというシステムである[12]。

知念や野村の主張は，安保の受益者である国民が米軍基地を等分負担すべきだというものであり，安保そのものを否定するものではない。国土面積0.6%，国民の1%に過ぎない沖縄への約75%の米軍基地集中自体が日本による沖縄差別だという点，日本人（本土人）がそれを引き取る主体的な運動をすべきという点で合致している。このような沖縄側の主張に対してよく持ち出される保守主義的な立場からの反論は，「基地がなければ沖縄経済は成り立たないではないか」ということ，そして「アメリカの保障を受けているのだから，基地は必要だ」というものである。これらに対して「沖縄に基地を押しつけない市民の会」は明言する。「基地関係収入は人々がイメージするほど多くはない」，そして「基地が一極集中する沖縄では，米兵による殺人，レイプ，ひき逃げ等のほか，墜落事故，爆音，演習の流れ弾，環境汚染などさまざまな被害」を一手に受けていること，基地が必要であれば国民全体で均等に負うべきだ，というのが会の主張である[13]。

繰り返しとなるが，こうした沖縄に対する不条理とそれが無視される状況は，移住先にいる沖縄人にとっても重くのしかかるものであり，そのような，いわば「出身地と分かち合う苦しみ」も，彼らの地域社会を構成する要素として切り離すことができなくなっている。

4. 沖縄人の集団心性：沖縄人気質とアイデンティティ喪失

(1) 沖縄人気質（従順性）

　近年の本土の沖縄人および周囲との関係を読み解く上で，ここでは彼らの集団心性に関する2つの論点について検討しておきたい。

　第1の論点は，沖縄人が外部折衝の場面において負に作用する要因として，これまでもしばしば「沖縄人気質」や「従順性」と呼ばれる消極的な集団心性についてふれてきた。国や行政機関，他府県出身者に対して，表立って不平や不満を表明したり，交渉によって自らの利権を保持・拡張したりすることを自制してしまうような傾向のことであり，同時期に移民として都市に定着した朝鮮人が主張的であるのときわめて対照的である（冨山 1990: 169-171; 名護市史編さん委員会編 2008: 76)。

　「沖縄人気質」が，一般にいわれる「謙虚さ，奥ゆかしさ」ないしは「引っ込み思案」と異なるのは，実際の不利益に結びついている点に加え，当事者によって「内弁慶」だと自嘲的に表現されるような性質を有している点である。つまり問題が起きていないわけではなく，集団成員内ではいつも不満や怒りが表明されているにもかかわらず，外部者との対面接触の場，とりわけ公的な場に出ると途端に主張しなくなってしまうということを意味している。出版物などの媒体を通じて不満や怒りを言語化しているにもかかわらず，行政の委員会などでは黙ってしまい，結果として公的対応の回避を正当化させているという面もある。

　平良盛吉によると，この特性のルーツは何世紀にもわたり培ってきた貿易者としての正直さやプライドと結びついているという。16世紀のポルトガルの記録に，「琉球人は寡言の人種であって自己の国情については決して他言しない。また琉球人は勇敢である（中略）。琉球人は誠実を尚とび虚言をゆるさず」とあるというのが，その証左として示される。[14]

　また平良は，移住当初の沖縄人は逆境下でなお自重し，卑屈でさえあったと述べているが，高度成長期にはずいぶんそれが解消され，主張的になる可能性を次のように見出している。以下の記述の前半は一世世代の生活改善運動や同化志向が強められた時期，後半はこの文献の執筆された頃，つまり二世がコミ

ュニティ活動をまさに始めようとする時期のことである[15]。

> 沖縄に対する数かずの誤解・差別視に対し，沖縄の人びとの多くは，いささかも反発するを知らず，あまりに卑下し卑屈であった。とくに先輩の教養ある人びとの中に沖縄人といわれることを恥とし，その名を私するものがあり，うまく偽装しえない無学無教養者のみが沖縄人と目され，したがって沖縄はますます蔑視され差別視されるに至った。（中略）忍耐・謙譲が最高の美徳とされる風があり，素朴，可れんな沖縄の人びとは忠実にそれを守りつづけてきたのである。
>
> ところが今や時世は一変している。むしろ進んで「沖縄人ここに在り」と大声しつつ呼して自己を主張し，沖縄の歴史，沖縄の文化をピーアールするところに全国民の誤解を一掃し，差別視をなくする道があるのではなかろうか。

冨山はこの沖縄人特有の気質を「従順性」と規定し，一世時代の労働者たちが「沖縄的労働市場」に体よく組み入れられる上で，「一般的に温順で礼儀を重んじる」ところが活用されたことを示唆する[16]。繰り返しとなるが，関西の労働市場において沖縄人と朝鮮人の差異が端的に現れたのは，自らへの劣遇に対し，団結して怒りを表明するか否かであった。労働争議の時代とは異なり，沖縄人の一般的な傾向としては，どんなことがあっても黙って耐え忍ぶか，他の職場に移って受け流すかというのが典型であったため，雇用側にとっては本土出身者との格差を是認する上で好都合だととらえられていたし，県民・移民を上げての同化を推進する際もその傾性は利用されていた。

先述の谷による生活史研究においても，次のように２人のインフォーマントがそのことを語っている。それは同時に，謙虚というより自らを卑下する要素を含んでおり，自らが非難を受けるにあたり「たしかに，自分たちには蔑まれる理由がある」という風にあきらめようとする思考であったことが窺える[17]。

インフォーマント①：

　沖縄では現状を改善していこうという意識は，僕は低いと思いますね。惰性になってしまっているんではないかという感じがしますよね。沖縄の人は従順だと，僕は思いますね，体制に対して。これまで米軍に対しても，日本政府に対しても，そういう対応でやってきたし。もともと保守的だと思いますよ。保守的な島じゃないかと。

インフォーマント②：

　沖縄の人はあまり儲けようという気はないみたいですね（中略）私もそう思ってますね。いつまでもその気があって，人を追い越して人並み以上の生活をしようということは……。

　（中略）たしかに沖縄人の性格は，悪くとるといくらでも悪くとれるですね。ほんとに返す言葉もないくらい。時間にルーズだとか，怠けモンとか，遊ぶばっかしとか，責任感がないとか。（中略）良くいえないこともないんですがね。寛容さとか，余裕とか，おっとりしてるとか，そういうふうに良く解釈してくれれば，それにこしたことはないですけど。

現在の沖縄人気質の根底には，生活改善運動や同化の趨勢の中で染みついた抑制的な振る舞いもあるため，これを生来的な民族性や県民性だと安易に結論づけるわけにはいかない。不満を主張せず引っ込めてしまうという一面があるのは事実としても，それに乗じて，抑圧的状況を日本側が与えてきたのもたしかな一面である。

(2) アイデンティティ喪失の危機

　沖縄人の集団心性に関するもう一つの論点は，二世世代の中心的な活動者の間で近年，コミュニティの中でアイデンティティの希薄化，ないし喪失への危惧が浮上していることである。二世世代の間でも沖縄人であることにあまり固執しない人が徐々に増えている上，関西で生まれ育った三世世代以降にとって，沖縄人のエスニシティやその運命を背負うことの意味合いが薄れてきていることは無理からぬことだからである。小学校教諭の仲村昇（1997: 10）は，このことがもたらすコミュニティへの影響を，「現在，ヤマトのウチナーンチュの中では，盛んに世代交代が叫ばれている。会や組織の中で，二世，三世がどれだけ引き継いでいけるかの問題がある。若い人の『ウチナー』離れがすすみ，会への参加が少なく，嘆いているのが現実である」と記している。

　移民県という特質をもつ沖縄ゆえに，このようなアイデンティティに関わる葛藤は，世界中で暮らす移民社会において共通の課題となっている。1995年に沖縄で開催された「第2回世界のウチナーンチュ大会」においては，27カ国，約3400人の沖縄人が参集し，「二世，三世は渡航先国民。ただ，自分たちのルーツは沖縄である」という声が相次いだ。

自らの存立基盤としてのアイデンティティ，つまり心のよりどころを曖昧にしなければ，立ち位置がはっきりし，「弱者」となったときにも支え合う活力や相互扶助の力になる。大会に出席し，そう考えたB区の高校教諭，金城宗和は，関西のウチナーンチュのアイデンティティを次のように類型化している。①伝統型（ウチナーンチュに誇りを持ち，方言や風習などを生活に取り入れている。子どもにはできるかぎり，沖縄のことを語り継ぐ），②象徴型（「伝統型」ほどウチナーンチュに固執しないが，状況によって表面化することがある。愛着も強まったり，弱まったり。沖縄のことは聞かれれば語る），③消極型（現実の生活に不利になることを考え，ウチナーンチュを表面に出さず，内面で保持する。日常生活ではできるだけ沖縄的なものを避け，語りたがらない），④否定型（ウチナーンチュを否定し，時としてマイナスイメージでとらえる。生活に沖縄的なものがまったく見られず，決して沖縄のことを語らない）[18]。

　この類型にしたがえば，D会の中心メンバーなどのような①のタイプの人や，行事の際に協力するような②のタイプの人は二世でも少数になりつつあり，③や④のように「沖縄的なもの」を避ける人が増えているというのが，今懸念されるアイデンティティ喪失の実態である。いわんや，三世以降にとっては②〜④の割合がさらに高いことは，客観的に見れば自然なこととさえいえる。喪失懸念の中心としては，世界大会でも表明されたように，むしろ「渡航先の住民になる」ことより，存立基盤としてのアイデンティティが希薄になり，コミュニティがバラバラになっていくこと，そして相互扶助の機能が脆弱になることといえる。

　加えて，アイデンティティの希薄化や喪失が周囲（マジョリティ）との関係において進行し，その典型としてエイサーの踊りの変化としての表出が見られることを，金城馨は指摘している。マジョリティとの「見る・見られる」という分断された関係において，いわばファッションとしてのエイサーが要求される中で，ついその視線を意識して踊ってしまう，つまり「（相手が）見たい沖縄」を差し出してしまう傾向が，近年強まっているのだ。文化の歴史性や本質を学ばずに，「沖縄理解のきっかけにしたい」という言葉を使って内的世界に入り込んでくるマジョリティのことを，金城馨は「文化的侵略」と呼んでいるのであったが，この「周りの目を意識したエイサー」は，招かれざる文化的侵略の帰結であり，アイデンティティが瓦解してきていることを示す一形態とと

らえられる。「『かっこいい！』と（注：ヤマトンチュから）拍手されると，拍手されたほうはその要望に応えるようになるんです。（中略）いってみればほめ殺し」だと，金城馨は危惧する。[19]

　第1の論点とともに，第2の論点もまた，周囲から沖縄人の抱える問題を見えにくくし，「沖縄人は日本人なのだから何の問題もないだろう」ととらえられても内部から「それもそうだ」と同調の声が挙がるという状況である。しかしながら，不満や怒りを溜め込んでしまう性分，そして二世，三世の間にあるアイデンティティ観の隔たりは，外部者には推し量れないほどストレスフルな問題となっている。

5.　沖縄人をめぐるポストコロニアル状況

(1)　基地押しつけという植民地主義

　今日の沖縄をめぐるポストコロニアリズムの問題性は，基地問題においてもっとも象徴的に現れる。先述の野村は，ポストコロニアル状況への批判的論究を続けているのだが（野村 2005a：野村編 2007；琉球新報 2006），その理論の核心は，75％の米軍基地の押しつけが（植民地制度後も継承される）植民地主義にほかならないというものである。すなわち，「基地の押しつけという差別によって，日本人は，在日米軍基地の平等な負担から逃れるという不当な利益を，沖縄人から永年にわたって搾取している」「沖縄人はいつも犠牲で日本人はいつも利益を奪取しているのだから，植民地主義的関係にほかならない」「このような永続的な差別による組織的な搾取をあらわす概念が植民地主義」だという。

　柱となるこの主張に，野村は「無意識の植民地主義」や「権力的沈黙」という下位概念を用いて自らの論を補強している。以下では野村による知見を中心に，これらの概念を通して沖縄人が直面する問題を読み解いていきたい。

① 終わらない植民地主義

　国土面積の 0.6％と狭小で，かつ人口も約 140 万人に過ぎない沖縄に約 75％の米軍基地を集中させる理由として，一般的には，沖縄が地政学的にすぐれた位置にあることが挙げられる。しかし，野村はそこに隠蔽された人為的な構造を掘り起こす。「なぜ日本人は，沖縄人に犠牲を強要して平気でいられ

るのか。すなわち、日本人にとって、沖縄人は日本人ではないからである。日本人にとって、沖縄人はあくまで被植民者でしかないからである。被植民者とは、矛盾を押しつけるべく植民者によって作りだされた存在だ。そして、植民者が望んでいるのは、植民者の矛盾を永遠に押しつけることが可能な被植民者なのだ」[20]。

沖縄に基地の負担を集中させることで、その他の日本人がそれを免れることができ、安全保障上の利益を享受することができる。「日本人にとってこんなにおいしい話はないはずで、だから植民地主義はやめられない」のである。なかには、補助金で解決しているのだと開きなおる意見もある。「保守派日本人は、沖縄人に対して正直に『我慢して基地を受けいれてくれ、なんなら金でもやろうか、困ってるんだろ』などという。なんともわかりやすい傲慢さ」。一方、平等主義を自認しながらも沖縄のことを顧みない人も多い。「わかりにくいのは、『進歩的』とか『良心的』とかいう日本人。よく『すべての日本国民は平等でなければならない』という」[21]。

「沖縄人は日本人である」という認識に異議を唱える人は今やいないであろう。また、すべての国民は平等であるべきことも、憲法の下で確定している。であれば、安保のための基地負担も均等でなければ道理に合わないはずで、それがまかり通っているところに、「沖縄はコロン（植民地）だから構わない」という認識がある。あるいは従順性につけ込んだ「沖縄人なら、重荷を背負わせても黙って耐えてくれるだろう」という暗黙の了解もある。沖縄人が背負わされるあらゆる問題性が、そこにこそ起因するのではないか。

② 「公的差別はない」という見解への反論

上のような立場に対し、一般的な批判としては、植民地主義が過去のものであるとか、公的な差別は存在しないという見解があるだろう。野村も「植民地主義について議論すると、やはり、『古くさい』とか『米軍統治下の沖縄の話でもあるまいし』といった反応にしばしば遭遇する」と述べている。

しかし、こうした見解は「植民地主義は過去に解決済みの問題」というとらえ方が前提になっている。野村は、制度としての植民地関係が終焉したとしても、植民地主義そのものは持続可能であるとし、「沖縄は植民地ではない＝植民地主義も存在しない」という論理が破綻することを強調する[22]。

③ 無自覚という罪

　そのような認識のズレから、日本人の多くが、自分こそが沖縄に基地を押しつけている張本人だということに無自覚であるというのが、野村の論を強固なものとする「無意識の植民地主義」である。「日本人の多くは、みずからの植民地主義に無意識」であり、あえて意識しようとも思っていないということである。その前提には、「沖縄人への搾取は意識することもないほど自明の行為であって、沖縄人の犠牲もあくまで他人事でしかなく、痛くもかゆくもない」という価値意識があることが、ここで指摘されている。

　さらに野村はいう。「そんな日本人ほど、沖縄人から奪いとった利益がほんの少し脅かされただけで大騒ぎする。実際、米軍基地の日本への移転の話がわずかでも出れば、途端に『基地はいらない！』だの『基地を押しつけるな！』だの『基地は屈辱だ！』だのと騒々しくわめきたてるではないか」[23]。本土人にとって好ましくないことは、沖縄人にとっても好ましくない。客観的にみれば当然の理屈だが、利権に甘んずる者は得てしてそのことに無自覚なのである。

④ 民主主義の限界

　しかしもし、マイノリティに対する不条理に自らが加担していることを知ったとすれば、マジョリティはどのような反応を示すだろうか。これが野村の論説を補強するもう一つの概念、「権力的沈黙」である。京都新聞（2006）における指摘も同じであった。「癒しの島」としての沖縄（「見たい沖縄」のことだが、これもマジョリティがつくりあげたソフト・イメージである）は求めてくるのに、「とげのある沖縄」が顔をのぞかせた瞬間に見て見ぬフリを決め込んでしまう。

　野村はこれについて、99％の国民の安全保障のために1％の沖縄県民に基地負担を強いることを憲法によって"合法"化してしまう、民主主義制が有する問題なのだと分析する。すなわち、多数者の便益のために少数者の意思を切り捨てるシステムである多数決原理が採用されている以上、このような犠牲が起きることは最初から自明のことであるという。「したがって、多数派の日本人が民主主義を通じて少数派の沖縄人の意志を暴力的に踏みにじることが、制度上可能となっている」のであり、さらには「賛成派も反対派も同等にその決定に拘束されることを原則とする」のが民主主義であってみれば、民主主義国家の一国民である沖縄人には自らへの不平等さえ追認することが求められるので

ある。また多数派も，個人的に「『安保に賛成したおぼえはない』とか『沖縄人に基地を押しつけたつもりはない』などという心情倫理で免罪してよい問題では断じてない」ことなのである。[24]

(2) 移民コミュニティにおけるポストコロニアル状況

　以上の野村による議論は，ポストコロニアリズムの次の3つの定義の上で成り立っている。すなわち，①終わらない植民地主義，②あたかも終わったように見えて実は終わっていない植民地主義，③隠蔽された植民地主義，である。行為として「終わらない」（第1定義）のは，搾取がすでに過去のことだと思われているから（第2定義），あるいは明るみに出ると権力側に不都合なので隠されているから（第3定義），ということである。このように，野村の論説は「"植民地制度"が終わったにもかかわらず，基地押しつけという"植民地関係"が維持されている問題」を指摘することに特化されている。

　ただ，この議論は基本的に沖縄人全体を想定したものである。B区のような集住地区の場合は，地域生活上の大小のトラブル，沖縄人の間でのアイデンティティの多様化（すなわち，基地問題などに対する受け止め方の温度差）など，複雑な要素が"植民地後"を構成しているのだが，野村の議論はその部分に特化して言及しているわけではない。県外に住んでいても，出自である沖縄が負担に喘いでいれば自分たちも同様に痛みを感じるし，その裏に隠された差別を是認する構造，そして「沖縄差別は過去のこと」と認識されることは，自分たちにとっても屈辱である。物理的に離れた場所にいても，このように出身地の動向と深いつながりの中にいる，というのも，「ディアスポラ」としての宿命であった（序章参照）。植民地主義とは，政策の上でそれが失効した後にも，マイノリティ側から見れば厳然たる差別や不平等がいつまでも残るものであることを，沖縄の例から我々は学ぶべきであろう。

6. 小　括

　勤労世代となった当初の二世に対する労働現場や地域での排除は，一世の時代のそれと同じ性質のまま継続されたものであり，重圧となって彼らにのしかかるものであった。ただし，同胞の自殺，犯罪，失意によるUターンは，同

世代の若者たちによる当事者活動の新しい展開の引き金となった。周囲からの劣遇に対して自己抑制を貫き，黙って耐えた一世と異なり，二世の青年たちは封印されていた沖縄のアイデンティティに正面から向き合おうとした。35年以上継続された諸活動や運動に，一世にもマジョリティにも同調する動きが見られるようになり，どれだけの熱意で青年たちが取り組んできたかを知ることができる。また，「日本人」からの理解や支援が得られないなか，自力で対処せざるをえなかったことを客観的に示すものでもある。

　青年たちによるアイデンティティの表明は，そのとらえ方をめぐる沖縄人コミュニティの内部での長い葛藤の始まりでもあった。一世との間で，また二・三世の中で薄れていく沖縄人意識との間で，活動者たちは常に悩むことになった。活動者たちの主張に揺らぎはないものの，沖縄人が一枚岩になれないことは，団結を図ろうとする活動者にとってはネガティヴな要因である。外部者はマイノリティを一括りにとらえようとするが，このようにコミュニティ内部でも複雑きわまりないのが実情である。

　その一方で周囲のマジョリティとの間の"溝"はまだ深いものであった。沖縄学の創始者・伊波普猷（第5章参照）はかつて，翻弄される沖縄を「自分の運命を自分で決定することのできない境遇」にあると表現したのだが，現状を見れば，当時も今も，その情勢は基本的に変わっていないといわざるをえない。将来の展開を少しずつでも修正していくには，「自分の運命を自分で決定する」ことなしには実効性をもちえない。移民コミュニティにおいても，コミュニティ自身による意思決定のためには，政策・計画過程への参加と決定権の保持，市民意識・責任意識の高揚が不可欠だと考えられる。

　経済・政治の観点から見ても，この論点は重要である。統治権を剥奪されたという共通点をもつグアムと沖縄を研究する松島泰勝（2006a, 2006b, 2006c）は，沖縄が「自治の島」として，内発的発展を遂げる必要を主張する。その根拠は全国平均の2倍近い沖縄の財政依存度にあり，多額の沖縄振興開発事業費にもかかわらず，むしろ日米両政府への従属度が高まっていることである。膨大な補助金が基地押しつけの「カード」になっており，しかも大半が公共事業に投下されていて，短期雇用と環境破壊しかもたらしていないという。共同体の衰弱，失業率の高さは結局解消されず，経済自立が成し遂げられないまま，両政府への依存度だけが高まるという構図である。

松島はこう結論づける。「『本当の豊かさ』の基本は自分自身で物事を決めることのできる自治であろう」「沖縄人が島の上で生き残るためには，住民自身が非暴力に徹し，経済振興のような他者からの誘惑を拒否する。そして，地域の自然・文化・歴史に根ざし，地域の住民が発展の主体となる内発的発展の道を歩み，真の自治の島をつくりあげる必要がある[25]」。このことについては，第8章でさらに議論を深めることにしたい。

　B区が2000年に発行した中学生による作文集では，子どもたちが沖縄文化を誇りに思う率直な言葉が綴られている。たとえば，「沖縄の人達が多く，民謡，沖縄料理，沖縄そば，沖縄物産などがよくテレビで紹介されている」「沖縄独自の店が多くめずらしい食べ物等が売られている。エイサー祭りではきれいな衣装で踊りや三線がある」「沖縄の文化を大切にしているまちだと思う」「沖縄の文化と区の文化が交じり合い，新しい独自の文化が生まれればと思う」などの意見が見られた。マジョリティの子どもたちのこのような見方が年齢が上がるにつれてネガティヴに変化するのは，親や友人の影響なのか，あるいは利権や保身を学ぶからか。本来的に誰もがもちうるこのようなポジティヴな価値意識をもっと育てていかなければ，「マジョリティ対マイノリティ」という関係性の払拭は展望できないだろう。

　折しも，内実化とまではいえないまでも，行政の委員会などでB区との対話の機会は生まれている。エイサー祭りの開催にあたって，区や商店会などとの協力機会も見られるようになった。これらは関係発展の好機として活かされなければならないのではないか。沖縄人の背負う重荷への直視，ならびにデリケートな心性を理解し尊重した上で彼らが自治を発揮できるよう支援し，マジョリティ側との関係形成を進めていける媒介者による支援が，まさに必要とされる場面であろう。

◆ 注
1) 野村編（2007）などを参照のこと。
2) 産経新聞大阪本社人権問題取材班編（1998: 242）。
3) インフォーマントは移動世代の31人だが，谷の調査では同時期以外の「戦前戦中期」（2人），「駐留軍離職者」（2人）も含んでいる。「高度成長期」は13人（男10・女3），「復帰後」は14人（男9・女5）である。
4) 谷（1989: 96）。
5) この報告書からの引用文は，第30回エイサー祭りで当日配布されたパンフレッ

トに全文のコピーが掲載されたものから抜粋したものである。
6) シーサーは屋根や門に付ける魔除けの獣(獅子)の像。石敢當は魔除けの石碑や石標のこと。
7) E文庫のような文化拠点の移民社会における重要性は一般的に認知されている。後藤(2009: 167)は,ネイティブ・アメリカンの権利宣言(1969年)を引用し,「自身のカルチャーセンター」を保有し,文化固有性を尊重することで「基本的福祉の保障」と同時に「集団の権利」を保持することを主張している。
8) 金城馨(2003: 8-10)。
9) 知念(2005: 355-358),朝日新聞 2006年5月13日。
10) 野村編(2007: 78-79)。
11) 松島(2006d: 21-22)。
12) 島袋(2003: 194-195)。
13) 「沖縄に基地を押しつけない市民の会」による資料『「沖縄大好き」なあなたに知って欲しいこと』より。
14) 平良(1971: 154)。
15) 同上書,146。
16) 冨山(1990: 169-179)。
17) 谷(1989: 232, 249-252)。
18) 産経新聞大阪本社人権問題取材班編(1998: 249-251)。
19) 金城馨(2003: 8-10)。
20) 野村編(2007: 65)。
21) 野村(2005a: 18)。
22) 野村編(2007: 34-36)。
23) 野村(2005a: 39)。
24) 同上書,26-31,野村編(2007: 66)。
25) 松島(2006c)。

第7章

近年までの沖縄人移住者コミュニティの展開と排除 (2)
A市B区地域福祉計画策定期間における質的調査から

　本章では，ここまでの検討をふまえ，筆者が2004～2005年度に行ったA市B区での質的調査の結果をもとに，沖縄人コミュニティと周囲との接合面で現在問題となっている状況，さらにはコミュニティ形成の正負の要因とその課題について論じることとする。

　ただしいうまでもなく，調査地であるB区の地域特性，さらに地域福祉の状況は，本研究の規定条件として確認しておく必要がある。一世の渡航期から高度成長期にいたるまで，沖縄からの労働力を吸引し，重層的労働市場の下層へと沖縄人を組み込んだのは，B区をはじめとする港湾エリアの産業構造そのものであるし，沖縄人の艱難辛苦とは接点のないまま展開してきた地域福祉施策を確認しておくことも，今の構造を読み解く上では必要な作業だからである。

　筆者がフィールドワークを始めた2004年春は，B区行政と区社協が合同で地域福祉計画（行政計画である「B区地域福祉計画」と社協計画である「B区地域福祉活動計画」を兼ねたもの）の策定を準備しはじめた時期であった。はじめて取り組む住民参加型プロセスによる策定を控え，いわば地域の自治のありようを決めるタイミングであった。このため，本章では，計画過程への当事者参加として，沖縄人コミュニティの関わりが見られたか否かについてとくに関心を注ぎながら，調査結果としてのコミュニティ形成要因について論じることとする。

1. 地域特性および地域福祉

(1) B区の地域特性

① 区の概況

　昭和初期に区制が発足したB区は，関西の港湾エリアでも有数の工業地域として繁栄した。河川や運河に囲まれるような立地で，大型船の運航を妨げないように何十メートルもの高さの付けられた巨大な橋が架かる光景が独特である。鉄鋼などの大規模工場や倉庫群から小さな町工場までが立ち並び，資材や製品を積んだトレーラーや大型トラックがひっきりなしに行き交う。そうかと思えば，昔ながらの渡し船が悠然と運河を横切るのどかな景色も残る。

　港湾の埋め立て地という色合いの強い区だが，中心部には緑の多い丘もあり，そこは区民にとっての安らぎの場となっている。夜の表情としては，区内にスナックが密集していることでも知られている。繁華街の雑居ビルはもちろん，中心部を離れてもスナックのネオンが目につき，特有の雰囲気をなす。

　2007年時点で区の税収の面としては，1人当たり税収は市内平均の半分以下である。区の合計税収で見ると市内最下位で，最上位の区と比較すると約20倍の格差である（同年の東京都23区の格差が14.4倍なので，それを上回っている）。生活保護受給率は，B区は市内ではほぼ平均的な位置にあるものの，全国平均と比較するとおよそ2倍である（2012年4月現在）。区の高齢化率（2009年）は24％未満で，市の平均を下回るものの，少子高齢化が人口流出とともに課題に挙げられている。

② 沖縄人に対する区民のまなざし

　このB区に，多数の沖縄人や朝鮮人が集住した経緯については前章までで明らかになった。今も区民の4分の1にあたる約2万人が沖縄からの移住者とその子孫であるといわれており，なかでも区内でもっとも沖縄人の密度の高い5地区は「関西の沖縄」や「リトル沖縄」と称される。街中では沖縄料理や食材の店，物産店などを見かけ，シーサーや石敢當が設置された民家が多いことも，すでに述べたとおりである。

　近年の区民の意識の中には，沖縄文化を積極的に受け入れようとするものも見られるようになっている。区が2001年に実施したまちづくりに関する調査

報告書は，その一端を示す証左である。報告書では，「安全・防災」「文化・スポーツ」「環境」「福祉」など，テーマ別の住民意識を抽出した結果が紹介されている。その中に「沖縄の文化」とカテゴライズされた一群があり，「沖縄の祭りをしてほしい」「沖縄を紹介する文化施設がほしい」と，独自の文化を肯定するものが見られるのである。区の新しい動向として，2012年に区長が公選制となり，沖縄とコラボレートしたプロジェクトが進行している。過去に商店街の振興策が妨げられた例（前章）と比較しても，沖縄文化がよりスムーズに（表面的な理解にとどまるとはいえ）区民に受け入れられつつあるととらえられる。

一方，区の調査結果には否定的なとらえ方も依然として含まれており，「テレビや雑誌でB区＝沖縄のイメージが強いが，それを変えたい」という意見も見られた。

(2) B区における地域福祉

① 地域福祉の展開と沖縄人の問題への未着手

区の基礎的な社会福祉施策は1950年前後に集中的に整備された。遺族会は1947年，民生委員協議会は1948年に発足，母子の団体や女性団体協議会は1951年に設立された。

B区社協は1951年に設立された。翌年以降10地域の校下社協を組織化し，小地域福祉活動の取組みを始めている。区が属するA市社協では1968年から，先行していた全国社会福祉協議会（以下，全社協）の地区組織化活動推進地区指定に加え，独自のモデル地区を設定した。全社協の推進地区は，「民間団体が進める地区組織活動の強化」「（それらの）相互の重複・競合をさける」「総合的・有機的なものの構築」を掲げ，1959年国庫補助化（1963年より都道府県半額負担）により3年間の指定事業が行われた。それに対し市社協のモデル地区は，問題別に「地域福祉活動」「地域福祉センター活動」「老人福祉」「青少年福祉」「不在家庭児福祉」の5つのテーマが設定され，校下社協の育成強化を図ろうとするものであり，1～3年間の指定であった。B区では，両事業で1968年から1986年の間に6つのモデル事業が行われ，5つの問題に即した活動の推進と課題抽出が行われた。

このようにして，B区が優先課題を有する地域に対し，校区単位の福祉活動

を活性化させたことは評価できるとしても、その一方で同時期に公的支援も得られず自殺や逃亡に追い込まれる沖縄人労働者の生活苦も、同胞の不当解雇に反対する当事者運動も取り上げられることはなく、今日、ソーシャル・インクルージョン推進の観点から見れば、コミュニティワークとして問題を残していたといわざるをえない。

調査時点で、区社協では「地域社会福祉協議会活動（小地域ネットワーク活動推進事業、ふれあい型食事サービスなど）」「各種福祉事業（広報・福祉教育などのコミュニティワーク）」「ボランティアビューロー」「在宅福祉サービス（在宅介護支援センター、居宅介護支援事業、通所介護事業など）」を柱とした活動を行っていた。区民の共通課題についてはきめ細かに活動しているが[2]、依然としてマイノリティを明確に位置づけて重点課題とすることも、あるいは区の財産としてその文化をPRすることもなされてはいない[3]。

② B区地域福祉計画

国内有数の大都市であるA市では、外国人集住地区を擁し、また社会階層をめぐる問題も複合的に存在する。人権擁護の施策も蓄積されてきた。実際、市レベルの地域福祉計画や地域福祉活動計画でも人権意識高揚、多文化共生などが盛り込まれている。

このA市では、市レベルの両計画をもとにして、下位計画として区ごとの行動計画（以下、「区計画」と呼ぶ）を策定する体制を敷いている。区行政と区社協が合同事務局をつくるのが原則であり、B区もそのように構成した。B区の計画策定組織としては、地域別（小学校区ごと）に構成される部会と、活動分野別に構成される部会の2つによって策定委員会がつくられている。データ抽出の核として、前者は校区ごとに地域懇談会、後者はテーマ（高齢者、障害者、子ども）ごとに分野別懇談会を開催し、両部会にまたがる合同作業部会において課題集約を行って、計画の素案をまとめるという流れである。そしてこの進行役が、合同事務局（行政と社協）である。

③ 自治の実験場としての失敗

本研究の立場としてこの計画に望まれるのは、地域別部会において、とりわけ沖縄人集住地区を含む校区で彼らの生活課題を、また分野別部会においてマイノリティ問題を検討する部会をつくって、沖縄人を取り巻く問題状況について討議することである。現にA市は、市レベルの地域福祉活動計画において、

第7章　近年までの沖縄人移住者コミュニティの展開と排除（2）

民族や文化の異なる人たちを含めて一つの地域であることを意識しようという住民参加の指針を示した。したがってマイノリティが当初から策定過程に関わり、完成後の推進・評価の段階に至るまで参加が保障されている必要がある。そのためには、B区計画でも策定委員会や関連部会、そして策定後の推進・評価委員会などにいたるまで当事者が公式に位置づけを得ることが肝要となる。

しかしながら、沖縄人コミュニティを取り巻く内在的・外在的諸要因（後述）によって、これらはほとんど実現していないのが実情である。川崎市、生野区、鈴鹿市の事例（第3章）では、マイノリティの存在を認め、歴史的な民族差別についての公式見解などが前提として示された上で、外国人の部会を策定委員会に正規に位置づけ、さまざまな提案や施策を計画に盛り込んでいる。これらと比較しても、この時点でのB区の自治のデザインにおける失敗を指摘せざるをえない。

ただし、調査から約10年を経たB区の現状（2010年代）に好転が見られる点についてはふれておかなければならない。新たに公選制が導入されて着任した区長の体制下、区が策定した将来ビジョンでは、区民の約4分の1を沖縄人が占めるとの認識に立ち、沖縄と当地の文化の融合を図るための複数の事業からなるプロジェクトが打ち出されている。商店街とも連携し、区の独自性として沖縄の魅力をまちづくりに活かそうという取組みが見られるのである。この変化の背景には、区からの転出が過多となっていること、また高視聴率のテレビドラマの舞台として集住地区がスポットを浴びたことの影響などが小さくないものと思われる。具体的な対策へと深化するかどうかは今後の動向を見守るべきであるが、局面変化へ向け、一段階前進したことに期待してよいのではないか。

さて、区のサブコミュニティとしての沖縄人コミュニティと周囲との関係性の隔絶の問題性が前章において指摘されたのであったが、同コミュニティ内部では当事者組織の自助機能が強く、二世を中心として30余年にわたり自律性を保持してきた一方、沖縄人の間でも結集力の弱化が危惧されていた。他方、住民による否定感情が今なお持続する反面、沖縄文化を肯定的に受け入れようとする意識も芽生えてきているところであった。区行政はこれまで、この複雑な問題への対応はせず、区社協もそれに追従してきた。

これらのことから、地域福祉に与えられた課題としては、沖縄人コミュニテ

ィのようなサブコミュニティを形成する上でのコミュニティ内外の正負要因を明らかにすること，とりわけコミュニティを取り巻く外部との関係性の構築の方策を提起することが導出されよう。以下では，この点に焦点化して分析した調査結果について述べる。

2. 調査結果：コミュニティ形成の諸要因

(1) 13の要因

調査により得られた成果を，本節では区内におけるサブコミュニティ（コア集団）成立の推進・阻害要因の抽出という目的で分析したい。なお，ジェフリー・アレクサンダーの枠組み（第2章参照）を援用し，コーディングで抽出されたカテゴリーをコア集団と外集団（沖縄人以外の区民，区行政，区社協など）との関係に着目し，コア集団内外の要因に分類していくこととする。まずは沖縄人コミュニティの特質を確認し，次にそれとの関連で外在要因をとらえていくために，「内的・意志的要因」「外的・環境的要因」の順で各要因を見ていく（表7-1）。

〈要因1〉～〈要因4〉は，集住地区の沖縄人に内在する要因のうち，とりわけコミュニティ形成を推進する要因として抽出されたものである。〈要因5〉～〈要因7〉は，コミュニティ形成に負の作用を与える内在要因である。〈要因8〉～〈要因9〉は，マジョリティ側において見られた関係形成を進める要因である。〈要因10〉～〈要因13〉は，反対に関係形成を阻害する外在要因である。

(2) 内的・意志的要因

① 推進要因
〈要因1　ゆるやかなネットワーク〉
　沖縄人の移住当初の集住形態は，先述のように同郷性に基づく相互扶助による結合であったが，しだいに権力構造が生まれ，政治的結合を強めていく。就業や居住における劣悪な被差別状況を背景にプロレタリア化が進み，それが破綻し，「生活改善運動」を通じた同郷性の払拭（日本への同化の推進）へと展開していくのだが，二世世代になると政治的色合いは弱まり，その一方で失いか

表7-1　B区の沖縄人コミュニティ形成をめぐる促進・阻害要因

内的・意志的要因	推進要因	1　ゆるやかなネットワーク 2　祭り・行事 3　政治的発言力・影響力の向上 4　区民としての自覚・責任感
	阻害要因	5　沖縄人気質 6　閉鎖性 7　アイデンティティ喪失・同化への危機感
外的・環境的要因	推進要因	8　沖縄文化を受け入れる住民意識 9　合同事務局における対話・協調を求める姿勢
	阻害要因	10　住民の無関心 11　住民による偏見 12　商店街内の無理解・偏見 13　合同事務局による対応の不足

けたアイデンティティの回復と仲間たちの救済という新たな運動の方向を見出す。この地域において沖縄人コミュニティは，時代とともに変化する経済・社会・政治的排除に対し，その結集軸をシフトさせながら，約100年間にわたり自己組織化を繰り返してきたのである。

　今日，そのコミュニティの紐帯としての内在要因に，〈ゆるやかなネットワーク〉を抽出することができた。このつながりは，二世世代が自らのアイデンティティ再構築をめざして結成したD会，その拠点であるE文庫において展開するもので，コミュニティのメンバーが自由に寄り合うゆるやかな"場"としての色彩が強い。これらの組織は，メンバーの精神的拠点であり，かつ，大量の蔵書や機関紙，インターネットなどを通じた情報発信拠点としての機能を有するものだが，メンバーにとっての本質的な会の存在意義は，いつも自然に行われる「ゆんたく」という車座での歓談に象徴されるように，この要因に見られる仲間同士の連帯ではないかと思われる[4]。

〈要因2　祭り・行事〉

　そのつながりの力がもっとも結集し，運動的な力を発揮するのが，〈祭り・行事〉だろう。そのもっとも代表的なエイサー祭りは，1975年以来，一度の中断もなく開催されてきた。ここでは音楽や舞踊を通じて，あるいはその運営を等分負担し合うことでアイデンティティを再構築し，沖縄への差別や基地問題などに関わるメッセージを内外に投げかける。祭りは年を追って規模を拡張

しているのであるが，前述したように，この実績に呼応するようにして近年，区長が挨拶のスピーチに立つなど，区の反応に変化が見えはじめているのであった[5]。

〈要因3　政治的発言力・影響力の向上〉

E文庫主宰であるH氏は，開催30周年にしてはじめて区長が祭りに参加したことを歓迎し，また突然の肯定的なスピーチに驚いたという。そして，このことが祭りの継続や規模拡大の帰結として，自らのコミュニティにおける〈政治的発言力・影響力の向上〉の一つの現れだと評している。H氏はコミュニティリーダーの一人として，またスポークスマン的立場として，「共生していくには，時には摩擦や葛藤が必要なこともある」と説明し，祭りの実績が今後の対外折衝へ発展していくことを期待している[6]。

一方，政治力の拡大は，実は内部に向けてのものでもあった。B区ではかつて，絶大な影響力をもつリーダー（故人）が強硬な同化路線を敷き，区議会や（会長を務めた）区社協で政治手腕を発揮したのであったが，彼の影響力が衰えてからでさえ，その流れを汲む人たちが，外向きに活動するD会に対してプレッシャーをかけつづけた。H氏やD会のメンバーたちがエイサー祭りを大きくすることによって政治力をつけようとしたのは，そのような圧力を牽制するための内なる政治的手法でもあり，現に一定の効果をもたらしたのである（たとえば，同化路線の人の口からも，近年では祭りを讃える声が聞けるようになった）。

〈要因4　区民としての自覚・責任感〉

近年，沖縄人の間で「自分たちも区民としての責任を果たさなければならない」という意識の醸成が進んでいるという。事実，B区地域福祉計画の策定委員には，D会のリーダーの1人であるI氏が公募委員として選出されているほか，H氏も別の行政計画の委員として参画している。ただ，これらの席上で，普段仲間同士で口にする沖縄の問題について公言するにはいたっていない。

こうした〈区民としての自覚・責任感〉は，〈要因3〉と相俟った矜持であると，H氏は分析する。ただし，この背景には「区には4分の1を占める沖縄人がいる。したがって区の委員には4分の1の沖縄人が入っていなければ不自然だ」だとするアサーティヴな発想があるのであり，いわゆる沖縄人の全体としての傾向である従順性（沖縄人気質＝〈要因5〉）を覆しうるリーダーシ

ップを見ることができる。

② 阻害要因
〈要因5　沖縄人気質〉
　この集団心性が形成されてきた背景については，第4，6章で詳述した。これが顕現する様相としては，コア集団成員間で共有する不満を，外集団と対面接触する場，とりわけ公的な場では途端に主張しなくなってしまうというものである。計画策定の場でも，委員も含めて沖縄人から自らのアイデンティティに関わる問題提起はまったくなされなかったのだが，この要因との関係が窺える。
　先述のI氏は，調査期間中に筆者が行ったインタビューにおいて，この心性に「内弁慶」という表現を添え，〈要因6〉とともに内向的傾向を構成するものだと説明した。

〈要因6　閉鎖性〉
　一般に，沖縄の人は県外からの来訪者に親切だということがよくいわれる。換言すればコミュニティの外部に属する人びとに対し「一定」のホスピタリティをもつということだが，この背景には郷土（土地，歴史，同胞）に対する愛情や紐帯（いわゆる"ユイマール"）が相対的に強いことがあるだろう。
　この一方で，外部者のコミットメントが「一定以上」を超えると厳しく拒絶する傾向があり，それが〈閉鎖性〉だといわれる。たとえば，内地（ヤマト）から沖縄へ嫁いだ嫁が何年経っても受け入れられないとか，関西で過ごした二世が沖縄へ行くと「関西で育つとこんな風になってしまうんだね」と嫌味をいわれることがある。
　I氏は，この〈閉鎖性〉がB区の沖縄人にもあてはまるのだとしている。〈要因5〉と〈要因6〉が関連して，外集団との距離をつくっていることが，十分に読み取れるのである。

〈要因7　アイデンティティ喪失・同化への危機感〉
　前章で指摘したように，近年，沖縄人の中にもアイデンティティが希薄化していること，「ヤマト（日本人）からの視線」を意識して沖縄人像を演じる人，同化志向の人などが見られ，メンバーが危機感を強めている。
　I氏は，時代が進むにつれ，世代間の意識差がますます開くことを予想している。具体的には，次のようにアイデンティティが薄れるというのである。

「三世はまだ，おじいちゃん世代が一世（渡航世代）だから，（価値観などを）受け継ぐことができる。二世（運動世代）がおじいちゃんでもそう。三世がおじいちゃんだと，本当に沖縄人という意識がなくなってしまうのではないか」。

またH氏は，「エイサー祭りにしか興味を示さないウチナンチューもいる」ことや「第3のタイプ」が少なくないことを憂慮している。「第3のタイプ」とは，「我々は日本人じゃないから差別されても仕方ない」と考える沖縄人であり，B区においても表れているという。H氏のいう「第1のタイプ」は同化志向の沖縄人，「第2のタイプ」は同化を否定し，差別撤廃（自分たち自身も外国人を差別しない）と掲げる沖縄人である。このような懸念は，沖縄人がコミュニティの中でも一枚岩になれないこと，すなわちコミュニティの結集軸を失い，外圧に対する抵抗力も弱めることを危険視するものにほかならない。

(3) 外的・環境的要因

① 推進要因
〈要因8　沖縄文化を受け入れる住民意識〉

区計画の策定過程（住民懇談会など）では，参加した住民から，沖縄の「人の多さ・よさ」「料理店」「沖縄文化を大切にしている（姿勢）」「沖縄音楽のやさしさ」に好意を感じるといった意見が見られた。もちろんこれらは，自治意識が相対的に高い区民層（計画への参画者）による発言であり，母集団としての区民全体の意識をどれだけいい当てることができるかという点で限界があるが，外集団の排外主義が影をひそめつつあることを示す好材料にはちがいないだろう。ただ，表だった差別そのものは解消しつつあるとしても，沖縄人の直面する問題を本質的に理解して主体的に交流しようという様子は，策定現場でも見られなかった。

〈要因9　合同事務局における対話・協調を求める姿勢〉

合同事務局（区役所・区社協）においては，筆者のコミットを経て，計画策定を契機に沖縄人コミュニティに対して「話だけは聞いてみたい」と考える職員が社協を中心に出はじめた。「沖縄人コミュニティのメンバーと対話をもち問題を知りたい」との発言が見られるようになったのであり，現に，そう考える社協幹部の働きかけで策定委員として招き入れられた人もいた（ただし，上で述べたように，実際に委員会の席上などで沖縄人の問題を表出するにはいたって

いない)。

　しかし,〈要因13〉に述べるように,これまで沖縄人への公的対応を実施していない行政が難色を示し,計画に具体的な記述を盛り込むなどの成果にはいたっていない。すなわち,援助サイドに対話や協調を求める声が出はじめたものの,まだそうしない動き,慎重を期す意見が趨勢ということを読み取れるのだが,長期的視点に立てば,対話を求める声それ自体は,状況の好転を生む芽として期待できるものであった。

② **阻害要因**
〈要因10　住民の無関心〉

　他方,コア集団にとって負の要因は重くのしかかる。まず,〈要因8〉の反面,マジョリティである住民全般には,沖縄人が抱える問題の本質について目を向けようとしない無関心さがある。住民懇談会などの場で問題が浮上しない原因としても,この「関心がない」,あるいは「問題を知らない」ことがあると考えられる。

　これについては2つの論点が想定されよう。1つは,野村が指摘する「権力的沈黙」,すなわち「知っているが,関心を向けない」である。前述したように,「"とげ"のある沖縄」には一切手をふれず,「見たい沖縄」だけを持ち上げようとする状況がそれである。沖縄県民(マイノリティ)対日本国民(マジョリティ)という構図は,B区においても正確な縮尺で再現されているのだ。

　もう1つは,問題自体の見えにくさゆえの無関心(無知といい換えられる面もある)であり,前者とは性質が異なっている。H氏,I氏をはじめ,この「見えにくさ」については,在日外国人などの場合と違って社会保障,参政権,被教育権など制度的なアクセシビリティにおいて不利益がないことだとして概ね見解が共有されている。

　たしかに,人権問題としても,在日外国人,女性,部落住民などは問題として表面化しやすく,施策の対象とされやすいが,沖縄人の場合はそうではなく,A市においても市の人権問題には含めていない。しかし施策化につながらない根拠には,問題が客観性を立証しがたい性質だからではなく,かつて県人会が大阪への同化路線を進めていた時代に,人権問題として自分たちがカテゴライズされることを拒んだという経緯がある。その結果,人権問題の研究書などで沖縄の問題が取り上げられるにもかかわらず,昨今の人権侵害に関する沖縄人

被害者からの相談を受ける公的な窓口はない。そのため，人権侵害に関わる相談はインフォーマルにE文庫に持ち込まれているのが実情である。施策化されていないことは，人権問題が存在しないこととイコールでは決してないのである。

このような無知に基づく無関心は，情報提供や啓発によって改善する余地を含んでいる。

〈要因11　住民による偏見〉

〈要因10〉と関連するのだが，住民全般による偏見・蔑視は，今日も完全に払拭されたわけではない。近年，事象化するものとしても以下のような事例が指摘される。

ア）就職差別　　沖縄人だからという理由で就職先を不採用になった青年がいる。その理由は親に伝えられ，本人は親から聞いた。

イ）「ここは沖縄の人が多いからイメージがよくない」　　沖縄人の介護ヘルパーが，利用者から「ここ（B区）は沖縄の人が多いから……（よくない，馬鹿にされる，イメージが損なわれるというニュアンス）」といわれた。利用者はヘルパーが沖縄出身だということを知らずにいったことである。

ウ）差別落書き　　近年まで，差別落書きは頻繁に見られた。「沖縄人死ね」と自宅の壁に書かれた人もいた。競艇場のトイレはとくに多かった。

エ）「沖縄人が4分の1も居ては困る」　　H氏たちがテレビの取材を受けたとき，「4分の1が沖縄人だ」といったところ，放送局に「そんなに居ては困る」というクレームがきた。

このように事象として顕在化するものは最悪の結果であって，問題の根源はさらに深いものであろう。起きたことへの対応がないこともちろん問題だが，むしろ住民の中にある差別・蔑視の構造自体の解消に向けた対策がとられていないことも大きな問題だといわざるをえない。

〈要因12　商店街内の無理解・偏見〉

沖縄人が経営する料理店（沖縄ソバ，ソーキソバの店や沖縄料理を出す居酒屋など），食材店，物産店などは，一般的な移民コミュニティと同様，B区の沖縄人コミュニティの典型的な構成要素の一つとして浸透している。

新旧ある沖縄の店はB区でもくまなく見ることができるが，最大の集住地域の商店街には，とりわけ数店舗が軒を連ねている。前章において，その商店

街でも「コリアタウン」(第3章)などに倣った沖縄タウン化構想が持ち上がった際,沖縄以外の商店主からの反対で立ち消えになった件を指摘した。2000年頃からの沖縄ブーム以後,テレビや雑誌などで沖縄の店が取り上げられる機会が増えるにしたがい,周囲の店主から嫉む言動が見られ,このような排除の原因となっている。

〈要因13　合同事務局による対応の不足〉

先述のとおり,B区では沖縄人を公的に位置づけてこなかった経過がある。計画策定に際してもその立場は変わることがなかった。

調査を通し,公的対応のなされない基本的な論拠として導かれたのは,生活保護や介護保険制度を利用する場合,当然のこととして沖縄姓であることなどによる対応の差はないというものであった。しかし繰り返し述べたように,この前提に論理的な不整合があることに,我々は注意しなければいけない。制度へのアクセシビリティに関しては,当の沖縄人でさえ不満を抱いていないのであり,不満の矛先はあくまで「47都道府県の一つだというなら,せめて同等に扱ってほしい(実態として同等の扱いを受けていない)」ということである。

沖縄文化への理解促進の取組みはもちろんとして,他にもたとえば基地政策への反対声明を関西から出すだけでも大きなインパクトがあるだろう。沖縄にゆかりの地域として不自然なアクションではないはずである(D会はこうしたことを発信しつづけている)。このような沖縄人の側の視点をもたない現状こそが,劣等視や「大人しくしていてくれるだろう」というスタンス,つまりポストコロニアリズムにおけるマジョリティの鈍さである。〈要因10・13〉にはこれらが凝縮されている。この見解に交わりが生まれないかぎり,〈要因11・12〉のような問題の事象化はいつまでも防ぐことができないままであろう。

3. 小　括

このような状況をふまえてなお,独立変数群としての多文化性という要素をふまえない地域福祉実践は,やはり欠陥含みであったといわざるをえない。この地域で今後の地域福祉を展望するとき,当事者の直面する問題に切り込む公的な対策(人権施策やボランティア振興策において蓄積のあるA市のマクロ・レベルにおける施策,あるいはB区における啓発や支援施策,社協などによる生活支援

第Ⅱ部 《事例編》A市B区における沖縄人コミュニティの形成と排除

図7-1 13要因間の関係イメージ

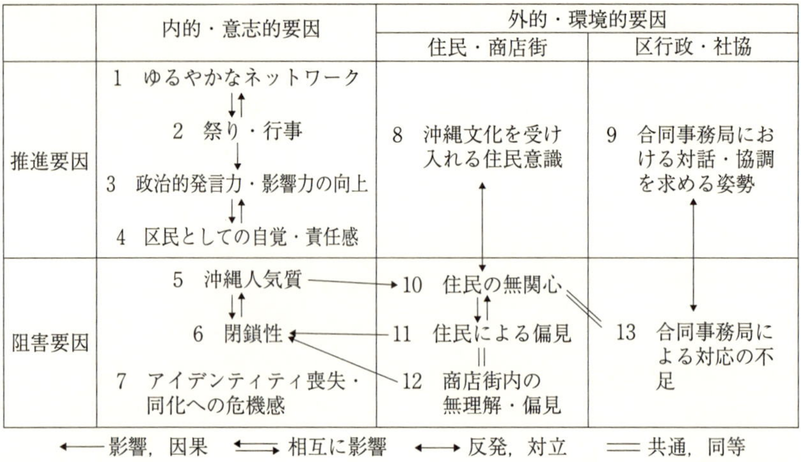

	内的・意志的要因	外的・環境的要因	
		住民・商店街	区行政・社協
推進要因	1 ゆるやかなネットワーク ↕ 2 祭り・行事 ↕ 3 政治的発言力・影響力の向上 ↕ 4 区民としての自覚・責任感	8 沖縄文化を受け入れる住民意識	9 合同事務局における対話・協調を求める姿勢
阻害要因	5 沖縄人気質 ↕ 6 閉鎖性 7 アイデンティティ喪失・同化への危機感	10 住民の無関心 11 住民による偏見 12 商店街内の無理解・偏見	13 合同事務局による対応の不足

←── 影響，因果　⇔ 相互に影響　←→ 反発，対立　＝＝ 共通，同等

の事業など）が待たれることはもちろんであるが，それ以外にも第三者的立場にある主体，すなわちメゾ・レベルにおいて NPO など外部の実践主体に協力を求めることも有効だと思われる。外国人支援に対する，川崎区，生野区，鈴鹿市などの先進地域における条例や市民活動など公私にわたる幅広い取組み（第3章参照）に学ぶべき点は多いだろう。

さて，本研究はソーシャル・エクスクルージョンの中でもとりわけ社会的相互作用における関係性の隔絶に焦点を絞って，それを実証しようとするものであった。その視点から導出された13の要因間の関係は，図7-1のようにとらえることができる。その概要は，整理すると以下の3点である。

第1に，沖縄人コミュニティにおける連帯，そしてそれに基づく自負心がある。内的な推進要因においては，ゆるやかにつながり合うネットワーク（要因1）が，エイサー祭りや各種シンポジウムなどの諸行事（要因2）の母体となっている。また，後者は前者を強めるフィードバックの機能を有している。紐帯という不可視的なものおよびその実体化の間には，このように相互作用があり，循環を生んでいることが確認できる。

また，祭り（要因2）の長年におよぶ実績は，政治力（要因3）の根拠となり，同時に政治力が区民としての自覚や責任感（要因4）につながっている。そこからもたらされる矜持はまた，政治力や発言力（要因3）を高め，相乗効果を

もたらしている。

　第2に，コミュニティ形成を阻害する内因として，内向きの傾向およびアイデンティティの葛藤が重要であった。今日の沖縄人コミュニティを説明する上でも，沖縄人気質（要因5）は行動規範として非常に強いのであり，閉鎖性（要因6）と相互に密接に関係するものとしてとらえられている。いずれも，外部からの強いプレッシャーに対し，自分たちを守るために強められた集団心性であった。

　なお，もう一つの危機として，同一コミュニティ内にありながらもアイデンティティの矛盾を抱えていて，「沖縄人であること」のとらえ方に温度差が広がっているということがあった。外部者がこのコミュニティを支援しようとするなら，彼らを安易に一括りにせず，このような複雑な文脈をふまえて接しなければならない。

　第3には，外部との関係における推進，阻害要因が絡み合っていることがある。住民（商店街を含む）の意識や言動と，行政・社協という公的な領域におけるそれを見比べると，ともに肯定感情（要因8, 9），否定感情（要因10〜13）が混在していることがわかる。

　住民の無関心（要因10）を中立とせず，否定感情に位置づけなければならない理由については，すでに詳しく説明したとおり，この要因が偏見や差別的な事象（要因11, 12）の土台となっているからである。こうした住民の攻撃性は，時折沖縄人コミュニティに直接的に向けられ，その結果として彼らが壁，すなわち閉鎖性（要因6）を強めざるをえないのも事実である。

　公的主体においては，状況好転の可能性が見られるとはいえ，限定的であった。当事者から見て状況改善のための選択肢としては，①訴える手段や頻度をさらに拡大するか，②第三者的な支援者の介入を促すか，というものが考えられるだろう。地域福祉の援助側としてなすべき対応としては，それを後押しするための対応（終章に例示する）である。もしそこに注力しないのであれば，怠慢（権力的沈黙）という敗北に終わってしまうことになる。

◆ 注
1) 区の人口（8万人近く）は調査時点のものである。
2) 髙田（2003a）による生活問題の類型でいうと「共通問題」のことを指す。

3) 2012年，大阪と沖縄を結ぶストーリーのテレビドラマの舞台地となったことを契機として，文化や経済を盛り上げる企画が始められている。D会によるエイサー祭りもコミットしているため，対話と協調を生む機会としての期待はもてるが，前章において指摘したように，「見たい沖縄」と「"とげ"のある沖縄」が使い分けられるような本質的な問題が未解消のまま残されることが大いに懸念される。
4) D会，E文庫，ゆんたくについては前章を参照のこと。
5) エイサー祭り，区の変化については前章を参照のこと。
6) 共生概念においては同様の議論がなされている（松田 1995，高田 2003b）。

第8章

ローカル・ガバナンスと問題解決力の醸成
「琉球の自治」論をめぐって

　近年，沖縄の自治制確立をめざす議論が活発化している。一口にいえば，かつてのような施政権を取り戻し，自治あるいは独立，自立の方策を模索する運動なのであるが，そのねらいは，国家主導，基地依存の経済構造を脱し，道州制とも異なる形で「沖縄」の統治機構を確立しようというものである。これは単に沖縄県と日本国家の間，あるいは県と諸外国間の直接の「外交」レベルに限ったものではなく，身近な生活空間から自分たちの生き様を決定し，実行していこうという内発性に基づくものである。

　沖縄でこのような議論が沸き起こる背景には，①琉球王国として約450年間続いた独立制に基づく自信，②近年のアジア経済の興隆と，かつての王国の大交易時代を重ね合わせ，経済的自立を果たすことへの期待，③沖縄開発庁（現・内閣府沖縄振興局）による国家主導，全国画一的手法による振興開発政策の失敗の反省，④日本への従属度，補助金への依存度のさらなる上昇についての懸念，⑤在日米軍基地の約75％が押しつけられる負担の重さ（犯罪，事故，騒音のように基地に付随する被害の深刻さを含む），⑥近年の琉球文化の興隆による自文化への再確認（アイデンティティの強化）があるといわれる（松島2006d: 209-210）。

　これらは沖縄県についての議論であるが，B区のように遠方に離れた沖縄人コミュニティにとっても，自らのアイデンティティに関わる要因として，出身地の動向は受け止められている。また，琉球の自治の論議が長年培ってきた文化や生活様式の上に醸成されてきたのと同様に，B区の沖縄人が形成してきたコミュニティ組織や活動も，こうした今日の自治の議論と照合してみると，ロ

ーカル・ガバナンスとしての有用性を見出すことができる。前章での検討で，現時点では福祉実践としての好転が期待し難い状況であったことをふまえ，こうした当事者の動きをガバナンスの視点でとらえ，地域福祉課題を整理してみたい。

1. 「琉球の自治」論の背景：B区との関係において

(1) 経済的自立と「自分で決める」ということ

松島泰勝は，「琉球／琉球弧の自治」という表現で自治制確立を提起する。「沖縄」でなく「琉球／琉球弧」の語を用いるのは，「約450年間，独立国家であったという記憶」を喚起するからというのが理由である。また，「琉球，琉球弧とは奄美諸島，沖縄諸島，先島諸島（宮古・八重山諸島）という，東アジアと西太平洋との狭間に連なる島々を指している」と，地理的なカテゴリーをとらえなおそうとする意図が含められている（松島 2006d: 19）。

琉球（弧）の施政権が日本に委譲されたあと，奄美群島振興開発特別措置法（1954年公布），沖縄振興開発特別措置法（1971年公布，2002年失効）のような開発法に沿って中央主導の開発が進められてきた。しかしそれらは，「経済的な遅れや貧しさ」という烙印の押された沖縄を「是正」することが前提であって，そのため沖縄の本質や独自性を顧みることなく日本型経済発展を画一的に押しつける性質のもので，結果的には自然環境の破壊，高失業率，自殺者の多さなどの問題が浮上している。しかもそのような経済振興は，きわめて短期的な経済効果しかもたらさないばかりか，日本政府への依存度を強めてしまう。松島は「自分自身で物事を決めることのできる自治」こそが「本当の豊かさ」なのだと強調している。一世紀前，沖縄学の創始者であり，沖縄の社会主義運動における思想的基盤となった伊波普猷が，（沖縄は）「自分の運命を自分で決定することのできない境遇」にあると悲嘆したことを先に述べたが，松島のこの主張は，裏を返せば構造的な問題性が今日も変わっていないことを表している。

(2) 主体多元化によるローカル・ガバナンスの推進

松島によるローカル・ガバナンスの議論は，自立した経済構造と，それを選

び取る意志（政策）決定の仕組みを確立することに目的を置いている。その背景には，経済的にも政治的にも被抑圧状況に置かれつづけてきた沖縄の実情があるのはいうまでもない。ただし，地域福祉にとってのローカル・ガバナンスは，自治の高揚それ自体が目的というより，権限移譲によってもたらされるアウトカム，すなわち地域固有の問題状況が改善されることや住民・福祉当事者の生活の質の向上によって評価されるべきであろう。

地方分権や自治体内分権が近年進む中で，統治制度としてのローカル・ガバメントに対し，集権型行政システムから分権型行政システムへの転換を図るローカル・ガバナンスが強調されてきた。ただしガバメントとガバナンスは二者択一的なものではなく，あくまでガバメントの推進軸上で，企業やNPOなどの民間セクターの公共経営への参入を促しつつ，それらと行政機構による「コー・ガバナンス（共治・協治）」（山本啓編 2008: 4）を形成することが意味される。財政的に疲弊する行政機関単独による意思決定やローカル・サービスの限界をふまえ，多元的なネットワークよって克服を図るねらいがあるのであり，地方自治体レベルではNPM（New Public Management）の行政手法などに具体化している[1]。

とはいえ，ローカル・ガバナンスには，すべての構成員にとって全き民主主義，つまり政策決定に発言し影響を与える権利が与えられるのでなく，むしろより多数のアクターの参入を促しサービス委託を展開すると同時に，地方自治体がネットワークの中で弱体化し，「集権化された権威による配分」をかえって強化することの含意がある（Stoker 2006=2013: 101-109，山本隆 2009: 13）。したがって各アクターは，中央集権の再編に体よく加勢させられる可能性についても念頭に置く必要があるのであり，少なくとも無批判にこれを標榜すべきでない。

地域福祉推進のベクトルとして，第1章においてソーシャル・インクルージョンとともにローカル・ガバナンスを示したのであったが，「多元的な主体によるネットワーク」の必要性は，いずれのベクトルにおいても高まっている[2]。とりわけ，介護保険制度導入後の民間主体参入はめざましいものであり，公共経営への参加においても民間主体の占めるウェイトは大きくなっているが，それらの枠にとどまらず，広く制度枠組みを超えたニーズの充足においてこそ，多様な主体が参入する本来の意義があるといえる。フォーマル，インフォーマ

ルに跨るネットワークが幅広く，また活発であるかどうかが地域の福祉力の度合いを決めるといっても過言ではないからである。

　社会福祉における分権化は，国による地方交付税の削減に端を発し，各自治体で民営化による多元的供給体制の推進に力が入れられている。上の意味においては，財政危機に付随した窮余の一策としての権限移譲という消極的論議に拘泥するのではなく，自治体と民間のアクターで地域の福祉推進への責任を共有するという視点をもつことが肝要だといえる（永田 2011: 12-14）。

（3）地域福祉計画における当事者参加

　今日，NPO やボランティア団体がまちづくりに参画し，意思表示する機会は少なくない。その中でも当事者組織は，その状況の改善のため，地元のガバナンスに影響力のある位置を占めていることが重要である。具体的には，たとえば行政のさまざまな審議会や計画策定のような場で，職能団体などと対等な立場でテーブルに着くことなどは必要条件となる。

　一方，市町村合併や道州制の論議など，昨今の地方分権の動向を前にして，地域福祉の立場から懸念されることは，上記のローカル・ガバナンスへの批判にも見られたように，それらが実質的には「集権改革」に帰すことのリスクである。それを回避しながら，地域を単位にして，福祉当事者への配慮を欠かさずに自治を進めるには，丹念な多層構造によるガバナンスの仕組みが不可欠であろう。今日，地域福祉実践および研究において重層的な圏域設定の必要性が強調されているのも，ボトムアップのガバナンスを実体化する上で意思決定や実践の仕組みの多層化が要件となるからにほかならない。

　野口定久（2008: 15-17）は，そのボトムアップ的展開を，①国民国家（ナショナル・ミニマム，社会保障）と②市民社会（市場，準市場，NPO など）からなるマクロ領域，③地域コミュニティ（住民自治）によるメゾ領域，④家族によるミクロ領域，というフレームでとらえている。従来の①②④による資源供給の限界をふまえて，③の再生（地域コミュニティ再生）が必要だとする議論であり，地域における共同性の衰退，社会的排除・差別，社会的孤立・孤独，住民間の摩擦（コンフリクト）といった問題の解決が期待される。つまり，より小さな圏域や単位が権限をもち，多層型のガバナンス構造の中でボトムアップに力を発揮することは，ソーシャル・エクスクルージョンや孤独などの制度外

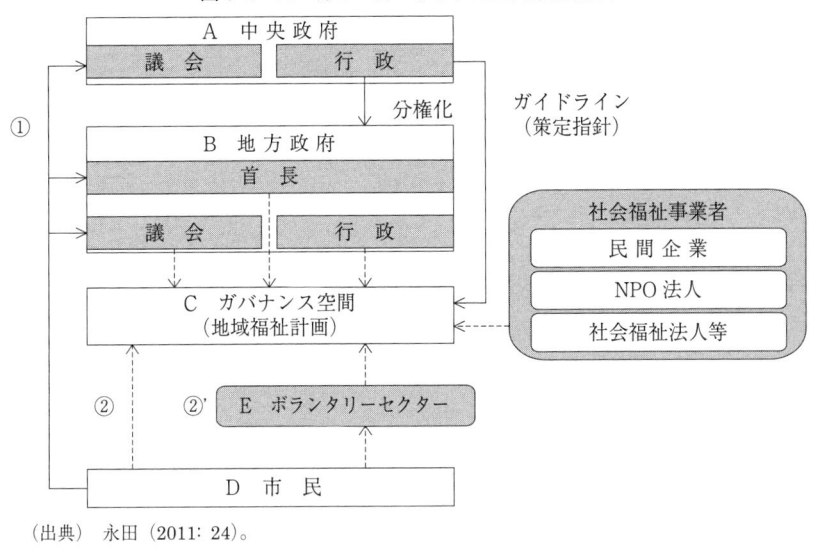

図8-1 ローカル・ガバナンスと地域福祉計画

```
┌─────────────────────────────┐
│      A  中 央 政 府           │
│   議 会    │   行 政          │
└─────────────────────────────┘
         │ 分権化    ガイドライン
         ↓          (策定指針)
┌─────────────────────────────┐
│      B  地 方 政 府           │
│        首  長                 │
│   議 会    │   行 政          │
└─────────────────────────────┘      ┌──────────────┐
         │                           │ 社会福祉事業者 │
         ↓                           │   民 間 企 業  │
┌─────────────────────┐  ←------     │   NPO 法 人   │
│   C ガバナンス空間    │              │ 社会福祉法人等 │
│    (地域福祉計画)      │              └──────────────┘
└─────────────────────┘
    ②'  ┌──────────────────┐
         │ E ボランタリーセクター │
         └──────────────────┘
②                 ↑
┌─────────────────────────────┐
│      D  市  民               │
└─────────────────────────────┘
```

(出典) 永田（2011: 24）。

の問題を埋もれさせず，解決に導く上で実効性をもつということである。

そして，地域福祉計画はそれを実現する役割と期待を背負って2000年に法制化されたといえる。武川正吾（2006: 7）によれば，地域福祉計画は，官と民の対等な協力関係によって福祉課題の解決をめざすものであり，①地域住民の参加によって策定されること，②住民の地域福祉活動と関係していること，の2点によってローカル・ガバナンスと不可分の機能を有している。

図8-1は，その構造を表したものである。分権化によって中央政府と地方政府の関係が変化するなか，地方政府の新たなパートナーとして，市民やボランタリーセクターとの距離は縮まってきている。代議制民主主義下において，市民が政策に意志表示するための手段は，これまでは選挙（①）が原則だったのだが，福祉当事者の場合はよほどの政治力を備えないかぎり，多数決原理の下で高いプライオリティを得がたい立場にあった。ところが地域福祉計画においては，策定委員会やワーキング・グループといった「ガバナンス空間」を通じて，市民が直接，もしくはボランタリーセクターを介して，施策に影響を与えることが構造上，可能になったのである（②・②'）。[5]

B区の事例では，同郷性に基づく自生的なネットワークが，時代の波を受けて統一性を失いつつある沖縄人たちを今でもつなぎ止め，諸困難に対して互助

的に対処しながら政治的な情報発信も行っている。それらの当事者組織や活動は行政制度によって規定されたものでないとはいえ，サブコミュニティとしての実態を1世紀にわたって堅持してきた実例であって，同区の地域特性としての，いわば「ゆるやかな地域内分権」として認識すべきであろう。

　同区の地域福祉計画については，この観点から，「自治の実験場」としての失敗であったことを先にも指摘した。図中の「市民」の4分の1を沖縄人が占める同区では，ボランタリーセクターとしての当事者組織が公的な位置づけを得ることが望ましい姿であったことが，ローカル・ガバナンスの枠組みからは結論づけられる。現実的な対応として，第3章で取り上げた生野区や鈴鹿市の地域福祉（活動）計画において見られた外国人参加による「部会」や「協議検討会」のような会議体を計画組織（ガバナンス空間）に設置する方法は必須であろう。また川崎市が条例で規定する「外国人市民代表者会議」のようなものを常設できれば，さらに望ましい。それらは議会に準ずる位置づけを得るものとなり，単にパターナリスティックな支援を喚起するのではなく，行政や「日本人」住民と対等な関係の議論を促すことが期待できるからである。

　同区の沖縄人が今日直面する社会的排除は，政治・経済・文化の各側面の中でもとりわけ文化（社会関係）に特質があることを，本書を通じて述べてきた。ガバナンスの向上による状況の好転をもたらすことを期待して検討してきたが，現状では，そのために具体的な権限移譲を沖縄人自身が直接要求しているわけではない。しかしながら，川崎市や大阪市生野区の事例で見たような外国人部会や外国人代表者会議と同様，公式の位置づけを得ることは，とりもなおさず，政治的な発言力を拡大することになる上，もし税源移譲が成し遂げられれば沖縄人の問題への対策費や（文化的）理解促進のための費用などの予算計上にもつながるだろう。その意味では，当事者組織を中心に据えたガバナンス向上は，政治・経済・文化の3側面における問題状況の改善と密接な関わりがあるといえる。

　では，ガバナンス推進の要素としてどのようなものに着目すべきか。自治制の議論が展開する沖縄県，そしてB区の実践について次節で確認していく。

2. 自治に向けた沖縄の取組み

(1) 地域を単位とする互助と政治的意思

　沖縄の地域内相互扶助である「ユイマール」は，所得格差（県民対全国）の拡大，若年層をはじめとする完全失業率の高さといった沖縄の経済状況にもかかわらず，「多くの誰でもがそれなりに食べ，生活できていけるコミュニティの特性」（若林 2009: 28）であるとされる。つまり共同社会の互助精神がもつ含み資産，ないしは底力と換言できるだろう。その象徴的なものに，「共同売店」（生活協同組合と同様のシステムで生活必需品を販売しており，支払いが難しい時にはツケが利く）[6]や「門中墓」（地域の共同墓地）などを挙げることができる。

　また，沖縄ならではの住民互助運動の最近の例として，「アメラジアン（AmerAsian）」への教育支援は特筆に値する。アメラジアンとは，アメリカン（American）とアジアン（Asian）の両親の間に生まれた子どもを意味し，大半が日本人の母親と軍属のアメリカ人の父親の間に生まれている。公立学校ではいじめ，教師の無理解，英語教育の未整備などの問題があり，フリー・スクールでは授業料の高額さや無認可ゆえの進学の不安というデメリットがあるほか，米軍基地内の学校でも軍属の子弟と認められない場合（母子世帯など）は授業料が高額になる。このような困難を背景に，「国際児をもつ母親の会」が結成され，アメラジアンの子どもに対する就学援助制度の創設を国・県に対して要請したほか，フリー・スクール設置の運動を展開している。こうして 1998 年に創設されたのが，「アメラジアン・スクール・イン・オキナワ」（AASO）である[7]。

　政治的な問題に関しては，基地移設への反対運動，米軍による住民への不祥事に対する抗議集会などは頻繁に報道されているが，名護市・辺野古地区への海上ヘリポート基地建設をめぐる 1997 年の住民による反対運動は典型的である。住民投票の実現に向けた署名活動や協議会が結成され（協議会は同年中に「海上ヘリ基地反対・平和と名護市政民主化を求める協議会」，いわゆる「反対協」に改組される），12 月に行われた住民投票では過半数の反対を獲得している。それ以後も県・市が基地受け入れを推進する中で，反対協からは国への陳情や座り込みなどの抗議行動のほか，市議を送り込むことによる対策が練られてい

る。

他方，基地反対運動の渦中にある地元で，小集落を単位とする住民運動が実益をもたらした例もある。過疎の進む伝統的な嘉陽集落（名護市東海岸久志地区）では，1997年12月，本土の企業による産廃処分施設が建設されそうになった際，住民投票によって否決し，食い止めることができたのがそれである。

(2)「琉球自治制」に向けたシナリオ

沖縄の自治制をめぐる昨今の議論は，そのような歴史性をふまえつつ，近年の政策との関連で進んでいる。本土復帰前から沖縄の自立・独立を訴えてきたという金城実（2003: 121-122）は，「日本と米軍に翻弄されてきた100年」であったとして，「自分たちのことは自分たちで決めようではないか」という発想に立っている。そして，「異文化だから，自立・独立だとするのは短絡的」だとして，「主権者としての沖縄人一人ひとりが，沖縄を豊かにするための考え方，施策をとるには，ひとつのまとまりある国を作ってきた沖縄こそ，独自の制度でやっていくことが一番だと思う」と記している。

上述したように，当該地域に住まう住民による自己決定こそが自治だと明確にとらえる点で金城のこの議論と共通の視点をもつ松島は，経済学的視点に立って日本への経済依存がもたらす弊害を指摘する。沖縄経済の二本柱のようにいわれる観光と基地経済であるが，前者の基盤となるリゾート開発（「癒しの島」の商品化）は本土資本によって食いつぶされるという構図であり，環境破壊が進んだあげく，沖縄の商品価値が下がれば本土の企業も顧客も離れていくことが自明である。また，地価高騰をもたらすため，地元の住民による住宅取得を困難にするばかりでなく，離農や漁業権の放棄などにもつながっている。後者について，基地依存（補助金依存）経済からの脱却が難しいとされる反面，県民総所得に占める基地関連収入の割合は5％台にとどまっており，（小規模といえないまでも）本土人が思うほど「基地がなければ食べていけない」ほどの依存度ではないといわれる。

観光，基地ともに中央主導で進められ，住民との協議が十分にされないまま実行されている点で共通するのであるが，松島は他にも以下の共通性があるという。第1に，目的達成までのスピードと効率性が要求されること（競争原理による合理性が住民にも求められる），第2に，「文明」によって「野蛮」を正す

という論理が強要され，しかも反論の余地のないこと，第3に，住民を他者依存的にし，他者による管理を容易にしていることである[11]。

これに対する自治制や自立・独立をめぐっては，「自治か，独立か」という議論がなされている。つまり，あくまで日本の枠組みの中で，一自治体として自治州や道州制を考えるべきか，それとも日本と分離して「独立」制を敷くべきかというものである。沖縄県知事や参議院議員を務めた大田昌秀は，将来的な沖縄のあり方として後者を推進する1人である[12]。

また，「自治」「独立」の議論とは別に，「自立」に関しては，県の経済的自立によって国への財政依存度を減らそうという概念としての用法が見られる。過去20年ほどの間，沖縄県の財政依存度や域内自給率は改善しておらず，物的生産力や完全失業率は悪化している[13]。これを是正し，沖縄の優位性（開発的なものづくりや文化の産業化など）を拡張して内発的で持続可能な経済発展をめざすとともに，那覇空港をハブ空港化してアジアの特別貿易圏を設定すること，世界各国の「ウチナーンチュ・ネットワーク」を活性化することなどの方途が模索されている[14]。

道州制の検討は，こうした沖縄の自治・独立・自立の論議に拍車をかけている。道州制によって「九州州」に統合されることへの危機感などから，市民有志によって「琉球自治州の会」が2005年に結成された。会の目的は，会則によれば「琉球弧文化圏の独自性を主張することにより，日本の文化の多様性を体現するとともに，琉球弧文化圏の政治的，経済的，社会的な自立をはかっていくこと」とされる。

道州制に沖縄が組み入れられた場合，集権的な市場システムに組み込まれ，経済依存や環境破壊がますます深刻になること，また権限移譲と抱き合わせで交付金，補助金が廃止されることなどが予測されることから，これを牽制しようというのがこのような自治論の背景にはある[15]。しかし会は，道州制の内容が見えないからこそ，「自らの将来を選び取る」チャンスだととらえる。シナリオとして，会による「琉球自治州の骨格」がまとめられているのであるが，「州民が『自らの運命を自ら決定し，責任を負う』ことを最大限保障することを州の自治の原則」とし，州議会，州政府を置いてNPO・NGOなどとも連携すること，そして州憲法裁判所を設置することなどが明文化されている[16]。会が主張するガバナンスは，決して権限の分与を受動的に要求する意味のもので

はない。

　さて，このことの政策的な根拠としての可能性をもつのが，県による「沖縄21世紀ビジョン基本計画（沖縄振興計画）」(2012〜2021年度)である。沖縄振興特別措置法の改正を機に，国が策定した「沖縄振興計画」(2002〜2011年度)を県が受け継ぐ計画であるが，新たに「沖縄振興交付金」が予算化されている。これはいわゆる「紐付き」の交付金ではなく，県にとって自由度の高いものとなっている。また，地域主権と道州制に関する課題として「国と地方の役割分担の見直し，沖縄単独州のあり方の検討」が示されている。自治・独立・自立に向けた新たな一里塚となるのではないか。

3. B区のコミュニティ組織・活動に見られるガバナンス

　翻って，B区の沖縄人コミュニティは，ローカル・ガバナンスの観点からどう評価されるべきであろうか。本書で設定した問題は，「現に受けている抑圧や負担（出身母体である沖縄県の負担も我が事として，そこに含まれるのであった）」，さらには「そのことへの周囲の〈日本人〉の無知や無関心」の2つであった。そのような他者からの理解や支援の得られない自らの問題に対処する内発的な力動や意思決定のシステムとして，B区のコミュニティ組織や活動はとらえられるべきであろう。

　ガバナンスの観点から見れば，B区の沖縄人たちがつくったD会やE文庫などは，サブコミュニティとして自らを組織化する分権システムとして機能している。つまり，同胞を孤立させず，不利益から守ろうとする互助機能を果たすと同時に，自治組織として自分たちの規範を設けている。またその延長線上で，出身地（沖縄県）で湧き上がる自治論には，自らも当事者として運動に関わっている。出身地と一心同体の関係は，ディアスポラとして宿命的なものといえる。

　これらの点からすれば，住民票の所在や居住実態のみを根拠にして，「沖縄人というよりA市民だ」と判断する援助側（行政や社協など）のとらえ方は浅慮といえ，〈日本人〉に固有の無神経さに通底するものである。なぜなら，もし本当に「A市民なのだから沖縄人として支援する必要はない」のだとすれば，当事者によるすべての運動は生まれえなかったはずだからである。この例のよ

うに，当事者の声を通す上では，このようなサブコミュニティが鍵を握っている。上で論じたとおり，今後どのように公的な位置づけを確保していくかが，行政や〈日本人〉に対して，また当事者の活動の姿勢としても問われるだろう。

4. 小　括

　B区におけるこのようなサブコミュニティは，ゆるやかな地域内分権として，固有の地域特性を特徴づける要因となっている。ここで社会福祉援助の方途を検討するとき，注意すべきは，そのサブコミュニティの構成員に対する支援をパターナリスティックなものとしないことである。なぜなら，第 2 章でも「どのような包摂であるか」が肝要だと確認したように，介入の結果が，「上からの包摂」という構図を固定化させたままになる恐れがあるからである。

　そのような援助でなく，当事者運動を孤立無援にしないこと，換言すれば当事者（組織）の自治機能，互助機能に着目してそれを側面支援することがこの事例においても，また同様の構造をもつ地域においても課題であろう。まして公的対応が当面見込めないB区においては，当事者のパワー（内発的な力）がサブコミュニティの自治を推進する事実上唯一の資源として機能しているのであり，ゆるやかな地域内分権が途絶えてしまえば，問題解決は不可能になってしまう。地域外（国内外）の理解者からの協力をも積極的に受け入れつつ，当事者の自治力向上を図る視点が重要であろう。

◆ 注
1) Rhodes（1997: 15），Leach and Percy-Smith（2001: 1），Goss（2001: 11），武川（2006: 12-13），川村（2007: 11）。
2) 図 1-2 を参照のこと。
3) 川村編（2007: 8），原田（2008: 5）。
4) 山本隆（2009: 27-31），永田（2011: 23-24）。
5) 永田（2011: 23-24）。
6) 若林（2009: 76）。
7) 同上書，107-108。
8) 同上書，124。
9) 同上書，156。
10) 大田ほか（2013: 128-130）。
11) 松島（2006d: 17, 94-98）。

12) 大田ほか（2013: 186-205）。同書において，大田に次いで県知事を務めた稲峯恵一は，沖縄のめざした「平和憲法下での復帰」への失望感も独立の動機となっていることを述べている。また大田は，日本政府の政治家や経済界首脳らが「成果を吸い上げる形で」沖縄の自治州や独立州を押しつける風潮があると警告する。
13) 宮里ほか編（2009: 58）。
14) 同上書，123-125，大田ほか（2013: 180-181）。
15) 松島（2006d: 17）。
16) 琉球自治州の会（2005: 9, 22-23, 147）。
17) 大田ほか（2013: 140-142）。

終　章

ディアスポラへの援助デザイン

1. B区における援助のシミュレーション

　本書では，ポストコロニアリズムを問題の中心に置いて，援助実践を意識して論究してきた。地域福祉論として重視した視点を改めて確認すると，①地域の問題，とりわけ当事者の立場から規定される問題に着目すること，②当事者のストレングスを探し，エンパワメントを図ること，③援助において地域特性を勘案すること，というものであった。①や②については，第 1 章でも議論したが，岡村重夫や高田眞治の地域福祉論，内発的発展論などに立脚している。

　本来，住民が問題に気づき，住民主体で解決する（援助主体はそれを後方支援する）ことが「地域福祉」としての本分といえる。これと対置される，いわゆる「地域の福祉」としては，行政をはじめとする援助機関が専門的対応をするものととらえられているので，これらの双方が車の両輪となって地域福祉を推進することが望ましいといえる。しかし本書で取り上げた B 区はそのような既存のシステムがうまく稼働しないようなタイプの地域であった。上記の③への考慮として，同区を含む A 市は，市レベルの地域福祉計画や地域福祉活動計画にも記されているように，人権意識の高揚や多様な民族的背景をもつ住民との共生が地域福祉課題として設定される地域であり，したがってその問題のウェイトも他地域より大きい。公的主体の認識フレームでは感知しえない福祉課題，住民一般が見ないフリをする福祉課題を抱えた地域は，ほかにも公害被害にあった地域，被差別部落など，いくつもあるはずである。その中でもディ

アスポラをめぐる問題を有する地域について研究するのが本書の目的であった。そのための分析概念として文化的排除，方法として問題分析型立論を提起した。

そのような本書の立場から見て，B区の事例を一つの反省とすると，そこからディアスポラを対象とする援助の多様な実践課題を導出することができる。つまり，B区の場合，援助サイドにおいては，〈アセスメント〉→〈計画化〉→〈援助実践〉→〈評価〉という一連のプロセスにおいて，沖縄人の抱える問題，あるいは解決資源としてのD会やE文庫などをフレーミングしえなかったという点で課題を残したといえよう。

第3章において，外国籍住民に対する社会福祉援助の事例として川崎区，生野区，鈴鹿市の実践を取り上げた。沖縄人が対象の場合，当然のことながら，援助者に在留資格や言語，医療，教育といった面での外国籍住民に対するようなサポートは必要とされないわけであるが，アイデンティティやエスニシティの承認，周囲との対等な関係形成の面で不利益があるなどの共通点を見出すことができる。3事例のアプローチにしたがってB区で同様に公的な援助を導入する可能性を考えれば，次のようなメニューが挙げられるだろう。

- 行政・社協などに相談窓口を設け，沖縄人の抱える問題を理解した援助者を配置する
- その問題や文化への歴史的な理解の普及，差別撤廃・啓発，国の政策への提言などのマクロ・プラクティスの実施
- D会やE沖縄文庫などの当事者組織の活動支援（情報提供，広報，活動場所・物品・資金の提供，啓発事業の委託，意見聴取など）
- 介護，保育，教育などの諸サービス提供において，沖縄文化を織り交ぜる
- 計画立案の際に特別部会のような参加の受け皿を設置する
- 市民会議など，政策への参加の受け皿を設置する
- 上記の条例化，事業化（予算化）など施策上での裏づけ

今一度，野口定久（2008）による，地域福祉の目標としてのソーシャル・インクルージョンとローカル・ガバナンスの議論（第1章）に立ち返ってみれば，B区の場合は援助デザインにおいて当事者の参加や意思決定がなされていなかったことが，改善への道を閉ざす要因の一つであった。ここでいう〈参加〉や〈決定〉は，実質的な影響力を伴うもののことを指しており，マジョリティとマイノリティの対等な関係があってはじめてそれが可能であることはいうまで

もない。事例でも計画・政策過程への参加は見られはじめたところであったが，この時点でいえば，決定力を伴わない参加にとどまるものであった。

このことを前提として，ディアスポラの抱える問題への援助をデザイン（アセスメント，計画化，介入，評価）する上での普遍的な枠組みとして，問題状況を構成する時間的な要素（歴史性）と，マジョリティや出身地との関係（相対性）について次にまとめておきたい。

2. ディアスポラへの認識フレーム

(1)「歴史性」への着目

ディアスポラが出身地を離れ，新天地で根を張ってきた歴史をソーシャル・エクスクルージョンとの関係でとらえなければならないことは，本書で繰り返し強調してきた。現在の状況がどのような文脈で形成されてきたかを時間軸によって理解することは，ディアスポラの文化の本質や問題の構造を知ることに等しい。さらには，将来像についても，その歴史と分断させてはならず，延長線上に展望することが重要である。

序章で取り上げたステファン・カースルズとマーク・ミラーによる移民の定着プロセスのモデルは，渡航当初から徐々にコミュニティが形成され，段階的にそれが変容することを示していた。それはつまり，時間の経過とともに当事者のニーズが変化していくということでもある。したがって，ディアスポラを受け入れるホスト社会に所属する援助者は，それぞれの時機に適した支援をすることが必要になる。表終-1のように一般化することができよう。

実際には，そうした典型的な変化に加え，経済情勢や政治の変動という外的要素によって，新たな雇用ニーズや生活ニーズが生まれる可能性もあり，対応が必要となるのである。たとえば，雇用に絞って考えると，不況によって非正規や孫請け会社の移民労働者が解雇される，入国要件が緩和されることで外国人労働者の流入が増加する，出身地の好景気によってUターンが増え，移住先からの大量撤退が起きる，などは過去にあったことであったし，これからも予測されるパターンだろう。

表終-1 ディアスポラの定着プロセス・モデルに対応する社会福祉援助

定着の段階	援助内容（メニュー）
1 一時的な労働移民／母国への帰国志向	就労支援（短期雇用中心），労働相談やメンタル・サポートなどの相談援助，各種公的手続きの支援，当事者組織化支援，出身地との関係維持（地元紙など情報の取り寄せ，地元自治体との情報共有など），ホスト社会（住民，仕事仲間など）との交流機会提供，差別撤廃・啓発運動，支援者募集・育成など
2 新環境での互助の必要性／社会的ネットワークへの発展	上記に以下のメニューを追加：就労支援（長期雇用中心），自治組織づくり，ホスト社会との関係づくり，支援団体の設立
3 家族呼び寄せ／長期定住／エスニック・コミュニティ（協会，店，飲食店，代理店，専門職）の出現	以下のメニューを追加：子育て・介護ニーズ，障害者のニーズなどへのサービス提供，出身地の祭りなどの行事開催，マスコミによるプロパガンダ
4 永住の段階（市民権の獲得または社会的な排除，社会経済的に周辺に追いやられる）	以下のメニューを追加：永住権取得・住民票異動などの支援，「住民」としての定着支援（摩擦解消），出身地に帰還する場合の支援，新たな周縁化の克服など

（出典）　Castles and Miller（1993＝1996: 26-27）をもとに作成。

(2)「相対性」への着目

　一般的なソーシャル・エクスクルージョンの議論では，政治・経済・社会の各側面へのアクセシビリティに制約を受けることが問題であった。ジェフリー・アレクサンダーの所説をそのサンプルとして図2-2（第2章）に表したのであったが，ディアスポラの場合，このような議論だと移住先であるホスト社会に限定した包摂論になってしまう。

　故郷から遠く離れて暮らす人にとって，センチメンタリズムや痛みの共有は自然なことであろう。世の中で活躍する故郷出身者には親近感を覚え，故郷の災害などの艱難辛苦には心を痛めたり，支援に立ち上がったりすることが，誰しもある。ディアスポラの特性としても，出身地（国）からの影響を常に受けるため，援助においてもその関係をふまえることが必要となる。具体的な影響因子には，政治（戦災，植民地支配，移民送出の斡旋，Uターン政策など），災害（自然災害，公害など），経済（景気変動，産業の活性・衰退など）といったものがあるだろう。このことを勘案すると，ディアスポラを援助対象としてソーシャ

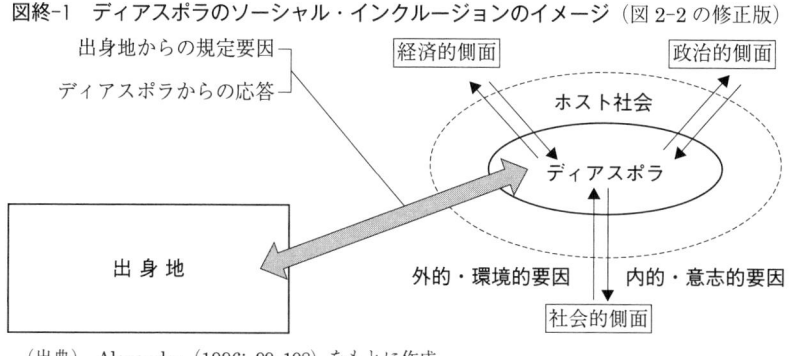

図終-1 ディアスポラのソーシャル・インクルージョンのイメージ（図2-2の修正版）

出身地からの規定要因
ディアスポラからの応答
経済的側面
政治的側面
ホスト社会
ディアスポラ
出身地
外的・環境的要因
内的・意志的要因
社会的側面

（出典） Alexander（1996: 99-108）をもとに作成。

ル・インクルージョンを企図するには，ディアスポラ（マイノリティまたはコア集団）とホスト社会（マジョリティまたは外集団）との関係性だけでなく，出身地との関係性もまた重要になる。マジョリティとの間では，関係の構築や修正（水平化）がめざされるのに対し，出身地とでは関係（パイプ）の維持（連絡が取りあえる，いつでも行き来できる，出身地の政治的・経済的・文化的な状況改善を享受できる，相互に負担をカバーしあえる）といったことが挙げられる。

アレクサンダーの論に基づく概念図（図2-2）にこのことを反映したものが，**図終-1** である。ディアスポラはホスト社会にあっても出身地からの規定要因（政治，経済，災害など）に大きく影響を受け，また反対に出身地に応答をするものと考えられる（同調する，連絡を取る，送金などの支援をする，Uターンするなど）[1]。

上のような歴史性と相対性の把握がそろってはじめて状況のアセスメントができ，実効性のある援助が導けよう。

3. インクルーシヴな地域へ

沖縄人コミュニティの中でスポークスマン的な役割を担う金城馨（2003: 8-10）の記述（第6章）を，最後にもう一度引用しておこう。

　　ヤマトンチュ（大和人＝日本人）というのは，「楽しみたい」とか「沖縄を知りたい」とかいう言葉をつかいながら，彼らの都合のいいものを要求

してくる。(中略) エイサーのまねごとをして，沖縄の文化に触れて楽しいという。「楽しいことはいいことだ」という論理があって，楽しいことから入りましょうと。それで終わってるんです。それは文化ではない。

　自分たちはもうイヤというほどエイサーの出演を依頼されるんです。「エイサーをきっかけにして沖縄を理解したい」と。だけどきっかけになってないんじゃないか。「自分たちはなにも知りません」と開き直りながら，「きっかけ」や「入り口」という言葉をつかうことによってその開き直りを正当化しているんです。(中略)「入り口」というのは言葉としては肯定論だから，こちらとしてはそう言われたら応えないといけない立場になるわけです。

　(前略) 距離感をもつということ。それなしに理解するというのはありえない。その距離感をもてないヤマトンチュは，自分たちがウチナンチュのなかに踏みこんできて，かき回して，グジャグジャにして帰る。それはマジョリティ (多数者) によるマイノリティ (少数者) に対する文化的侵略ですよ。マジョリティというのは数の多さ自体が暴力ですから，無意識のうちにそういうことをやるんです。

　祖先崇拝の霊祀であり，二世でさえ安易に入り込めないほどの「時間」が詰まったエイサーをファッションや娯楽として要求する沖縄ブーマーたちを通して見える〈日本と沖縄の関係〉を，金城は「文化的侵略」と称し，辟易する沖縄人の本音を代弁している。これは，筆者が調査中に何度も見聞きしたことでもある。本稿を通して検討してきた文化的排除とは，このように意識下・無意識下で相手の文化を踏みにじる性質をもつものである。相手の尊厳，プライドや拠りどころ (アイデンティティ) を見ようとする配慮はそこになく，対等な関係は成り立っていない。
　社会福祉の援助者・研究者は，多くが第三者として対象に関わることが前提である。当事者が自らそれらに携わることはよくあることであるが，その場合でも「私 (家族) のために」という動機に終始せず，客観性をもった振る舞いが要求される。したがって援助者・研究者が体制側，マジョリティ側に所属す

ることは，大方の場合，職務上の必然ではある。しかし援助者は，その専門性において当事者の立場に立たなければならず，インクルージョンの観点でいえば，体制につなぐ架橋的役割を果たす必要がある。マジョリティと同様，マイノリティも苦痛を感じることなく暮らせるよう，社会的な諸条件を向上させることこそ要請されるのであって，ましてや保守主義的政治の執行人（Rowe et al. 2003: 69-95, 第2章参照）に陥ってはならないのである。

　本書では，沖縄人というディアスポラの直面する文化的排除について分析してきた。マジョリティ側に属する筆者がこの問題を論究しようとするには，問題分析型の立論と調査が不可欠だとの仮説に基づいていたのであったが，その妥当性については一定程度確認できたものと思われる。もちろん，著者がマジョリティに属することの限界は大きく，筆者が入り込めない，あるいは入り込むべきでない領域は残るものの，「ソーシャル・エクスクルージョンの解題には，当事者自身の語り，当事者のもつフレームが中心でなければいけない」ということの確信は深めることができた。また，ここまでの議論は他のディアスポラへの応用についても想定したものであるが，実際どの程度それが可能であるかが検証できたわけではない。今後，援助を要するさまざまな状況に対して精査を重ねていく必要がある。

　日本の地域社会においても多文化化が一層進行する中で，「内なる多文化性」に関わる問題もまた，我々が向き合うべき生活課題であった。ニーズが細分化していく中で，社会福祉の政策・サービスとしてどう幅を広げ，それと同時に実効性や効率性を高めていけるだろうか。ここでの考察はわずかな視点しか与えるものではなく，不断の探究がさらに必要である。

◆ 注
1) 「同調」に関して沖縄本島とB区の沖縄人の間では，かつて「生活改善運動」のような同化教育が沖縄県からB区などの移民社会まで広がったことがあった（第4章）。近年でも，基地移設に関する運動，自治構想など，県内の動向は常に県外の沖縄人にとっても規範的である。

《資　　料》

調査・分析の方法

1. データ収集の方法

(1) 調査設計

現地での調査として2004年4月から2006年3月までのおよそ2年間，筆者はB区に通ってフィールドワークを行った（筆者は当時，市内の他区に居住していた）。インフォーマントは，二世の当事者組織であるD会メンバー（主に活動拠点であるE沖縄文庫を訪ねた），そして地域福祉の視点からマジョリティの関わりを知るためにB区福祉行政，B区社協である。

D会においては，当初，数度のヒアリングと参与観察的なコミットから始め，途中で会から「ボランティア」という位置づけが与えられた。ボランティアでは文庫において会の事務局の手伝いとして，文庫のホームページのコンテンツ作成や書籍の目録づくりなどに従事した。夕刻からはゆんたく（前述）が始まることが多かったので，それに同席させてもらうことも多かった。エイサー祭りの前は準備の仕事が増え，本番の運営にも従事した。こうすることにより，メンバーや家族たちの間で日常的に交わされる会話や行事において表現される言葉，活字資料などから，当事者たちの考えに深くふれることができた。ただ，外部者として超えられない壁があったのも事実である。[1]

区行政と区社協においては，本文の冒頭で述べたように，調査開始時にちょうど「B区地域福祉計画」の策定を控えていたことから，調査への協力を依頼した延長で筆者に「アドバイザー」としての契約がもちかけられ，参入が実現した。行政や社協のこの問題に対する考え方，さらには区の住民の意識に直接ふれることで実証的なデータを得ることが目的であった。

さらに，この2年間，適宜D会のメンバーへの面接調査に加え，会が主催する行事類（シンポジウム，映画上映会，コンサートなど）に参加した（区外でそれらが行われることもあった）。また，那覇市に移民研究者や郷土史研究家を訪ねたほか，琉球大学（移民研究センター，大学附属図書館）において文献・資料や情報を収集した。

(2) アクション・リサーチ

本研究では，現地における調査全般を指して広義のフィールドワークととらえているが，その中心的方法はアクション・リサーチである（加山 2005a: 20-21）。本研究は沖縄人コミュニティが長年向き合ってきた抑圧状況と，それに付随する生活問題を扱うものである。深い歴史にねざし，非常に繊細で，言語化が容易でないという性質

《資料》調査・分析の方法

であるため，当事者が日常的に構築する言説や行動などから文脈を読み取り，データを抽出する必要がある。このため，エスノグラフィックなアプローチを通じた，より深く連続的なコミットメントが，質問紙による調査や参与観察などに比して優位だと考えた。ブルース・ジャクソン（Jackson 1987）が示すように，一定期間を調査者がメンバーとともに過ごし，ラポールを築いた上で，互恵の関係を構築することにより本質的なデータへのアクセスが可能になるからである。とりわけ，沖縄人コミュニティの活動や区の計画策定に深く関与し，メンバーと協力して実践と研究を相補的に進めることで，他の方法では得られないデータを収集できるため，アクション・リサーチを軸にしてフィールドワークを進めてきた。

アクション・リサーチについては，アン・バーンズ（Burns 1999）をはじめとする多くの論者によって概念化と実践が取り組まれてきた。バーンズは複数の論者の間に見られる見解の共通性として，①文脈を見ること，小規模であること，特定の対象に焦点化すること，②評価し，反映し，実践を改善するものであること，③参加型で，同僚・実践者・調査者との協働作業であること，④実践の変化は，収集した情報・データに基づいていること，を挙げている。したがって，本研究でもこうした先行研究における定義にしたがいつつ，とりわけ構築主義的な理論フレームをもつことを意識した。インフォーマントにとっての平常の場面にコミットし，実践に関わってこそ，表現しにくい実態に迫ることができるのが，このメソッドの最大の特徴である。

なお，アクション・リサーチにおいては，実践者と研究者による共同実践と同時に共同研究が盛り込まれることが珍しくない。しかし本調査の場合，研究を一緒に進めていくには状況的制約が大きく，したがってマイノリティ，マジョリティ双方との共同実践を進めながら，望ましいと考えられる状況変化（ベターメント）を促すべく研究者としての筆者が介入し，分析結果をフィードバックすることに努めた。

もとよりアクション・リサーチの限界性については，佐野正之編（2000）が指摘するように，①実施可能性，②信頼性と妥当性，③従来の実践研究との差といったものがある。本研究においてもっとも疑義の払拭を要するのは，研究手続きの共同性よりむしろ②であろう。したがって，後述するようにトライアンギュレーションによってデータの精緻化を期すとともに，客観性や信頼性の確保は不可欠であった。

(3) フィールドへの参入と立場

質的調査においては，量的調査以上に調査者とインフォーマントの密接なコンタクトが要求されるため，フィールド参入の方法が非常に重視される。沖縄人コミュニティへは，「よそ者」である筆者を調査者として受け入れてもらうために，性急なアプ

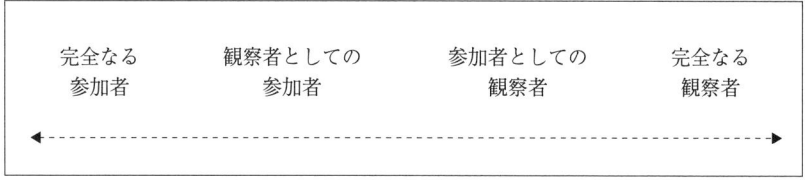

図資-1　参与観察者のタイプ

| 完全なる参加者 | 観察者としての参加者 | 参加者としての観察者 | 完全なる観察者 |

←--→

（出典）佐藤（2002: 69）。

ローチは控え，まずはコミュニティのリーダーに当たるH氏に数度面接の場を設けてもらい，研究への協力を依頼した。また彼らが開催する行事に何度か足を運ぶことで，伝統，文化やさまざまな心情に近づこうと努めた。研究を長期的に進める上で，H氏にゲートキーパー役[10]としてコミュニティ構成員への橋渡しを依頼し，ボランティアの役割を得るにいたった。

B区行政，区社協に対しては，まず区社協に研究への協力を要請した。区へは，区社協がゲートキーパーとなりアクセスできた。区と区社協が合同で事務局となるB区の地域福祉計画に取り掛かる時期と重なっていたこともあり，計画策定に筆者がオブザーバー的ポジション（その後，アドバイザー着任の要請を受け，契約を交わした）で関わるという形で継続的なフィールド参入が可能となった。

筆者の立ち位置は，佐藤郁哉（2002）の示す参与観察者のタイプにあてはめれば，「観察者としての参加者」や「参加者としての観察者」を基本的なスタンスとするものであった（図資-1）。状況によって4類型のいずれに合致することもあったが，この2つが主となったのはアクション・リサーチゆえである。

このように主体的に研究対象に影響を与えるメソッドが優位だと考えた理由には，現地でも耳にする「沖縄人気質」との関係もあった。この集団心性については調査中も再三語られてきたが，いわば著名な『ストリート・コーナー・ソサエティ』の著者ウィリアム・F.ホワイト[11]がそうであったように，「仲間的な位置の他人」として筆者が入り込むことができれば，そうした埋もれがちな本音に近づくことができるのではないか，またそこに入ってこそサブコミュニティ内外における関係形成の「推進（阻害）要因」を見出せるのではないか，と考えたのである。

このため，あまり具体的に要因についてのイメージや枠組みを仮説としてもたないよう努めた。つまり，枠組みを検証していく演繹的な手続きでなく，佐藤のいう「問いを見つけに」現地に赴く，帰納法的な進め方に執着した。

《資料》調査・分析の方法

図資-2　フィールドノーツ作成例（部分）

```
2005.8.21.Sun
E沖縄文庫ボランティア，Hさんとの対談

　1:30からエイサー祭りの打ち合わせがあるため，その少し前に，文庫に
到着。奥の部屋に低い長机二本を出して並べ，皆その周りを囲むようにし
て床に座る（ミーティングはいつもこのスタイルだ。ゆんたくになだれ込む
パターンも珍しくない）。打ち合わせの参加者は9人。うち，3人は知らな
い人だ（女性2人，男性1人）。
　2:20，○さんが到着。祭りのポスター作成を，横で手伝う。今年のポスター
の絵を描く人（沖縄の若い女性）のイマジネーションがなかなか固まらない
ようで，下書きというには完成度が高いが未完成のものを，告知用ポスター
にすることになった。先祖たちの霊のうえに，今日のエイサーがつながっ
ている様子を表現した絵だ。○さんは広告関係の仕事をしているため，手
馴れた様子で，毛筆で書かれた祭りのロゴを一字ずつスキャンし，PC上で
絵の上に貼りつけていく。
```

```
　"一つ"の女性も加わっている。彼女はあまり僕を受け入れようとしてく
れない。互いにそういう雰囲気を感じるのだろうか。僕もやはり苦手なタ
イプだ。みんなをまとめる彼女からすれば，よそ者で，ヤマトで，研究者
である僕はあまり受け付けにくいのかも知れない。「研究対象」になること
への抵抗は，多かれ少なかれどのメンバーも感じるのだろうが，「致し方な
し」と思っていたり，「ノー」と言えなかったりするのかな，と思っている。
```

（注）①上：2005年8月21日，下：同9月3日。②団体名，個人名を匿名化するために加工した。

2. 記録化と分析の方法

(1) フィールドノーツ

フィールドワークの調査日ごとに，フィールドノーツを作成し，ロー・データとした[12]。1日当たり2000～1万字程度で，ワープロ（A4サイズ，1600字）のものが2004年度は67枚，2005年度は88枚，合計155枚のテキスト・データになった（図資-2）。

人類学の領域では一般に，フィールドノーツにおいて風景，建造物，人物をはじめ

とする題材の描写をより率直かつ詳細に記述し，いわば「そこに行ったことのない読者を，どれだけ行った気持ちにさせるか」が重要視される。本研究でも，とりわけ調査初期においてはより探索的な目的が強いことから，初期のフィールドノーツでは限定的な仮説をもたず，現地で見聞きしたことや印象全般について広く書き留めるよう心掛けた。また，調査が進むにしたがい，リサーチ・クエスチョンも明確化することから，記述内容も絞られてくるのが一般的である。本研究では「エスニシティにおけるマイノリティ・グループをめぐるコミュニティ形成要因（推進・阻害要因）」，さらには「そのコミュニティ内部における形成要因，コミュニティ外部，つまりマジョリティとの接合面における形成要因」を明らかにすることに焦点化してきたため，調査地への訪問回数を重ねるごとに，そこを中心に記述したノーツへと変化していった。

(2) コーディング

2年の調査を終える際，フィールドノーツをもとにしてコーディングによる分析を行った。作業は一次コーディング（オープン・コーディング），二次コーディング（選択的コーディング）の2段階で進めた[13]。まずは**表資-1**のようにロー・データを要素に分解した後にカテゴリー生成し（一次コーディング），次に**表資-2**のようにコミュニティ形成要因に焦点を絞ったカテゴリーに分類した（二次コーディング）。

すなわち，一次コーディングでは，日ごとのフィールドノーツの中から重要度の高いと考えられる記述をマーキングして時系列に抜き出し，**表資-1**のエクセル表に入力した。活動日ごとにコードとして年月日を入力し，同じ日に複数のマークがある場合は，アルファベットを末尾に付した（例：040912a，040912b……）。

(3) トライアンギュレーション

トライアンギュレーションの必要性については前述したとおりである。ウヴェ・フリック（Flick, 1995=2002）は，一つの現象に対してさまざまなセッティングや理論的立場を組み合わせることがトライアンギュレーションだとし，「データのトライアンギュレーション」「調査者のトライアンギュレーション」「理論のトライアンギュレーション」「方法（方法内・方法間）のトライアンギュレーション」という選択肢を示す。これらを通して，個別的な方法による調査結果から多面的，包括的かつ妥当性の高い知見を導くことを可能にするのがそのねらいである[14]。

本調査でも，分析過程においてトライアンギュレーションを随時行った。フィールドノーツやコーディング作業において，記述内容に関するメンバー・チェック（インフォーマントによるデータおよびデータ解釈の妥当性の評価）[15]，他の研究者（社会福祉学，

《資料》調査・分析の方法

表資-1　一次コーディング例（部分）

オープン・コーディング（2004年度）

ノーツ	コード	ノーツの記述（抜粋）
040427	フィールドへの参入（E沖縄文庫）―慎重な関わりが必要	調査への協力は，概ね理解してもらうことができたようだ。状況に応じて当事者を紹介していただくようにお願いし，了承を得た／慎重に，長い時間をかけて関係形成をしていかないといけないことを実感した。
	宮城清市氏	（元）区議会議員の宮城清市氏
	地域福祉計画―1/4としての責任	B区地域福祉計画／「1/4の住民としての（地域福祉をつくっていく）責任はあると思う」
040511	フィールドへの参入（B区社協）―地域福祉計画への協力	研究の趣旨を説明し，調査への協力を依頼／区の地域福祉の状況や人口構成等／調査研究に概ね協力してもらえるよう取り付けることができ，また逆に地域福祉計画でこちらが可能な範囲で協力する
040516	同化への懸念・人類館事件	「ドーカしちゃったわたしたち？」／学術人類館事件
040818	市社協での資料収集	「モデル事業」（全社協の地区組織化活動推進地区指定＋市社協独自のモデル地区）／B区に関しては，両事業で1968年から1986年の間に6つのモデル事業が行われ，5つの問題に即した活動の推進と課題抽出が行われた

（注）団体名，個人名を匿名化するために加工した（出版物で紹介される宮城清市氏を除く）。

表資-2　二次コーディング例（部分）

焦点を絞ったコーディング（2004-2005年度）2次データ
(1) 内在・正要因

コード（※再コード化）	サブコード（※旧コード）	ノーツ
思いと力，アイデンティティ再認識・主張	エイサー祭り―沖縄の人の〈思い〉と〈力〉，アイデンティティの再認識	040912a
ゆんたく	車座のゆんたく	050731e
「シマー」と呼ばれる泡盛・島唄	「シマー」と呼ばれる泡盛	050731f
	「シマー」と呼ばれる泡盛・島唄	050811g
三線と唄	誰ともなくはじめる三線と唄	050731g
運動する力	かつての社会運動	050621f
骨太の共生感	Hさんの共生感	050621i
つながりが生まれる・世代間ギャップを埋める	Iさんの地域福祉計画に対する思い―つながりが生まれるように・沖縄人どうしの世代間ギャップを埋めたい	050222c
責任感	地域福祉計画―1/4としての責任	040427c
	外国人差別の加担者	050821d
策定委員会への参加	沖縄人コミュニティの策定委員会へのコミット	050116a*
	Iさんの初出席	050224a

（注）①＊：同じコードで2つのカテゴリーに属する。②団体名，個人名を匿名化するために加工した。

（文化人類学）によるチェックの場にデータを供し，内的・外的な妥当性の向上に努めた[16]。

(4) 分析の限界

外部者としての筆者，つまりD会のメンバーでなく，研究者であり，それ以上に「ヤマト」に属性をもつ者として超えることのできない，もしくは超えるべきでないハードルがあることは，研究前からわかっていたことである。したがってそのハードル，すなわち認識枠組みの一致を阻む障壁を低くし，データの内的妥当性を高めるため，調査期間中は可能なかぎりフィールドに通い，またトライアンギュレーションも意識した。

沖縄人コミュニティをめぐる問題性については，当事者のみが告発し，マジョリティがそれに一向に関心を払わないというのが基本的構図であった。社会福祉実践主体もマジョリティ側の体制下にあって，いわば「大きな論理」の中ではことさら対応すべき問題はないと考えてきた。対応実態がないことは，社会福祉（地域福祉）研究においてこのテーマが「さらに見過ごされる」ことに帰結する一因でもあったと考えられる。したがって，外部者の不利さはあるにせよ，「大きな論理」への対立軸を設定することは，社会福祉学のディシプリンとして不可避であった。

マジョリティ側に属する者が，マイノリティ側の心情や生活実態に（許される範囲内で）寄り添い，中に入らなければ見えないものが，外部者なりに見えるようになったという自負はある。その意味ではリサーチ・クエスチョンを一定程度は達成することができた。

またもう一つ，大きな限界に直面したのは，調査地において歴史のダイナミズムの中で暮らすインフォーマントたち（マイノリティ，マジョリティのいずれも）から見れば，「ある時期」を断片的に切り取った分析に過ぎないということである。インフォーマントを取り巻く状況が年々変化しているのは，調査結果が示すとおりであった。この限界性への対処としては，なるべく精緻に歴史資料にあたることで，可能なかぎり動態的・構造的に問題をとらえようとした。また，調査から刊行までに要した約10年の間に起きた変化も，最新の状況としてなるべく補足するようにした。

(5) 実践へのフィードバック

なお，上に挙げたカテゴリーの元となるデータの収集は，アクション・リサーチの根幹をなす「実践→データ収集→実践の改善」というプロセスの連続によって行っている。たとえば，第7章において〈要因4〉で沖縄人コミュニティ・メンバーが策定

委員に選ばれたことに言及しているが，その時は，調査者である筆者が D 会と事務局に参加を促したことが契機となった。区行政は当初認めない方針であったが，この時は区社協の対話派幹部の働きかけによって招き入れることになった。

また，〈要因 5〉および〈要因 6〉がいかにコミュニティへの規範として強い影響をもつかをメンバーから教えられた際，筆者は事務局にそれを考慮するよう申し入れている。〈要因 8〉や〈要因 10〉を受けて，沖縄人をめぐる問題についての基礎的な理解を促すために策定委員会で筆者が簡単なレクチャーを行ったこともある。今後継続的に検討できるよう，ワーキング・グループや学習会などを提案したが，〈要因 13〉の状況がある以上，実現するには壁が高いように思われる。

調査期間としては 2005 年度で一区切りを迎えた。しかし問題としての根深さを考えれば，今後も劇的な変化を望んだとしても現実的といえない。実践・研究が協働して地道な取組みを継続することが不可避である。

◆ 注

1) 佐藤（2002: 71）はこれをフィールドワークにおける調査者の「異人性」と呼び，むしろ第三者的視点が有用であることを論じている。
2) Jackson（1987: 103-104）．
3) Ibid., 68-72.
4) Burns（1999: 30）．
5) Flick（1995=2002: 395），Richards and Lockhart（1996），Wallace（1998），Burns（1999），佐野（2000），中谷（2001）。これらの議論をふまえ，本調査におけるアクション・リサーチは，調査の計画段階から調査対象と対等かつ互恵的な関係に基づく協働作業を通して，対象の問題解決や課題達成，エンパワメントをめざすこと（前提として受益者グループの開発的プロジェクトに調査者である筆者が直接関与すること）と定義することにする。
6) 矢守（2010: 1）．
7) 佐野編（2000: 49-53）．
8) Flick（1995=2002: 282-283）．
9) Ibid., 68-76.
10) 佐藤（2002: 36）．
11) 同書はエスノグラフィーの代表的著作として知られている。初版は 1943 年。Whyte（1993=2000）．
12) 佐藤（2002: 155-217），Emerson et al.（1995=1998），Flick（1995=2002: 279-280），佐野（2000）などを参照した。
13) Flick（1995=2002: 221-231），Emerson et al.（1995=1998: 302-303）．
14) Flick（1995=2002: 282-283）．
15) Ibid., 401.
16) Merriam（1998=2004: 290-310）．

おわりに

　本研究の舞台である，B区の沖縄人コミュニティとの出会いはきわめて個人的かつ偶然であった。大学卒業後，区内の民間企業に就職した筆者は，集住地区にほど近い独身寮に入った。休日に寮周辺を散策していると，シーサーや石敢當のある家々，沖縄そばの店，ゴーヤやサーターアンダギーなど沖縄の食材を扱う商店などが軒を連ねていることにすぐに気がついた。ほどなくして「E沖縄文庫」の存在を知り，訪ねてみた。

　沖縄へは学生時代に観光旅行で行ったことがあったが，文庫にギッシリと並ぶ本はどれも観光ガイドとはまるで違い，沖縄の人びとが対峙する不平等さや孤立感を訴えるものばかりであった。いかに自分の知っている沖縄像が，商業主義によって限局的に構築されたものかを知った。買った本を片手に，友人たちと沖縄の戦跡を歩き，絶句した。文庫が主催するB区内のツアー（フィールドワーク）にも参加し，語り部を通して苦難に満ちた歴史，そして現代に連なる屈辱感や生きづらさを知らされた。大学在学中にアジアの農村を訪ね，南北格差の構造を目の当たりにした記憶と重なり，沖縄の方々にとってはマジョリティである自分自身も「重石」として加担する一人なのだと知り，愕然とした。自分にできることは微小だが，本研究の動機には，筆者を含むマジョリティ側への自戒の念も込めている。

　社会福祉研究の道に入ってからも，B区の沖縄の方々のことが頭の片隅にあり，多文化共生が政策的に推進される日本にあって「内なる多文化性（多民族性）」の問題にはふれなくてよいのか，社会福祉は人びとの痛みや苦しみにあまねく向けられるべきではないのか，という問題意識は持ちつづけた。ソーシャル・エクスクルージョンという概念は，まさにそのような状況を「生活問題」として定義しなおすものであった。今後さらに，日本固有の諸課題に向き合いつづけることが，筆者を導いてくださった方々への恩返しになるのではと思っている。

　本書の元となる学位論文の執筆にあたり，指導してくださった関西学院大学の諸先生方をはじめ，研究を支えてくださった多くの関係先の方々に感謝申し上げたい。都合11年間もかけてしまったのは，私の力不足によるものである。

とはいえ，自由な校風の下で思いきって論を展開でき，また論文指導や中間発表のために時折訪れる西宮市上ケ原の美しいキャンパスでの時間は，私にとって非常に懐かしく，至上の楽しみでもあった。

D会やE文庫のメンバーを筆頭に，B区の調査地の諸氏には長くお世話になったことを深く感謝申し上げる。川崎区，生野区，鈴鹿市で協力してくださった方々には，研究に多大な示唆をいただいた。調査を通じ，「援助側より，当事者の語りから問題をフレーミングすること」の大切さ，アウトカムを重視する視点（「本当に支援の必要な人が，本当にエンパワメントされているか？」）を与えていただいた。「利用者主体」や「自己決定」は社会福祉の鉄則のはずだが，実際には実践や研究からフレームアウトしていた領域がいかに広いかをまざまざと見せられた。

関西学院大学の室田保夫教授には，ご専門の社会福祉思想史に関して門外漢の筆者を快く受け入れてくださり，いつも親身に助言していただいたことをお礼申し上げたい。沖縄人移民にとって20世紀初頭の渡航・定着の経過に問題のルーツを見出していた筆者にとっては，素人なりに歴史的な視点で分析に取り組むことができた。先生に師事できた幸運に感謝したい。

また，地域福祉研究の師と仰ぐ牧里毎治教授には，修士課程の頃から指導していただいている。今回の研究においても，私が論考に躓いていると，「自分の研究に信念をもて」と力づけてくださり，私のいわんとするところを概念レベルに引き上げて道筋を示してくださることが何度もあった。学部長や学会長などの役職で年中ご多忙な中でも論文指導の時間を見つけてくださった。心よりお礼を申し上げたい。

社会福祉政策論や福祉行財政をご専門とされる山本隆教授にも，諸概念の扱い方などで私の気づかないところを指導していただいた。とりわけ，本書の鍵を握るローカル・ガバナンスについて，ご専門の立場から示唆をいただくことで，補論として本書の第8章を加えることができた。ただ，私の力がおよばず十分に反映できず，歯痒いところである。

故・高田眞治先生への感謝も忘れたことがない。還暦を過ぎられたばかりの2006年に夭逝されたが，研究に対して実直そのものの先生のお姿は，私を含めすべての門下生にとって，いつまでも目標であり指針である。本研究の調査結果をまとめた論文が学会誌に掲載されたときには，病床からわざわざ「嬉し

くて一筆」とハガキをくださり，恐縮しつつも力をいただいた。

　さらに，質的調査と分析の段階では，北海道大学の小田博志准教授の研究室に何度もお邪魔し，アドバイスをいただいた。小田先生が中心となって翻訳されたウヴェ・フリックの『質的研究入門』（春秋社）などの著作がよく読まれている。エスノグラフィーの専門家からすれば本研究はいかにも稚拙であるが，質的調査の諸技法から構築主義的な研究の考え方についての大局的なお話まで伺え，非常に助けていただいた。

　その他，那覇や関西での聞き取りや資料収集に助力をいただいた郷土史研究家や移民研究者，実践家の諸氏からは，有力な情報を提供していただいた。この場を借りてお礼申し上げたい。

　最後に，個人的なことになるが，常に私を支えてくれた家族にも感謝したい。妻には，学位取得を錦の御旗にして，随分無理を聞いてもらった。小学生の2人の子どもたちは，「博論はあと何パーセント？」などと気にかけ，手紙を書いてよく応援してくれた。一度，「次の日曜日には，家でちょっとだけ遊んで」といわれたときは胸が痛んだ。「外に連れて行って」とせがまなかったのは，子どもなりの気遣いだったのだと思う。

　両親も，博士論文の進捗をいつも心配してくれていた。学位取得の決まる半年前に他界した父は，とくに完成を楽しみにしてくれていた。生前に間に合わせられなかったことが悔やんでも悔やみきれない。キリスト者であり，神学者であり，父親であったその姿はいつの時も私の歩みの前にあった。何につけても要領が悪く，時間のかかる愚息のままだが，その天国の父に，本書を捧げたい。

　　　2014年10月

　　　　　　　　　　　　　　　　　　　　　　　　　　　加山　弾

文　献

阿部彩（2002）「貧困から社会的排除へ──指標の開発と現状」国立社会保障・人口問題研究所編『海外社会保障研究』141号，67-80頁。

足立伸子編，吉田正紀・伊藤雅俊訳（2008）『ジャパニーズ・ディアスポラ──埋もれた過去　闘争の現在　不確かな未来』新泉社。

Advisory Council on Child Welfare (1971) *Fieldwork Training for Social Work*, Her Majesty's Stationery Office.

秋葉武（2005）「ソーシャル・インクルージョンとNPO」関西国際交流団体協議会『NPOジャーナル』Vol.8, 18-19頁。

秋元美世ほか編（2003）『現代社会福祉辞典』有斐閣。

Alexander, Jeffrey C., 鈴木健之編訳（1996）『ネオ機能主義と市民社会』恒星社厚生閣。

雨宮和子（2008）「四つの政府と新たな大地──ボリビアへの入植」足立伸子編，吉田正紀・伊藤雅俊訳『ジャパニーズ・ディアスポラ』新泉社，259-278頁。

新里金福・大城立裕，琉球新報社編（1972）『近代沖縄の歩み』太平出版社。

朝日新聞「放置される沖縄スラム」1968年7月15日。

朝日新聞「歴史超え　交わる文化」2005年12月24日。

朝日新聞「沖縄の基地負担軽減　関西でも支援活発」2006年5月13日。

朝日新聞「町民『戻らない』4割」2012年7月3日。

朝日新聞「カオスの深淵　入試に優先枠　平等って何？」2013年1月28日。

朝日新聞「移民受け入れ，人口維持」2014年2月25日。

朝日新聞「東北を『植民地』にするな」2014年3月11日。

粟沢尚志（2009）「グローバル化とソーシャルダンピング──経営戦略論的分析」下平好博・三重野卓編『講座・福祉社会12　グローバル化のなかの福祉社会』ミネルヴァ書房，25-49頁。

Baker, Wayne (2000) *Achieving Success Through Social Capital*, Jossey-Bass. (=2001, 中島豊訳『ソーシャル・キャピタル──人と組織の間にある「見えざる資産」を活用する』ダイヤモンド社)

Barnes, Matt (2005) *Social Exclusion in Great Britain: An Empirical Investigation and Comparison with EU*, Ashgate.

Bhalla, Ajit S. and Lapeyre, Frederic (2004) *Poverty and Exclusion in a Global World,* 2nd ed., Palgrave Macmillan. (=2005, 福原宏幸・中村健吾監訳『グローバル化と社会的排除──貧困と社会問題への新しいアプローチ』昭和堂)

Boonin, David (2011) *Should Race Matter?: Unusual Answers to the Usual Questions*, Cambridge University Press.

Burchardt, Tania, Grand, Julian Le and Piachaud, David (2002a) "Introduction," Hills, John, Grand, Julian Le and Piachaud, David eds., *Understanding Social Exclusion*, Oxford University Press, pp.1-12.

Burchardt, Tania, Grand, Julian Le and Piachaud, David (2002b) "Degrees of Exclusion: Developing a Dynamic, Multidimensional Measure," Hills, John, Grand, Julian Le and Piachaud, David eds., *Understanding Social Exclusion*, Oxford University Press, pp.30-43.

Burghardt, Steve (2011) *Macro Practice in Social Work for the 21st Century*, Sage Publications, Inc.

Burns, Anne (1999) *Collaborative Action Research for English Language Teachers*, Cambridge University Press.

Caliendo, Stephen M. and McIlwain, Charlton D. eds. (2011) *The Routledge Companion to Race and Ethnicity*, Routledge.

Castles, Stephan and Miller, Mark J. (1993) *The Age of Migration*, The MacMillan Press. (=1996, 関根政美・関根薫訳『国際移民の時代』名古屋大学出版会)

Centeno, Miguel Angel (2010) Discrimination in an Unequal World, Centeno, Miguel Angel and Newman, Katherine S. eds., *Discrimination in an Unequal World*, Oxford University Press, pp.3-22.

北谷町史編集委員会編（2006）『北谷町史 附巻 移民・出稼ぎ編』北谷町教育委員会。

綱・美ら・エイサー祭り実行委員会（2004）『綱・美ら・エイサー祭り ニュース』2号。

知念ウシ（2005）「『琉装』さーに東京歩っちゅん」演劇「人類館」上演を実現させたい会編『人類館——封印された扉』アットワークス，353-360頁。

グレン・ドローヴァー（2003）「グローバル時代における社会的市民権の再定義」カナダソーシャルワーカー協会編，仲村優一監訳，日本ソーシャルワーカー協会国際委員会訳『ソーシャルワークとグローバリゼーション』相川書房，21-46頁。

Elliott, Anthony ed. (2010) *The Routledge Companion to Social Theory*, Routledge.

Emerson, Robert M., Fretz, Rachel I. and Shaw, Linda L. (1995) *Writing Ethnographic Fieldnotes*, University of Chicago Press. (=1998, 佐藤郁哉・好井裕明・山田富秋訳『方法としてのフィールドノート——現地取材から物語作成まで』新曜社)

演劇「人類館」上演を実現させたい会編(2005)『人類館——封印された扉』アットワークス。

Flick, Uwe(1995) *Qualitative Forschung*, Reinbek.(=2002, 小田博志ほか訳『質的研究入門——〈人間の科学〉のための方法論』春秋社)

Fraser, Nancy and Honneth, Axel(2003) *Umverteilung Oder Anerkennung?*, Suhrkamp Verlag.(=2012, 加藤泰史監訳, 高畑祐人ほか訳『再配分か承認か? 政治・哲学論争』法政大学出版局)

福原宏幸編(2007)『社会的排除／包摂と社会政策』法律文化社。

古川孝順(2005)『社会福祉原論(第2版)』誠信書房。

古川孝順(2007)「生活支援の社会福祉学」古川孝順編『生活支援の社会福祉学』有斐閣, 1-16頁。

古川孝順(2012)『社会福祉の新たな展望——現代社会と福祉』ドメス出版。

Giddens, Anthony(1998) *The Third Way*, Polity Press.(=1999, 佐和隆光訳『第三の道——効率と公正の新たな同盟』日本経済新聞社)

Goss, Sue(2001) *Making Local Governance Work: Networks, Relationships and the Management of Change*, Palgrave Macmillan.

後藤玲子(2009)「アメリカン・リベラリズム——福祉的自由への権利の不在」下平好博・三重野卓編『講座・福祉社会12 グローバル化のなかの福祉社会』ミネルヴァ書房, 157-176頁。

具志堅興貞・照井裕編(1998)『沖縄移住地——ボリビアの大地とともに』沖縄タイムス社。

萩原康生(2005)「ソーシャル・インクルージョンの意義と課題」ソーシャルワーク研究所編『ソーシャルワーク研究』Vol.30 No.4, 相川書房, 224-228頁。

原田正樹(2008)「地域福祉実践を想像する伊賀市社協」原田正樹監修, 伊賀市社会福祉協議会編『社協の底力——地域福祉実践を拓く社協の挑戦』中央法規出版, 1-9頁。

原尻英樹(2003)『日本のなかの世界——つくられるイメージと対話する個性』新幹社。

Healy, Geraldine and Oikelome, Franklin(2011) *Diversity, Ethnicity, Migration and Work: International Perspectives*, Palgrave Macmillan.

比嘉春潮・霜多正次・新里恵二(1963)『沖縄』岩波書店。

比嘉太郎編(1974)『移民は生きる』日米時報社。

平野隆之(2008)『地域福祉推進の理論と方法』有斐閣。

広井良典(2009)『コミュニティを問いなおす——つながり・都市・日本社会の未来』筑摩書房。

法務省入国管理局編(2011)『平成23年版出入国管理』。

星野修美（2005）『自治体の変革と在日コリアン――共生の施策づくりとその苦悩』明石書店。

ジム・アイフ（2003）「地方化したニーズとグローバル化した経済――ソーシャルワーク実践とのギャップを埋める」カナダソーシャルワーカー協会編，仲村優一監訳，日本ソーシャルワーカー協会国際委員会訳『ソーシャルワークとグローバリゼーション』相川書房，47-67頁。

石河久美子（2003）『異文化間ソーシャルワーク――多文化共生社会をめざす新しい社会福祉実践』川島書店。

石河久美子（2012）『多文化ソーシャルワークの理論と実践――外国人支援者に求められるスキルと役割』明石書店。

石川友紀（1994）「個別研究　広島・山口・沖縄県」移民研究会編『日本の移民研究――動向と目録』日外アソシエーツ，22-25頁。

石川友紀（1997）『日本移民の地理学的研究――沖縄・広島・山口』榕樹書林。

岩村登志夫（1972）『在日朝鮮人と日本労働者階級』校倉書房。

岩崎信彦ほか編（1989）『町内会の研究』御茶の水書房。

岩田正美（2008）『社会的排除――参加の欠如・不確かな帰属』有斐閣。

Jackson, Bruce（1987）*Fieldwork*, University of Illinois Press.

鄭暎惠（1996）「アイデンティティを超えて」井上俊ほか編『岩波講座現代社会学 15　差別と共生の社会学』岩波書店，1-33頁。

梶田孝道（1994）『外国人労働者と日本』日本放送出版協会。

姜尚中編（2001）『ポストコロニアリズム』作品社。

カナダソーシャルワーカー協会編，仲村優一監訳・日本ソーシャルワーカー協会国際委員会訳（2003）『ソーシャルワークとグローバリゼーション』相川書房。

嘉納辰彦（2010）『嘉納辰彦写真集　もうひとつのウチナー――海を渡った島人たち』ボーダーインク。

川村匡由編（2007）『市町村合併と地域福祉――「平成の大合併」全国実態調査からみた課題』ミネルヴァ書房。

川村匡由（2007）『地域福祉とソーシャルガバナンス――新しい地域福祉計画論』中央法規出版。

川崎市（2005）『川崎市の産業 2005』。

川崎市（2012）『平成 23 年版川崎市統計書』。

川崎市教育委員会（1998）『川崎市外国人教育基本方針――多文化共生の社会をめざして』。

川島ゆり子（2011）『地域を基盤としたソーシャルワークの展開――コミュニティケアネットワーク構築の実践』ミネルヴァ書房。

加山弾（2005a）「都市部における移住者集住地区を中心とする地域福祉の課

題——A市B区における沖縄出身者のソーシャル・インクルージョンをめぐって」日本地域福祉学会『日本の地域福祉』第18巻, 15-24頁.
加山弾 (2005b)「都市共生社会の探究——マイノリティをめぐる地域福祉の思想・理念に関する考察」『関西学院大学社会学部紀要』99号, 257-264頁.
加山弾 (2006)「地域福祉計画へのマイノリティ参加とコミュニティ形成——沖縄人コミュニティをめぐるアクション・リサーチを通じて」日本地域福祉学会『日本の地域福祉』第19巻, 16-25頁.
加山弾 (2007)「都市の在日外国人コミュニティをめぐる地域福祉課題についての考察 (Ⅰ)——川崎市における事例をもとに」『東洋大学社会学部紀要』第45-1号, 109-122頁.
加山弾 (2008)「都市の在日外国人コミュニティをめぐる地域福祉課題についての考察 (Ⅱ)——福祉現場におけるソーシャル・インクルージョン」『東洋大学社会学部紀要』第45-2号, 17-27頁.
加山弾 (2009)「沖縄からの移住者コミュニティへの支援——ポストコロニアリズムへの照射とソーシャルワークの課題」ソーシャルワーク研究所編『ソーシャルワーク研究』Vol.35 No.3, 222-228頁.
加山弾 (2011a)「自治会・町内会とNPO——福祉NPOの創出・連携の事例をもとに」東洋大学福祉社会開発研究センター編『地域におけるつながり・見守りのかたち——福祉社会の形成に向けて』中央法規出版, 112-128頁.
加山弾 (2011b)「市町村合併後の社会福祉協議会のローカル・ガバナンス推進に関する研究——日光市社会福祉協議会職員に対する調査をもとに」日本社会福祉学会『社会福祉学』Vol.52-3, 3-14頁.
加山弾 (2012)「東日本大震災の県外避難者に対する福祉的支援——東京都における避難者支援事業に関する考察」『東洋大学大学院紀要』第49集, 241-262頁.
金城馨 (2003)「インタビュー 文化を理解するとはどういうことか」『まねき猫通信』第9号, 障がい者がみんなと共に生き働く場・ぷくぷくの会, 8-10頁.
金城馨 (2010)「沖縄は沖縄としてあり続けます」『月刊むすぶ』(No.477) ロシナンテ社, 16-22頁.
金城正樹 (2001)「『恥さらし』の名付けと名乗り——金城馨さんとの対話より文化を考える」『けーし風』第30号, 新沖縄フォーラム刊行会議, 50-51頁.
金城正樹 (2007)「同定と離脱——清田政信の叙述を中心にして」野村浩也編『植民者へ——ポストコロニアリズムという挑発』松籟社, 381-433頁.
金城実 (2003)『知っていますか?——沖縄一問一答 (第2版)』解放出版社.
金城達己ほか編 (1980)『ボリビア・コロニア沖縄入植25年誌』ボリビア・

コロニア沖縄入植25周年祭典委員会.
Kivisto, Peter and Croll, Paul R. (2012) *Race and Ethnicity: The Basics*, Routledge.
小林良彰・中谷美穂・金宗郁 (2008)『地方分権時代の市民社会』慶應義塾大学出版会.
国連人口部「補充移民 (*Replacement Migration: Is It a Solution to Declining and Ageing Population?*)」http: //www. un. org/esa/population/publications/migration/migration.htm, 2013.1.1
今野敏彦 (2002)「マイノリティ」上田正昭編『ハンドブック 国際化のなかの人権問題 (第3版)』明石書店, 56-78頁.
厚生労働省 (2008)『「これからの地域福祉のあり方に関する研究会」報告書』.
厚生省社会・援護局 (2000)『「社会的な援護を要する人々に対する社会福祉のあり方に関する検討会」報告書』.
熊田博喜 (2008)「ソーシャル・インクルージョンと地域社会」園田恭一・西村昌記編『ソーシャル・インクルージョンの社会福祉――新しい〈つながり〉を求めて』ミネルヴァ書房, 23-52頁.
郷土の偉人研究会 (2011)『偉人録――郷土の偉人を学ぶ』.
http://blog.livedoor.jp/ijinroku/archives/51782569.html, 2012.8.17
京都新聞「二つの沖縄 関心に落差 基地 観光」2006年5月14日.
Leach, Robert and Percy-Smith, Janie (2001) *Local Governance in Britain* (*Contemporary Political Studies*), Palgrave Macmillan.
Lin, Nan (2001) *Social Capital: A Theory of Social Structure and Action*, Cambridge University Press. (=2008, 筒井淳也ほか訳『ソーシャル・キャピタル――社会構造と行為の理論』ミネルヴァ書房)
Local Government Association (2007) *Estimating the Scale and Impacts of Migration at the Local Level*, Local Government Association.
Loomba, Ania (2005) *Colonialism/Postcolonialism,* 2nd ed., Routledge.
毎日新聞「『捨て石』苦難今も」2005年6月22日.
牧里毎治 (1983)「研究の課題と展望――地域福祉研究を中心に」三浦文夫・忍博次編『講座社会福祉第8巻 高齢化社会と社会福祉』有斐閣, 355-367頁.
牧里毎治 (1984a)「地域福祉の概念(1)――構造的概念」阿部志郎・右田紀久惠・永田幹夫・三浦文夫編『地域福祉教室――その理論・実践・運営を考える』有斐閣, 60-63頁.
牧里毎治 (1984b)「地域福祉の概念(2)――機能的概念」阿部志郎・右田紀久惠・永田幹夫・三浦文夫編『地域福祉教室――その理論・実践・運営を考える』有斐閣, 64-68頁.

Marron, Donncha, Buckley, Robert and Leece, Joan (2011) "Social Inequality and Social Class," Yuill, Chris and Gibson, Alastair eds., *Sociology for Social Work: An Intoroduction,* Sage, pp.26-44.

松田裕之（1995）『「共生」とは何か——搾取と競争をこえた生物どうしの第三の関係』現代書館。

松本康（1999）「都市社会の構造変容——都市社会－空間構造と社会的ネットワーク」奥田道大編『講座社会学4 都市』東京大学出版会，105-158頁。

松村直道（1997）「町内会・自治会」日本地域福祉学会編『地域福祉事典』中央法規出版，124-125頁。

松島泰勝（2006a）「戦場になる危険高く」沖縄タイムス『「海兵隊移転」を考える——グアム・沖縄の自治をめぐって（上）』2006年5月31日。

松島泰勝（2006b）「地元の意向拒む政府」沖縄タイムス『海兵隊移転を考える——グアム・沖縄の自治をめぐって（中）』2006年6月1日。

松島泰勝（2006c）「沖縄を真の自治の島に」沖縄タイムス『海兵隊移転を考える——グアム・沖縄の自治をめぐって（下）』2006年6月2日。

松島泰勝（2006d）『琉球の「自治」』藤原書店。

Memmi, Albert (1994), *Le Racisme*, Editions Gallimard. (=1996, 菊地昌実・白井成雄訳『人種差別』法政大学出版局)

Merriam, Sharan B. (1998), *Qualitative Research and Case Study Applications in Education,* John Wiley & Sons, Inc.. (=2004, 堀薫夫・久保真人・成島美弥訳『質的調査入門——教育における調査法とケース・スタディ』ミネルヴァ書房)

宮城栄昌（1968）『沖縄の歴史』日本放送出版協会。

宮里政玄・新崎盛暉・我部政明編（2009）『沖縄「自立」への道を求めて——基地・経済・自治の視点から』高文研。

水島治郎（2012）『反転する福祉国家——オランダモデルの光と影』岩波書店。

森口豁（1987）『沖縄 こころの軌跡 1958-1987』マルジュ社。

村上美香（1999）「大正沖縄漂流史」『水街 パンフレット』維新派。

室田保夫編（2006）『人物でよむ近代日本社会福祉のあゆみ』ミネルヴァ書房。

マーフィー重松，スティーヴン（1994）「マルチエスニック人と日本社会」横田雅弘・堀江学編『現代のエスプリ322 異文化接触と日本人』至文堂，177-185頁。

永田祐（2011）『ローカル・ガバナンスと参加——イギリスにおける市民主体の地域再生』中央法規出版。

名護市史編さん委員会編（2008）『出稼ぎと移民Ⅲ』名護市役所。

中本博皓（2009）「人口減少社会と移民（外国人労働者）受け入れ」川村千鶴子・近藤敦・中本博皓編『移民政策へのアプローチ——ライフサイクルと多

文化共生』明石書店，28-39頁．
仲村昇（1997）「浪速っ子とサンシン」『けーし風』第16号，新沖縄フォーラム刊行会議，10頁．
中西正司・上野千鶴子（2003）『当事者主権』岩波書店．
中谷文美（2001）「〈文化〉？〈女〉？——民族誌をめぐる本質主義と構築主義」上野千鶴子編『構築主義とは何か』勁草書房，109-137頁．
中山盛茂編（1969）『琉球史辞典』琉球文教図書．
Netting, F. Ellen, Kettner, Peter M. and McMurtry, Steven L.（1998）*Social Work Macro Practice*, 2nd ed., Longman.
日本民芸協会編（1972）『柳宗悦選集 5 沖縄の人文』春秋社．
日本ソーシャルインクルージョン推進会議編（2007）『ソーシャル・インクルージョン——格差社会の処方箋』中央法規出版．
日本社会福祉士会編（2012）『滞日外国人支援の実践事例から学ぶ 多文化ソーシャルワーク』中央法規出版．
新原道信（2003）「ヘテロトピアの沖縄」西成彦・原毅彦編『複数の沖縄——ディアスポラから希望へ』人文書院，408-430頁．
「21世紀日本の構想」懇談会報告書（2000）『日本のフロンティアは日本の中にある——自立と協治で築く新世紀』．
二階堂裕子（2007）『民族関係と地域福祉の都市社会学』世界思想社．
西成彦・原毅彦編（2003）『複数の沖縄——ディアスポラから希望へ』人文書院．
新田重清・座安政侑・山中久司（1994）『やさしくまとめた沖縄の歴史』沖縄文化社．
野口道彦・柏木宏編（2003）『共生社会の創造とNPO』明石書店．
野口定久（2008）『地域福祉論——政策・実践・技術の体系』ミネルヴァ書房．
野村浩也（2005a）『無意識の植民地主義——日本人の米軍基地と沖縄人』御茶の水書房．
野村浩也（2005b）「人類館事件と同化への誘惑」演劇「人類館」上演を実現させたい会編『人類館——封印された扉』アットワークス，23-26頁．
野村浩也編（2007）『植民者へ——ポストコロニアリズムという挑発』松籟社．
小田博志（2010）『エスノグラフィー入門——〈現場〉を質的研究する』春秋社．
OECD編，高木郁朗監訳，麻生裕子訳（2006）『図表でみる世界の社会問題 OECD社会政策指標——貧困・不平等・社会的排除の国際比較』明石書店．
OECD（2010）*International Migration Outlook*（*SOPEMI 2010*）．
OECD（2011）*International Migration Outlook*（*SOPEMI 2011*）．
小熊英二（1995）『単一民族神話の起源——〈日本人〉の自画像の系譜』新曜

社。
岡村重夫（1974）『地域福祉論』光生館。
岡村重夫（1983）『社会福祉原論』全国社会福祉協議会。
沖縄県平和祈念資料館編（2007）『沖縄の戦争遺跡——戦世（イクサユー）の真実を伝えるために』沖縄時事出版。
奥田道大（1993）『都市型社会のコミュニティ』勁草書房。
恩田守雄（2009）「市民組織とガバナンス——『グローカル福祉社会』をめざして」下平好博・三重野卓編『講座・福祉社会 12 グローバル化のなかの福祉社会』ミネルヴァ書房，215-246頁。
大阪市生野区社会福祉協議会（2006）『生野区地域福祉アクションプラン』。
大田昌秀・新川明・稲嶺惠一・新崎盛暉（2013）『沖縄の自立と日本——「復帰」40年の問いかけ』岩波書店。
Rhodes, R. A. W. (1997) *Understanding Governance: Policy Networks, Governance, Reflexivity and Accountability,* Open University Press.
Richards, Jack C. and Lockhart, Charles (1996) *Reflective Teaching in Second Language Classrooms,* Cambridge University Press.
Ross, Murray G. and Lappin, Ben W. (1967) *Community Organizatoin: Theory, Principles, and Practice,* 2nd ed., A Harper International Edition.
ウイリアム・ローほか（2003）「ソーシャルワーク実践からの声——グローバリゼーションの影響に対する国際的な反応」カナダソーシャルワーカー協会編，仲村優一監訳・日本ソーシャルワーカー協会国際委員会訳『ソーシャルワークとグローバリゼーション』相川書房，69-95頁。
Russell, John G. (1995)『偏見と差別はどのようにつくられるか——黒人差別・反ユダヤ意識を中心に』明石書店。
Ryang, Sonia, 中西恭子訳（2005）『コリアン・ディアスポラ——在日朝鮮人とアイデンティティ』明石書店。
琉球自治州の会（2005）『琉球自治州の構想——自立をめざして』琉球自治州の会。
琉球新報「植民地主義の実践場」2006年5月11日。
定藤丈弘（1986）「地域福祉と生活環境問題——その基本的視点」右田紀久恵・定藤丈弘編『地域福祉講座3 福祉の環境づくり』中央法規出版，2-29頁。
Said, Edward W. (1993a) *Culture and Imperialism,* Alfred A. Knopf.（= 1998，大橋洋一訳『文化と帝国主義1』みすず書房）
Said, Edward W. (1993b) *Culture and Imperialism,* Alfred A. Knopf.（= 2001，大橋洋一訳『文化と帝国主義2』みすず書房）
産経新聞大阪本社人権問題取材班編（1998）『しあわせの温度——続・人権

考』解放出版社。

佐野正之編（2000）『アクション・リサーチのすすめ――新しい英語授業研究』大修館書店。

猿田美穂子（2007）「標準語励行の実態と人々の意識――方言札に着目して」島村恭則・日高水穂編『沖縄フィールド・リサーチ（日本・アジア文化調査実習報告書2006-2007年度）』秋田大学教育文化学部，160-168頁。

佐藤郁哉（1992）『フィールドワーク――書を持って街へ出よう』新曜社。

佐藤郁哉（2002）『フィールドワークの技法――問いを育てる，仮説をきたえる』新曜社。

佐藤貞良（2007）「新しい社会福祉支援システムと社会福祉協議会の役割」鉄道弘済会社会福祉部編『社会福祉研究』第99号，37-43頁。

Sen, Amartya (2012) "How to Judge Globalism," Lechner, Frank J. and Boli, John eds., *The Globalization Reader*, 4th ed., John Wiley & Sons, pp. 16-21.

柴田謙治（2011）「貧困と平等主義的社会政策，個別支援と地域再生――貧困への地域レベルでの取組み」岩田正美監修，野口定久・平野隆之編『リーディングス日本の社会福祉6 地域福祉』日本図書センター，367-391頁。

渋谷博史・樋口均・櫻井潤編（2010）『21世紀の福祉国家と地域2 グローバル化と福祉国家と地域』学文社。

島袋純（2003）「沖縄ガバナンスのゆくえ――国際都市形成構想から新沖縄振興計画へ」山口二郎・山崎幹根・遠藤乾編『グローバル化時代の地方ガバナンス』岩波書店，187-206頁。

新川達郎（2004）「協働するNPO・市民活動組織」西尾隆編『自治体改革9 住民・コミュニティとの協働』ぎょうせい，48-71頁。

新里恵二・田港朝昭・金城正篤（1972）『沖縄県の歴史』山川出版社。

Somerville, Peter (2011) *Understanding Community: Politics, Policy and Practice*, The Policy Press.

総務省（2006）『多文化共生の推進に関する研究会報告書――地域における多文化共生の推進に向けて』。

園田恭一・西村昌記編（2008）『ソーシャル・インクルージョンの社会福祉――新しい〈つながり〉を求めて』ミネルヴァ書房。

Stoker, Gerry (2006) *Why Politics Matters: Making Democracy Work*, Palgrave Macmillan．（＝2013，山口二郎訳『政治をあきらめない理由――民主主義で世の中を変えるいくつかの方法』岩波書店）

徐京植（2012）『フクシマを歩いて――ディアスポラの眼から』毎日新聞社。

鈴鹿市社会福祉協議会（2010）『第2次鈴鹿市地域福祉活動計画――みんなが主役になれるまちづくり』。

鈴木江理子（2005）「移民受け入れに関する議論の整理」依光正哲編『日本の移民政策を考える――人口減少社会の課題』明石書店，34-41頁。

多文化共生に関する意識調査検討委員会（2011）『鈴鹿市における多文化共生に関する意識調査報告書』。

平良盛吉（1971）『関西沖縄開発史――第二郷土をひらく』日本民主同志会本部。

田嶋淳子（2003）「マイノリティに対する差別――日常生活における差別をめぐって」井上眞理子ほか編『社会病理学講座2 欲望社会――マクロ社会の病理』学文社，179-196頁。

高田眞治（1993）『社会福祉混成構造論――社会福祉改革の視座と内発的発展』海声社。

高田眞治（2003a）「コミュニティワークの対象」高森敬久・高田眞治・加納恵子・平野隆之『地域福祉援助技術論』相川書房，68-77頁。

高田眞治（2003b）『社会福祉内発的発展論――これからの社会福祉原論』ミネルヴァ書房。

高橋幸春（1994）『蒼氓の大地』講談社。

高森敬久・高田真治・加納恵子・定藤丈弘（1989）『社会福祉入門講座5 コミュニティ・ワーク――地域福祉の理論と方法』海声社。

武川正吾（2006）『地域福祉の主流化――福祉国家と市民社会Ⅲ』法律文化社。

田中宏（1995）『在日外国人 新版』岩波書店。

谷富夫（1989）『過剰都市化社会の移動世代――沖縄生活史研究』渓水社。

Thompson, Neil（2010）*Theorizing Social Work Practice*, Palgrave Macmillan.

東京都総務局復興支援対策部（2012）『都内避難者アンケート調査結果』。

ジム・トーツィナー（2003）「グローバリゼーション，不平等（の問題）と和平の構築――ソーシャルワークは何ができるか」カナダソーシャルワーカー協会編，仲村優一監訳，日本ソーシャルワーカー協会国際委員会訳，『ソーシャルワークとグローバリゼーション』相川書房，119-148頁。

冨山一郎（1990）『近代日本社会と「沖縄人」――「日本人」になるということ』日本経済評論社。

鳥越皓之（1994）『地域自治会の研究――部落会・町内会・自治会の展開過程』ミネルヴァ書房。

鶴見和子（1996）『内発的発展論の展開』筑摩書房。

右田紀久惠編（1993）『自治型地域福祉の展開』法律文化社。

右田紀久惠（2005）『自治型地域福祉の理論』ミネルヴァ書房。

上田正昭編（2000）『ハンドブック国際化のなかの人権問題（第2版）』明石書店。

上野谷加代子（1990）「社会福祉援助技術の実践分野」岡本民夫・小田兼三編『社会福祉援助技術総論』ミネルヴァ書房，225-239頁。

上野谷加代子（2010）「ソーシャルサポートネットワークの考え方と位置」社会福祉士養成講座編集委員会編『新・社会福祉士養成講座9 地域福祉の理論と方法——地域福祉論（第2版）』中央法規出版，174-178頁。

我妻洋・米山俊直（1967）『偏見の構造——日本人の人種観』日本放送出版協会。

若林敬子（2009）『沖縄の人口問題と社会的現実』東信堂。

Wallace, Michael J., (1998), *Action Research for Language Teachers*, Cambridge University Press.

Wellman, Christopher Heath and Cole, Phillip (2011) *Debating the Ethics of Immigration: Is There a Right to Exclude?*, Oxford University Press.

Whyte, William F., (1993) *Street Corner Society*, 4th ed., University of Chicago Press.（=2000，奥田道大・有里典三訳『ストリート・コーナー・ソサエティ』有斐閣）

Williams, Charlotte and Johnson, Mark R. D. (2010) *Race and Ethnicity in a Welfare Society*, Open University Press.

矢吹雄平（2005）「地縁型住民組織とNPOの"媒介"——『マーケティング・ネットワーク』構築の視角から」日本NPO学会編集委員会編『The Nonprofit Review』Vol.5 No.2, 115-126頁。

山田知子（2010）『大都市高齢者層の貧困・生活問題の創出過程——社会的周縁化の位相』学術出版会。

山口稔（2010）『コミュニティ・オーガニゼーション統合化説——マレー・G・ロスとの対話』関東学院大学出版会。

山本啓編（2008）『ローカル・ガバメントとローカル・ガバナンス』法政大学出版局。

山本美香（2001）「地域福祉と『居住』——高齢者の居住継続のあり方を求めて」日本社会福祉学会『社会福祉学』Vol.41-2, 71-81頁。

山本美香（2009）「高齢者への居住支援——自治体の役割について」山本美香編『知識・技能が身につく実践・高齢者介護 第5巻 高齢者の住環境』ぎょうせい，181-192頁。

山本隆（2009）『ローカル・ガバナンス——福祉政策と協治の戦略』ミネルヴァ書房。

山脇啓造（2005）「多文化共生の推進に関する政府の動向」関西国際交流団体協議会『NPOジャーナル』Vol.8, 8-9頁。

山崎丈夫（2003）『地域コミュニティ論——地域住民自治組織とNPO, 行政の協働』自治体研究社。

矢守克也（2010）『アクションリサーチ——実践する人間科学』新曜社。
横田雅弘（1994）「ノーマリゼーションの理念と地域の国際化」横田雅弘・堀江学編『現代のエスプリ 322 異文化接触と日本人』至文堂，84-93頁。
横山源之助（1985）『日本の下層社会（改版）』岩波書店。
依光正哲編（2005）『日本の移民政策を考える——人口減少社会の課題』明石書店。
好井裕明・桜井厚編（2000）『フィールドワークの経験』せりか書房。
全国社会福祉協議会（2007）『NORMA』209号。

索　引

―――― 事項索引 ――――

□アルファベット
COS　31
EPA（Economic Partnership Agreement：経済連携協定）　79
NGO　225
NPM（New Public Management）　219
NPO　29, 55, 69, 95, 97, 214, 219, 220, 225
NPO法　30
pull 要因　7, 110, 149
push 要因　106, 109, 110, 128, 134, 171

□あ　行
アイデンティティ　175, 177, 183, 193, 197, 198, 207, 209, 215, 217, 230
アイデンティティ喪失　177, 192, 209
アイヌ　4, 15, 72
アウトカム（援助効果）　40
アクション・リサーチ　17, 86, 239-241, 245
アクセシビリティ　52, 213, 232
アクター　219, 220
アメラジアン（AmerAsian）　223
異文化ソーシャルワーク　71
移　民　10, 48, 105, 128, 133, 141, 190, 198, 231
移民集住地区　60
インテグレーション　46

インフォーマル　46, 57
上からの包摂　227
ウチナー　6
内なる多文化性　235
ウチナーンチュ・ネットワーク　225
エイサー（Eisas）　184, 234
エイサー祭り　175, 181, 183, 184, 199, 207, 208, 210, 214, 239
エスニシティ（ethnicity）　28, 62, 72, 81, 95, 177, 192, 230, 243
エスニック・グループ（ethnic group）　81
エスニック・コミュニティ　141
エスノグラフィ　19
エンパワメント（主体化）　27, 34, 229
大阪市生野区　87, 94, 100
沖縄会館　166
沖縄学　13, 118
沖縄人　4, 11, 28, 63, 72, 134, 142, 160, 163, 165, 168, 169, 175-178, 180, 186-188, 191, 192, 194, 195, 197, 199, 201, 202, 205, 209, 210, 212, 217, 221, 222, 224, 226, 230, 234, 235, 239, 245
沖縄人気質　116, 190, 192, 208, 209, 215, 241
沖縄人集住地区　100
沖縄スラム　7, 64, 134, 163, 164, 172
沖縄的労働市場　20, 64, 113, 120, 134, 151, 154, 157, 172, 191

沖縄21世紀ビジョン基本計画　226
沖縄贔屓　36
沖縄ブーム　176, 185, 188
沖縄返還運動　118
オールドレジデンツ　88, 93

□か　行
外国人　29, 56, 72, 222
外国人雇用　114
外国人施策　90
外国人集住地区　76
外国人登録者　12, 73, 87, 94, 97
外国人労働者　3, 12, 73, 79, 100, 231
外国籍住民　12, 28, 47, 72, 90, 97, 98, 230
介護保険（制度，事業）　93, 96, 213, 219
外集団　61, 206, 209, 210, 233
外的・環境的要因　61, 206, 210
下位文化理論　34
ガバナンス空間　221, 222
川崎市川崎区　86, 87
関係性の欠如　51
完全失業率　225
官約移民　7, 105, 110
帰還　7, 110, 151, 154, 178, 232
擬似民族差別　114
基地負担　186
共同体主義　82
共同売店　223
クブングヮー　164
グローバリゼーション　16, 44, 65
ケイパビリティ　47, 52
刑務所出所者　29
ゲットー　60, 67
ゲーテッド・コミュニティ　60
ゲートキーパー　241
圏域設定　220
研修生，実習生　97
県人会　9, 116

権力的沈黙　14, 194, 196, 211, 215
コア集団　61, 206, 209, 211, 233
公害病　2
公害問題　31
構築主義　240
合同事務局　204, 210, 213
皇民化教育　62, 122, 123
公務就任権　90
コー・ガバナンス（共治・協治）　219
国際結婚（離婚）　80
国民国家　220
個人主義　54
個人情報保護　55
コーディング　206, 243
　一次——（オープン・コーディング）　18
　二次——（選択的コーディング）　18
コミュニタリアニズム　56
コミュニティ
　都市型——　55
　農村型——　55
コミュニティ・オーガニゼーション　34, 55
コミュニティ・ケア　34
コミュニティ喪失論・存続論・解放論　34
コミュニティ・ソーシャルワーカー　39
コミュニティ・ソーシャルワーク　30
コミュニティワーク　204
雇用拒否　154
コリアタウン　95, 186, 213
コリアン・ディアスポラ　10

□さ　行
災害被災者　3
在宅福祉　30, 34
在日外国人　3, 90
在日韓国・朝鮮人　87, 96
在日コリアン　87, 89, 93, 94

再配分（redistribution） 43, 50
再分配主義言説 52
サブ・カルチャー（下位文化） 34
サブコミュニティ 205, 206, 222, 226, 241
差別（discrimination） 48
——の再生産 47
差別落書き 212
参政権 90, 100, 117
参与観察 239-241
ジェンダー 48
資格外滞在外国人 3
自己決定 224
自己責任論 54
自殺念慮者 56
自治型地域福祉（論） 27, 30
子弟身売り 128
児童虐待 29
資本主義 67
市民社会 220
社会参加 51
社会主義 67
——運動 116, 117
——思想 116, 118, 129
社会的孤立 3, 220
社会的セイフティネット 33
社会的相互作用 36, 43, 51, 214
社会的排除 →ソーシャル・エクスクルージョン
社会的バルネラビリティ 3
社会的包摂 →ソーシャル・インクルージョン
社会統合主義言説 52
社会福祉協議会（社協） 28, 95, 97, 230, 239, 241
ジャパニーズ・ディアスポラ 10
周縁化（marginalization） 49, 65
集住地区 87, 94, 97, 120, 157, 163, 164, 172, 175, 177, 178, 183, 197, 204-206

自由主義 81, 82
従順性 115, 116, 190, 191, 195, 208
就職差別 212
集団就職 181
住民参加 201, 205
住民自治 229
住民主体 229
乗車拒否 163
少数集団の中の少数集団（minority within a minority） 143
少数民族 48
小地域福祉活動 203
承認（recognition） 43, 50, 57, 230
植民地主義 4, 128, 170, 194, 195, 197
　無意識の—— 194, 196
植民地政策 4, 36, 62, 169
人権侵害 211
人権問題 211
人権擁護 204
人種（race） 81
人種的多様性（diversity） 72
人類館事件 134, 169, 172
捨て石 188
ストレス社会 30
ストレングス 40, 229
スラム 60
生活改善運動 122, 123, 128, 166, 190, 192, 206
生活史法 178
生活保護 213
——受給率 202
生活問題 31
生存主体認識 16
制度の谷間 29
セツルメント 31
相互作用 214
相互扶助 164, 193, 206, 223
宗主国 64
ソーシャル・インクルージョン（社会的包摂） 2, 28, 44, 71, 72, 87, 99, 100,

204, 219, 230, 232
ソーシャル・エクスクルージョン（社会的排除）　2, 28, 43, 46, 57, 100, 129, 214, 220, 222, 231, 232, 235
ソーシャル・キャピタル　8, 55, 68, 99
ソーシャル・サポート・ネットワーク　39, 56, 57, 69
ソーシャル・ダンピング　66
そてつ地獄（ソテツ地獄）　108, 114, 128

□た　行
第1回ハワイ移民団　135
滞日外国人　80
タスク・ゴール　40
多文化共生　71, 79, 97-99, 204
多文化共生保育　91
多文化主義（multiculturalism）　9, 28, 63, 64, 71, 80, 86, 91, 99, 100
多文化ソーシャルワーク　71, 80
単一民族志向　72
地域開発政策　31
地域主権　67, 226
地域組織化　34
地域福祉活動計画　87, 95, 98, 201, 204, 229
地域福祉計画　18, 87, 95, 201, 204, 208, 221, 222, 229, 239, 241
地域包括支援センター　30
地方分権　219
チャイナタウン　186
中央集権　219
中国帰国者　80
長時間労働　155
朝鮮人　190, 191, 202
町内会・自治会　56
辻売り・糸満売り　108
ディアスポラ（diaspora，離散者）　2, 61, 95, 197, 226, 230-232, 235
低所得者　29

低賃金労働　155
同化教育　122, 123
同化志向　166, 190, 209, 210
同化政策　108, 122, 128
糖価暴落　108
同郷集団　9, 164, 172
同郷人的結合　117, 168
同郷性　119, 120, 168, 206, 221
同郷組織　143, 167
同郷ネットワーク　142
当事者参加　201
当事者組織　8, 69, 100, 183, 205, 222, 230
道州制　225
道徳的アンダークラス言説　52
東洋紡三軒屋争議　120
特殊化パラダイム　52
独占パラダイム　52
独立　225
"とげ"のある沖縄　187, 196, 211
土地区画整理事業　164, 172
ドミナント（優勢）・グループ　11, 50, 99
トライアンギュレーション　18, 240, 243, 245

□な　行
内的・意志的要因　61, 206
内的妥当性　245
内発的発展（論）　198, 199, 229
難病　2
難民　80
難民条約　96
日系人　3, 12, 72, 97
ニート　3, 32, 56
日本人　6
ニューカマー（ズ）　71, 88, 93
ネットカフェ難民　43
ノーマライゼーション　30, 46

□は 行

排外主義　65
廃藩置県　105
剥　奪　46
犯罪被害者　3
ヒアリング　239
東日本大震災　7
ひきこもり　3, 32, 56
被差別部落　2, 60, 230
非正規雇用　114
標準語普及運動　122
標準語論争　126
貧　困　46
フィールドノーツ　18, 242
フィールドワーク　19, 201, 239
フォーマル　57
福祉特区　96, 100
福島第一原発　7
2つの拡張　34
不当解雇　100, 155, 178
不平等（inequality）　48, 82
普遍主義　67
プラザ合意　73
フリーター　3
プロセス・ゴール　40, 100
プロレタリア運動　120, 129
文化的侵略　186, 193, 234
文化的排除　3, 28, 36, 57, 72, 230
閉鎖性　209, 215
方言札　124
紡績女工　148, 153
包摂的概念　62, 63
母子家庭　49
補充移民（replace migration）　78, 79
ポスト工業化　44
ポストコロニアリズム（postcolonialism）　4, 36, 63, 177, 194, 197, 213, 229
ポストコロニアル　4
ホスト社会　3, 51, 62, 95, 105, 134, 231, 232

ボトムアップ　220
ホームレス　29
ボランタリーセクター　221
ボランティア　29
ボランティア団体　220

□ま 行

マイノリティ（minority, minorities）　4, 32, 49, 62, 176, 185, 188, 197, 199, 204, 205, 211, 230, 233-235, 240, 243, 245
　性的――　2, 56
　――・グループ　46, 82
マクロ・ソーシャルワーク　100
マジョリティ（majority）　4, 28, 36, 49, 50, 61, 62, 176, 185, 188, 193, 196, 198, 199, 206, 211, 213, 230, 233, 234, 239, 240, 245
三重県鈴鹿市　87, 97
見たい沖縄　176, 187, 196, 211
見たくない沖縄　176
民生委員協議会　203
民生委員・児童委員　96
民族差別　89
民族性　48
無縁社会　30
無年金問題　96
面接調査　239
メンバー・チェック　243
問題分析型アプローチ　28
問題分析型立論　9, 230
門　中　143
門中墓　223

□や 行

八重山移住　136
ヤマト　6
ユイマール　164, 209, 223
ユニオン　69
ゆんたく　184, 207

寄せ場　60
よそ者　240

□ら 行
ランドスケープ　10
リトル沖縄　183, 202
リベラリズム　54, 56
琉球処分　13, 36, 171, 186
琉球人　114
琉球の自治　21, 217
琉球藩　105

リレーションシップ・ゴール　40
連帯　214
連帯パラダイム　52
ローカリティ　67
ローカル・ガバナンス　2, 33, 87, 217, 219, 221, 226, 230
ローカル・ガバメント　219

□わ 行
ワーキングプア　3

──────── 人名・団体名索引 ────────

□アルファベット
EU　51
Local Government Association (LGA)　83
OECD　73, 78

□あ 行
アイフ (J. Ife)　66
秋葉武　52
秋元美世　50
足立伸子　10
阿部志郎　30
新里金福　108, 116, 117, 127
アレクサンダー (J. C. Alexander)　20, 61, 206, 232, 233
井岡勉　30
石河久美子　15, 71
石川友紀　109, 144
伊波普猷　13, 118, 198, 218
岩田正美　43, 58, 59
岩村登志夫　114
ウィリアムズ (C. Williams)　81, 82
上野谷加代子　84
ウェルマン (B. Wellman)　34

右田紀久惠　16, 30, 34
演劇「人類館」上演を実現させたい会　170
大阪沖縄県人会　167
大城立裕　108, 116, 117, 127
大田昌秀　225
大橋謙策　30
岡村重夫　30, 31, 229
沖縄県海外協会　143
沖縄に基地を押しつけない市民の会　189
沖縄文庫　175, 183, 184
奥田道大　75

□か 行
梶田孝道　72
カースルズ (S. Castles)　7, 141, 231
カナダソーシャルワーカー協会　65
カリエンド (S. M. Caliendo)　48
川崎市教育委員会　89
関西沖縄県人会　119
姜尚中　13
ギデンズ (A. Giddens)　52
球陽協会　143

269

球陽クラブ　　168
京極高宣　　63
京都新聞　　187, 196
金城馨　　185, 193, 233
金城宗和　　193
金城正樹　　13
金城実　　224
熊田博喜　　56
厚生省社会・援護局　　29
厚生労働省　　29, 43
国連人口部　　78, 79
今野敏彦　　49

□さ　行
蔡温　　137
サイード（E. W. Said）　　13
在日本大韓民国民団（民団）　　94, 95
在日本朝鮮人総聯合会（総聯）　　94, 95
佐藤郁哉　　241
真田是　　30
佐野正之　　240
猿田美穂子　　124
柴田謙治　　15
島袋純　　189
ジャクソン（B. Jackson）　　240
ジョンソン（M. R. D. Johnson）　　81, 82
シルバー（H. Silver）　　52
新里恵二　　116, 117, 124, 127
杉山平助　　126
青丘社　　90, 99, 100
赤琉会　　119, 168
選択する未来委員会　　78
センテノ（M. A. Centeno）　　48
総　聯　→在日本朝鮮総聯合会
徐京植　　8

□た　行
平良盛吉　　111, 148, 167, 190
高田眞治　　31, 229

高橋幸春　　140
武川正吾　　27, 221
田嶋淳子　　51, 114
谷富夫　　178, 191
知念ウシ　　65, 187
鄭暎惠　　64
当山（當山）久三　　135
トーツィナー（J. Torczyner）　　65
冨山一郎　　64, 112, 116, 118, 123, 144, 168, 191
ドローヴァー（G. Drover）　　65
トンプソン（N. Thompson）　　81

□な　行
永田幹夫　　30
仲村昇　　192
中本博皓　　79
仲吉良光　　117
名護市史編さん委員会　　115, 156, 157, 163
新原道信　　13
二階堂裕子　　79, 94
「21世紀日本の構想」懇談会　　78
日本社会福祉士会　　15, 71, 80
ネッティング（F. E. Netting）　　37
野口定久　　8, 29, 220, 230
野村浩也　　14, 170, 188, 194, 211

□は　行
バーカード（T. Burchardt）　　36, 43, 51, 57, 59, 176
バーグハード（S. Burghardt）　　37, 57
パットナム（R. D. Putnam）　　8
ハワイ沖縄県人連合会　　143
バーンズ（A. Burns）　　240
比嘉春潮　　117, 123
広井良典　　55
フィッシャー（C. S. Fischer）　　34
福原宏幸　　46, 59
淵上房太郎　　123, 126

フリック（U. Flick）　243
古川孝順　2, 46
ふれあい館　90
フレイザー（N. Fraser）　43, 50
ホネット（A. Honneth）　44, 50, 54
ホワイト（W. F. Whyte）　241

□ま　行
牧里毎治　31
マックイルウェン（C. D. McIlwain）
　48
松島泰勝　198, 218, 224
マロン（D. Marron）　48, 64
三浦文夫　30
三重県鈴鹿市　100
水島治郎　63
宮城清市　157, 167
ミラー（M. J. Miller）　7, 141, 231
民　団　→在日本大韓民国民団

メンミ（A. Memmi）　48

□や　行
柳宗悦　126, 127
山本美香　45
山脇啓造　45
横田雅弘　48
横山源之助　156

□ら　行
リャン（S. Ryang）　95
琉球自治州の会　225
レヴィタス（R. Levitas）　52
ロー（W. Rowe）　67
ロジャーズ（G. Rogers）　49
ロス（M. G. Ross）　55

□わ　行
渡辺武男　30

■ 著者紹介

加山　弾（かやま　だん）

1967 年生まれ。
関西学院大学大学院博士課程後期課程修了。博士（人間福祉）。
現在，東洋大学社会学部社会福祉学科准教授。

主著

『NHK テキスト 社会福祉セミナー（2014 年 4 月～7 月）』日本放送協会・NHK 出版，2014 年（共著）。

『社会福祉学習双書 2014 第 8 巻 地域福祉論――地域福祉の理論と方法』全国社会福祉協議会，2014 年（共著）。

『ビギナーズ地域福祉』有斐閣，2013 年（共著）。

『地域におけるつながり・見守りのかたち――福祉社会の形成に向けて』中央法規出版，2011 年（共著）。

『地域福祉の今を学ぶ――理論・実践・スキル』ミネルヴァ書房，2010 年（共著）。

『地域福祉の原理と方法』学文社，2008 年（共著）。

『生活支援の社会福祉学』有斐閣，2007 年（共著）。

『社会福祉援助の基本体系』勁草書房，2007 年（共著）。

地域におけるソーシャル・エクスクルージョン
沖縄からの移住者コミュニティをめぐる地域福祉の課題

Social Exclusion as a Matter of Community Welfare:
A Case Study of Immigrants from Okinawa

2014年11月30日　初版第 1 刷発行

著　者	加　山　　　弾
発行者	江　草　貞　治
発行所	株式会社　有　斐　閣

郵便番号 101-0051
東京都千代田区神田神保町2-17
電話　(03) 3264-1315〔編集〕
　　　(03) 3265-6811〔営業〕
http://www.yuhikaku.co.jp/

印刷・精文堂印刷株式会社／製本・大口製本印刷株式会社
ⓒ2014, KAYAMA Dan. Printed in Japan
落丁・乱丁本はお取替えいたします。

★定価はカバーに表示してあります

ISBN 978-4-641-17403-0

JCOPY 本書の無断複写(コピー)は，著作権法上での例外を除き，禁じられています。複写される場合は，そのつど事前に，(社)出版者著作権管理機構(電話03-3513-6969, FAX03-3513-6979, e-mail:info@jcopy.or.jp)の許諾を得てください。